転換期を生きる
中国都市家族の育児と女性たち

鄭　楊

大阪公立大学共同出版会

まえがき

　筆者は今、育児と母親としての規範意識についての研究に携わっている。0-3歳の乳幼児をもつ中国都市家族の育児の現状を中心に、家庭の経済状況、親族ネットワークの利用状況、ジェンダーの変容、家庭政策などが育児へどのように影響しているかを研究するプロジェクトである。

　2000年頃の研究では、中国には強力な親族ネットワーク、公的な育児支援などがあったため育児不安があまり見られないと言われていた。その上、育児期の女性でも高い就業率を保っていたと指摘されている。つまり、乳幼児を抱える家族が中国では幸せな育児生活を送っていたイメージが浮かび上がる。

　しかし、近年、中国都市部を中心に、育児不安が社会問題となっており、「一人っ子政策」が廃止され、2人目の子どもを産めるようになっても、育児にかかる費用があまりに高額であるために2人目の出産を躊躇い、または諦める夫婦が目立っている。そして、この20年間に、結婚、育児で辞職する女性の割合も都市部を中心に増加しており、広州市、哈爾浜（ハルビン）市など五つの都市では20-30歳の既婚女性の36％が無職となっている。このように育児、女性の現状を通して中国社会の激しい変化を垣間見ることができるだろう。

　本書の第1章で論じるように、社会主義国家である中国では、計画経済から市場経済へ移行するに伴って、都市家族の育児形態も大きな変貌を遂げた。1950-1980年代の育児はいわば「放し飼い」、「放任的」であった。1980-2000年代になると、一人っ子政策の誕生を背景に子どもが「小皇帝」と呼ばれるほどに、突然、また画一的に家族の中心となった。2010年代以後、一人っ子世代が親になった現在では、生活のスケジュールの中心は子どもとなり、毎日子どもに「密着」した育児を行っている。

　このように、中国都市家族の育児は、想像以上に大きく変わろうとしている。子どもの数の減少による教育熱の高まり、教育の低年齢化などが、育児形態を変化させていると言われる。しかし育児の変化の原因はそれだけではないであ

i

ろう。その背景には多くの原因が複雑に絡み合って、育児形態の変化に影響を及ぼしている。

そこで、本書では転換期を迎えている中国の育児状況を、より明確に浮き彫りにするために、近代家族（modern family）という概念を援用して、現在の中国都市家族を相対化する。また、欧米、日本などアジア先進国の家族変動論に学びながらも、その理論を直接援用して分析しきれない中国の都市家族を理解するために、「中国式の核家族」という概念を利用して、中国都市家族の特徴をより鮮明に描こうと試みる。

その「中国式の核家族」は、欧米の核家族と異なり、戸籍上や居住形式は独立の状態だが直系家族との境界線が曖昧で、経済また日常生活においては、互助と援助を頻繁に繰り返している。このような「中国式の核家族」は、1980年代〜2000年代まで都市家族の育児に大いに寄与した。なぜならば、この時期の都市家庭は三つの重要な「宝物」を持っていたからである。一つ目は人口という資源である。二つ目の宝物は安全な地域である。三つ目の宝物は7歳神話（小学生神話）である。

こうした問題意識のもとに、本書は、「一人っ子世代がすなわち小皇帝であろうか」という重要な仮設を立てて検証する。なぜなら世界に前例のない人口抑制政策により、1980年代生まれの一人っ子世代は世界的に注目されるようになり、それと同時に中国ではきょうだいがいないために「小皇帝」になりかねないという言説も広く流布しているものの、他方では、一人っ子たちはどのような日常生活を送っているのか、また、どのような教育を受けているのか、これまでの一人っ子に関する研究では、必ずしも十分には解明されていないからである。

そこで、本書は、1980年代〜2000年代まで都市家族の育児に大いに機能した「中国式の核家族」の育児に焦点をあて、「小皇帝」と言われた「一人っ子」を三つのイメージ－「孤独」、「溺愛」、「受難」から捉え直して、子どもの実態を多面的に描き出す。とくに「きょうだいの有無＝生育環境の良し悪し」とい

う従来の一人っ子研究の定見に対して、子どもの生活実態に着目して、核家族の他にもう一つの生活の場が子育てに大きな影響を与えているのではないかと検証することが、本書の中心的なねらいの一つである。

1980年代以降に生まれた一人っ子世代の生育環境を検証するのが、本書の中心的な研究内容であるため、まず、中国の人口政策の変遷と家族規模の変化が子どもの生育環境へ及ぼす影響について考察する。つぎに、実証的な日中比較調査から中国における生育環境の特色を引き出し、統計的には見えにくい子どもの育児の担い手、すなわち親族ネットワークに着目して、子どもの実際の生育環境とその社会化について考察する。さらに、家庭のしつけに関するマクロな国際的な比較と、親子を対象とする現地調査を通して、一人っ子世代のしつけの特徴を明らかにする。とくに、中国社会の急激な変化による子ども観やしつけ観それ自体の変化を捉えて、一人っ子世代がすなわち「小皇帝」であるという言説の危うさを説いてみる。

こうした一人っ子世代の生育環境について検証した部分は、著者が2005年に大阪市立大学大学院・文学研究科に提出した博士（文学）論文をもとに執筆したものであり、2019年の現時点では、一人っ子世代が親となり、変化の激しい中国において自分の幼少期と異なる環境で子育てを行っている。

本書の第1章と第11章で取り上げたように、1980年代〜2000年代まで中国都市家族は三つの重要な「宝物」があったため、この時期の育児環境は安定していた。しかし、その安定期は短命に終わってしまった。なぜならば、その三つの重要な「宝物」が、激動期にあった中国社会からあっという間に消失してしまったからである。

具体的に言えば、2010年代以後の都市家族は、「人口ボーナス」の時期に当たり育児に必要な人口的な資源に恵まれていたが、その後すぐに高齢化、少子化に直面せざるをえなかった。また、計画経済時代のなごりである戸籍制度によって移動の自由が制限されていたことや単位制度などによって形成されていた知人社会は、市場経済により崩れていく。さらに、7歳までは育児に親

iii

族ネットワークを活かし子どもが小学校に上がるタイミングで親の手元に戻す「7歳神話」から、EQ、IQを伸ばすために0-3歳の教育を大事にする「3歳神話」へと変化し、現在では親が子どもに「密着」した育児が大衆化しつつある。とくに、「子どもがスタート時点で負けないように」という有名なフレーズに象徴されるように、育児関連の消費市場と「科学育児」が巧みに結びつき、「勝ち組」になるためには、子どもに費用と時間を投資しなければならないという風潮となっている。

　このように、1980年代生まれの一人っ子世代の生育環境は、変化の過渡期であり、前の世代である1950年代から1980年代までの「放任的な」育児とも違っており、その一方、その後の世代である2010年以後の「精緻化」された育児とも異なっている。つまり、一人っ子世代が幼少期に経験した育児環境は、安定的ではあったがその存在は長くは続かず、変化の激しい中国社会においては、橋渡しのようなものであった。さらに言うと、1980年代から2000年代の中国都市家族にとっては、人口に恵まれていたこと、計画経済のなごりである安全な地域、また教育の低年齢化がそれほど進んでいないという好条件が揃っていたために、「中国式の核家族」は「近代家族」のように「子ども中心」の育児を行いながらも、また同時に伝統家族のように、親族ネットワーク、安全な地域などの育児援助をも受けることができたのである。

　育児の変化は中国社会の変化の縮図であり、多くの要素を内包している。母親としての規範の変化もその一つである。1949年の社会主義中国の成立と共に、女性の社会進出によって女性の解放、男女平等を実現するため、育児を支える社会制度も進み、当時は母親が乳幼児の面倒を見なければならないという規範は存在しておらず、放任的で「放し飼い」のような子育てを行っていた。ところが、1980年代に一人っ子世代が誕生した後は、唯一の子どもが一挙に家族の中心的な存在となるとともに、母親に対する見方も次第に変化し、子どもを重視して金銭や時間を惜しまない「良妻賢母」のような母親規範が主流になった。さらに時代が下り、2010年代になると、「科学的な育児」が次第に

主流になったために、母親が子どもを生活の中心に据えて「密着」した育児を行わなければ、子どもが「勝ち組」になれないという母親規範が見られるようになっている。そのため都市家族では、子どものために専業ママになる女性が増加しつつある。

　新中国が成立してから今年でちょうど70周年になるが、育児形式、母親規範だけに的を絞ると、その変化ぶりは「転覆」という言葉で表現しても過言ではないだろう。しかし、こうした激しい変化、転換期を生きる人々は、「廬山」に住むがゆえに「廬山」がわからないという現象が起きているため、本書の「近代家族」の特徴を踏まえた上で、歴史的な軸で育児、母親規範を見れば、複雑な事象の真相がより鮮明に浮かんでくるだろう。

　思えば、筆者が日本での留学生活を終え帰国してからもう12年間もの歳月が過ぎている。この12年間は中国のもっとも変化の激しい時期であった。筆者はまさに、目まぐるしい転換期を生きる女性の一人として、中国社会、家族、育児などの変化を経験しながら、また一研究者として、時々その「廬山」から離れて、第三者の視点で自分を取り巻く社会、家族を眺めたりしている。そうすることで歴史的な変遷との観点から、中国の育児形態や母親規範の多様性、過渡的などの特徴を探求することができ、すこしは詰まろうとする息を吐くことができるが、しかし調査対象の多くの母親たちは、あまりにも激しく変動している現実に戸惑ったり、社会と家庭の挟間になって「良き母」になろうと苦労、また苦悩している。

　この本が、そうした母親たちにとって、たとえわずかでもその「廬山」から離れて視野を広げ、育児も母性愛も不変のものではなく時代とともに変わるものだと知ることで、育児不安から少しでも離れるきっかけになることができるなら、著者としてこれ以上の幸せはない。

　ところで、本書では、「一人っ子世代を多面的に描き出すために、親子世代におけるしつけの差異と、国際比較によるしつけの差異を交錯させてみるとい

v

うような方法をとっているが、こうした試みが本格的な国際比較研究へ発展することを期待しよう」、という自分の博士論文の指導教官、堀内達夫先生のご期待にはまだ応えられていないので、今後の課題にしたい。また、伝統家族、近代家族、ポスト近代家族という概念を取り上げて、中国の人口転換期と対応して、中国都市家族の変化を論じようとしているが、まだ分析しきれない部分が残っており、これからのインタビュー調査と照らし合せて、その研究結果をもっと緻密に練り上げていくことを課題にする。

　なお、本書の構成のうち第1章から第9章までは前著「孤独な中国の小皇帝再考―都市家族の育児環境と社会化―」（2008年）にその後の状況変化に対応して校訂を加え、第10章以降の学的考察展開に準ずるものとした。

鄭　　楊

目　次

まえがき ……………………………………………………………………… ⅰ～ⅵ

第1章　変化する育児と母性愛 ……………………………………… 1

第1節　育児の歴史的変遷と多様性

第2節　国家政策から見た育児の変化と理想の女性

　2.1　育児コストが低く、政府が家庭経済をケアしていた時代

　2.2　育児の収支が釣り合い、政府が慣性的に家庭経済をケアしていた時代

　2.3　育児コストが高く、政府は家庭経済よりも社会利益を重視する時代

第2章　伝統的な中国の生育観と 1949 年以後の生育政策 ……………… 14

第1節　伝統的な生育観──「多子多福」「重男軽女」

第2節　1949 年以後の人口政策の変遷と「一人っ子政策」

第3節　人口政策は都市家族と子どもの生育環境への影響

第3章　「中国の小皇帝」への疑問 ……………………………… 24

第1節　「一人っ子が問題児」への疑問

第2節　一人っ子に関する先行研究──「小皇帝」像への疑問

　2.1　一人っ子と「孤独」──生育環境の実態への着目

　2.2　一人っ子と「溺愛」──しつけ観の変化を中心に

　2.3　一人っ子の「受難」と親の教育期待

　2.4　一人っ子世代と「近代家族」の誕生

第3節　本研究の分析枠組と課題の意義

　3.1　分析枠組

　3.2　「小皇帝」の定義

　3.3　課題の設定

第4章　一人っ子の「孤独」と賑やかな親族ネットワーク ……………… 49

第1節　日中比較から見た家族成員の減少と子どもの社会化
　1.1　家族成員の多寡と子どもの社会化
　1.2　きょうだいの有無と子どもの社会化
　1.3　都市部の子どもをとりまく生育環境
第2節　都市家族の育児形態と子どもの生育環境
　2.1　伝統的な家族・親族関係と育児機能
　2.2　都市部の親族ネットワーク存続の社会的要因
　2.3　現地調査から見た親族ネットワークによる養育形式の実態
第3節　子どもの社会化とその生育環境
　3.1　都市家族の行動パターンと親族との往来
　3.2　親族ネットワークによる養育形態と子どもの社会化

第5章　親子関係の変遷：親中心から子ども中心へ ……………………… 85

第1節　伝統中国社会の親子関係と子ども
第2節　近代以後の親子関係と子ども像─子への愛情・保護
第3節　近代職業構造の確立、学校制度の整備と子ども
　3.1　現代社会における子どもの社会化の特質
　3.2　現代社会における子どもの社会化の内容

第6章　一人っ子の「溺愛」と「近代社会」の子ども中心主義 …………… 95

第1節　国家の「小主人」から溺愛される「小皇帝」へ
　1.1　新中国の期待される子ども像
　1.2　1949 年－ 1970 年代末期における子ども像
　1.3　1980 年以後の親子関係と子ども──溺愛と受難の狭間に
第2節　中国都市部における親子関係と子どものしつけの実態
　2.1　「溺愛」の考察基準──社会化の分析枠組から
　2.2　親子関係と子どもの実態──先行の国際比較調査から
　2.3　親子関係と子どものしつけ──現地調査から
第3節 中国都市家族の親子関係の変容と子どものしつけの特徴
　3.1　親子関係の変容──伝統と現代の混在
　3.2　子どもの実態──勉強を重んじて労働・身辺自立を軽んじる

第7章　科挙の影響と都市家族の教育追求 ……………………… 138

第1節 科挙による「立身出世」と家族の教育機能
　　1.1　官吏登用制度と家族の教育機能
　　1.2　科挙時代における試験志願者支援の家族・宗族制度
　　1.3　「二重の競争原理」による教育追求の白熱化
　第2節 家族の教育機能における学歴取得の意味
　　2.1　社会化の特質：幼少期から学問への専念
　　2.2　「二重の競争原理」と「序列構造」
　　2.3　役割の期待と役割の内在化——学歴追求の文脈から

第8章　一人っ子の「受難」と教育追求の白熱化 ……………………… 153

第1節 中国の社会構造、進学制度と都市家族の学歴追求
　　1.1　「農村・都市」二元化の社会構造と都市家族の学歴追求
　　1.2　中国都市部と大衆化教育社会
　　1.3　大衆教育社会における家族の教育機能の特化
　　1.4　「二重の競争原理」による教育追求の白熱化
　第2節　学歴追求における家族の教育機能と子どもの社会化
　　2.1　調査概要
　　2.2　学歴追求と子どもの社会化——質問紙による調査から
　　2.3　学歴追求と子どもの社会化——聞き取り調査から

第9章　移動する親族ネットワークと在日中国人家庭の育児 ……………… 180

第1節　在日外国人家庭の育児
　　1.1　在日外国人家庭の育児に関する先行研究
　　1.2　母親の育児役割と育児援助の利用に着目した研究
　第2節　分析枠組み−育児援助と育児役割
　　2.1　育児形態と育児援助
　　2.2　中国社会における育児役割と育児援助
　　2.3　日本社会における育児役割と育児援助
　第3節　調査概要
　第4節　インタビューの分析結果
　　4.1　育児援助の利用：在留資格と経済状況の影響
　　4.2　「育児役割」と「母親役割」：子どもの健康・生育環境と育児の担い手の選択

4.3 「就学・就業と育児の両立」と「母親役割」：育児援助を提供するもう一つの側面
第5節 移動の親族ネットワークと女性の就学・就業と育児の両立

第10章 都市部「近代家族」の誕生と「良妻賢母」の流行 …………………… 203
第1節 中国の主婦化への疑問
　1.1 中国の主婦とは
　1.2 「経済的な役割」と「良妻賢母の役割」に揺れる新中国の女性
　1.3 軽視・看過されている新中国女性の役割：良妻賢母と女性内部の多様性
第2節 調査概要
第3節 分析結果
　3.1 受動型主婦：経済的条件と学歴（技術）とその選択
　3.2 能動型の主婦：良妻賢母とキャリアウーマンへの憧憬とその選択
第4節 受動型主婦と能動型主婦の「良妻賢母的役割」

第11章 WeChat 育児グループを通してみる新しい母親像 …………………… 224
第1節 「近代家族」の大衆化と育児と母性愛の変化
　1.1 欧米社会の育児変化：人口転換と子どもの価値
　1.2 欧米社会の「近代家族」：「子ども中心主義」、母性愛
第2節 中国の育児変化：「伝統家族」、「近代家族」、「ポスト近代家族」の混在
　2.1 1940—1950年代生まれの女性とその家族：伝統と現代の混在
　2.2 1960—1970年代生まれの女性とその家族：一人っ子政策と「良き母」の流行
　2.3 1980—1990年代生まれの女性とその家族：自己成長と「良妻賢母」の彷徨
第3節 調査概要
第4節 分析の結果と考察
　4.1 「科学的な母親」と「伝統的な祖父母」
　4.2 育児理念の変化：「早期」教育に走る母親たち
　4.3 「良き母」のジレンマ

終章 総括と展望 ……………………………………………………………… 242

あとがき ……………………………………………………………………………… 249

主要参考文献 ………………………………………………………………………… 255

第1章　変化する育児と母性愛

第1節　育児の歴史的変遷と多様性

　育児の歴史的変遷をより明らかにするために、まず、中国の近代以後の代表的な時期からいくつかの育児場面を取り上げてみよう。

　場面 1：1930年3月、浙江省金華市金東区田蒋村にある封建地主の家庭に男の子が誕生した。その後中国の文壇で名を揚げる詩人──艾青である。1933年、艾青はその処女詩集である『大堰河──私の母』の中で、乳母への深い感情を描いて、実の母でなく乳母のそばで幼年期を過ごしたことを記録した（図1-1）。この詩集からは、地主の息子である艾青も、乳母の子も、実の母の母乳を口にしておらず、母の愛情に恵まれていないことが分かる。もし今日の「良き母親」を基準にすれば、そのような母親は非難されるに違いない。しかし、20世紀初頭や、またそれ以前には、そのような母親は珍しくなかった。つまり、艾青の母親も乳母も、その時代の烙印を深く刻まれていたのである。子どもを何の関係もない他人に預け、母親以外の人に育ててもらうことは、当時の社会規範に違反していなかったことが分かる。

図 1-1　詩人艾青とその名作『大堰河──私の母』

場面 2：1950 年代の女性解放運動を経験した夫婦に対するインタビューでは、都市家族は社会階層と関係なく、一様に放任的で「放し飼い」のような育児方法を採用していたことが分かる。例えば、政府機関に勤務していた女性幹部のケースでは、七人の女性幹部の子ども全員を自分で育てたのではなく他人に預けて育ててもらっていた。家庭と仕事が両立できない時、彼女たちは仕事を優先していたからである（図 1-2）。劉所長は、「私は北京に来たばかりのころ、夫とそれぞれ、自分のオフィスに泊まっていた。私は長男を北海幼稚園に送り込んだ（週に一度だけ自宅に帰る幼稚園）。毎日一歳未満の娘を背負って出勤して、忙しくて手が回らなかった時に、子守りも雇おうと思ったが、経済的余裕がなかった」と当時を振り返っている。「その後、仕方なく子どもを他の人に預けていた。私自身も体調が悪かったが、病院に行かず我慢していた。そのままずるずると 1953 年まで体調は悪いままだった。その頃から日曜日を休日にし始めたが、以前は休日などなかったから、終日休むことに慣れていなかった」[1]。次に、国家機関の食堂で働いていた非党員夫婦の場合は、「毎朝 6 時に出勤して、夜 7 時、8 時に帰宅。残業をしたり、会議がある時には、9 時、10 時にやっと家に帰って」……「休暇もなく仕事が忙しいために、子どもの世話をする時間もなかった。上の娘が小学校三年生になったばかりで、幼稚園に行っている下の娘、子ども二人とも食堂でご飯を食べていた。夜、両親が帰ってくるのが遅くなると、娘たちは先に寝て、次の日に目を開けたら、両親はまたいなくなっている。このようなことがその時代には珍しくなかった」[2]。このインタビューは、計画経済の時代の女性が「捨小家、為大家（国という『大義』のために、自分の家庭という『個』を犠牲にする）」[3] というイデオロギーの下、「家国同構」[4] の社会システムの中で、男女平等の理念が進んだだけでなく、子どもが母親などの家族と一緒に愛に包まれて育てられていくという社会規範がまだ形成されていなかったことを物語っている（図 1-3 のように識字率が低かった 1950 年代に母親が子どもに字を教えることができなくて子どもが母親に字を教えていた家庭は珍しくなかった）。それゆえに、幹部の家庭であっても、

放任的で「放し飼い」のような子育てを行っていた。

図 1-2　1950 年代の中国女性と育児

図 1-3　1950 年代の中国家庭の親子
『小さな先生：母親に字を教える娘』愈曇階 1950 年代の作品

場面 3：1987年11月にファストフードのケンタッキー・フライド・チキンの中国第一号店が北京にオープンした（図1-4）。その後、外来のファッション文化を代表するファストフード店では、「自分は食べずに子どもが食べているのを見ている親子連れ」という場面をよく見かけた。当時の大衆にとってまだ高級とも言えるケンタッキーは中国の大都市に次々とオープンするのと同時に、都市家庭における育児観念が「子ども中心」に転換していく象徴でもあった。また、1980年代の家庭は、同時に二つの大きな変革の波に遭遇した。一つは一人っ子政策によって誕生した「小皇帝」であり、もう一つは改革開放による工業化、商業化、都市化である。

図1-4　1987年中国初のケンタッキーが開店

　つまり、一人っ子政策により子どもの数が激減したのと同時に、市場経済によって経済が発展し家庭が子どもに使える経済的余裕も増えてきた。その結果、「子ども至上主義」が中国の都市家庭において急速に一般的になってきた。また一人っ子たちの親の多くは「文化大革命」という激動と貧窮の時代を経験し

第 1 章　変化する育児と母性愛

た世代であるゆえに、「補償心理」により必要以上に子どもを可愛がっていた。例えば、1995 年に北京の 1496 世帯で行われた調査結果によると、子どものための費用は家庭全体消費の 70％を占めている [5]。換言すれば、一人っ子政策は我が国の都市家庭の育児方法の急速な転換を促したと言えよう。つまり、子どもをほかの人に預けて育てるという方法から、ケンタッキーで子どもを囲んで家族で誕生日を祝うように変化したのである。母性愛や親の子に対する愛情は不変ではあるが、時代の環境が変わればその愛情表現の仕方は変わっていくものであろう。

　　場面 4：WeChat の育児グループによる会話の抜粋。
　　　　　（日付：2018 年 01 月 31 日）
海：「子供を幼稚園に通わせてないママはいない？」
洋：「なに？」
菲：「うちの子はもう幼稚園に通わせてないわよ」
海：「来学期は幼稚園に通わせるのをやめようと思って」
洋：「@海　なんで？」
海：「自分で子どもを教育するのよ。近くにいい場所を見つけたの。お近くの方は一緒に勉強してみませんか？」
天：「具体的には？」
海：「場所は英語絵本館で、もう連絡しておいたの。朝は運動、午前中は英語のヒアリングや図工、お昼には寝たいなら家に帰って寝て、私の家にきてもいい。お昼寝しないなら屋内外のスポーツ。子どもたちが起きたら戸外がいいと思うけど。ママが連れて行くのが一番いいけど、活動の邪魔にならなければおじいちゃんおばあちゃんでもいいかな。……幼稚園のような正式なものでなくで、『共学共遊』の子育てを計画しているの。一緒に勉強したい子どもや、学校に行きたくない子どもがいたら、一緒に勉強して遊ばない？」

図1-5　近年の育児と「スーパーママ」

　以上は、筆者が2年間（2017年1月から2018年12月）ずっとメンバーの一員として入って観察していた、ウィーチャットの育児グループの日常会話の抜粋である。このグループのメンバーの多くは、一人、または二人の乳幼児を子育て中の母親たちである。こうした母親たちは、子どもたちにより良い環境、あらゆる面から「エリート」的な早期教育を提供しようと努力している。また、欧米社会でも比較的最先端の『家庭式幼稚園』を試みようと、子育てをめぐる考え方や趣味などが一致する母親たちのサークルを作ろうとしている。さらに、最善の育児環境を作るために、このグループの一部の母親はすでに仕事を辞めており、また辞めようと計画している母親もいる。

　育児や母性愛は、本来、昔も今も不変の話題であると思われる。しかしながら、育児と母性愛をこのように歴史的時間の軸に置き、それを相対化すると、その違いがはっきりと浮き彫りになるだろう。具体的に言えば、冒頭のいくつかの育児場面でみたように、地主の息子が乳母に任せていた1930年代、仕事を優先し、基本的に「放し飼い」、「放任的」であった1950年代から、母親が子どもを重要な位置においた1980年代、そして母親が子どもを家庭の中心におき、

第 1 章　変化する育児と母性愛

毎日「密着」した育児を行っている 2010 年代、このように、わずか 100 年足らずの間に、中国の育児意識、母性愛の変化は「転覆」という言葉で、その変化ぶりを表現することができよう。

第 2 節　国家政策から見た育児の変化と理想の女性

2.1　育児コストが低く、政府が家庭経済をケアしていた時代

　工業革命以前の社会では、乳幼児の死亡率が高かったために、各家庭はたくさんの子どもを産まなければならなかった。同時に、子どもの養育責任は各家族のみが負うのではなく、費孝通の『生育中国』で述べられたように、父系家族を中心として、地域社会も参加する共同育児のパターンが見られた [6]、すなわち、親だけが子を囲んで育児するのでなく、その地域全体で「放し飼い」のような子育てを行なうことができた。こうした育児方法はコストが低く、その上、子どもが非常に早い時期に稼ぎ手になり収入源になるため、家庭にとっては、多くの子どもを育てることが高い利益をもたらすこととなる。こうした時代では、女性は、たくさんの子どもを産むのが重要な価値であったため、子どもを産めない女性は周囲の笑いものになっていた。

　新中国成立後の 1950 年代には、中国の殆どの家庭が、まだ費孝通が述べた伝統的な家族の育児パターン、すなわち放任的な育児を行っており、育児コストの低い子育て方が受け継がれていた。それと同時に、新中国は男女平等の就職政策を徹底的に実施するために、乳幼児を託す「託児所」を大量に設立し、女性が家から社会に進出することを促して、女性の社会的地位を高めた。計画経済の時期には、政府は積極的に「社会育児」を推進し、家族と女性の負担を減らし、結果的には家庭経済に余裕を生んだと言える。とくに注目に値するのは、その時の家族が「放し飼い」のような育児、放任的な子育て方、そして生後 56 日間の乳児を託児所に預けて、「社会的育児」を行うことができたのは、当時は都市家庭でもまだ伝統的な家族観の段階にあり、近代家族においては母親が乳幼児に付き添うべきという「良き母」の概念がまだ形成されていなかっ

7

たからだと、筆者は主張したい。

　つまり、その時の理想的な女性像は、男性と同じ仕事をし、同じ給料をもらい、一緒に家族を養うというものであり、けっして「良妻賢母」や「相夫教子（夫を助けて子どもを教育する）」の役割を担うことではない。そのため、子どもを他人に預け、託児所に送り、数年にも亘り子どもが親と会えずに成長していくということは、その時代においては珍しいことではなかった。上述のような子育ては、まさに今日のメディアでよく取り上げている中国農民工家庭の「留守児童」と同じであろうが、しかしながら、当時の社会は、こういう子育て方をもって、女性を糾弾する理由、または子どもに同情する原因にならなかったのである。

2.2　育児の収支が釣り合い、政府が慣性的に家庭経済をケアしていた時代

　しかし、1980年代に一人っ子世代が生まれ、「小皇帝」が流行語になるほどまでに、子どもは一挙に家族の中心となった。この頃から、中国の都市家庭は近代家族のいくつかの特徴を持ち始めた。例えば、子どもを重視するようになり、子どもの成長のためなら、時間と金銭を惜しまず家族全員が注力するようになった。こうした変化は、これまでの年長者を中心とした中国の社会秩序

図1-6　1980年代初期　一人っ子世代が安全な地域で遊んでいる様子
出典：日本のカメラマン秋山亮二の『こんにちは　中国の子供達』、1983

第 1 章　変化する育児と母性愛

に反しているため、驚きをもって迎えられ、子どもを家庭の中心にする新しい概念は受け入れられにくかった。

　ところが、1980 年から 2000 年までの 20 年間こそは、中国の育児を「中国式の核家族」[7] で穏やかに、緩やかに、着実に行い、また一方で急速に変化させていった時期だと筆者は主張したい。なぜならば、この時期の都市家族は三つの重要な「宝物」を持っていたからである。第一は人口という資源である。一人っ子政策の初期には、中国社会が「人口ボーナス」の時期に当たっていたために、家庭には充分な人数の家族がいた。また戸籍制度がまだ緩んでいなかったゆえに、人々はある地域で固定されて生活しなければならなかったが、その結果として、核家族の周りにも穏やかで緊密な親族ネットワークが存在しており、共同で子どもを育てていくことができた。従兄妹も兄弟のように一緒に成長できたのである [8]。二つ目の宝物は安全な地域である。人口が自由に移動できない戸籍制度が機能し、単位制度がまだ改正されておらず、住宅事情の面でもまだマンションが自由市場で買えるものとなっていなかったために、隣人たちは同じ単位の同僚か長年一緒に地域生活を送ってきた人である。言い換えると地域社会は知人社会でもあった。こうした知人社会では、安全な地域社会を活かして、各家庭は放任的な育児パターンを取ることができる。三つ目の宝物は 7 歳神話（小学生神話）である。言い換えれば、都市家庭の一般的な育児パターンは子どもの健康や飲食が重要視される 3 歳までは祖父祖母の世話になり、7 歳になると、つまり学齢に達すると、両親のそばに戻し、その時から両親は子どもの知識や教養、またスキルや興味趣味などに力を入れ始めるのである [9]。

　つまり、1980 年代から 2000 年代までの子育ての特徴は、過去の「満腹型」から「健康型」へ、「放任型」から「知識や技能型」へと移り変わるのである。その時期は 1950 年から 1970 年代までの「放任的」な育児に比べて、子どもに対して時間をかけるようになっているが、しかし、2000 年代以後のように親が子どもに次第に密着し、子どもを毎日の生活の中心にする程までにはなっていなかった。1980 年代から 2000 年代の育児のコストを見ると、家庭とい

9

う私的な場の利益と国家という公的な場の利益はまだ切り裂かれていない状態
にある。家庭にとっては育児コストと収益が基本的にバランスがとれていた。
したがって、1980年から2000年までの都市家庭の育児は安定性を持っていた
と筆者は主張したい。しかし、この育児の安定期はつかの間のように短かっ
たのである。

2.3 育児コストが高く、政府は家庭経済よりも社会利益を重視する時代

1980年から2000年までの安定した育児パターンが継続していく期間は短
かった。その原因を探ってみると、激しい変革の時代であった1980年から
2000年までは育児の方法の面で安定的であった一方、過渡的な一面も持って
いたからである。具体的に言えば、2000年代に入って一人っ子世代が結婚適
齢期になり、自分が親になる時代には、自分が幼児期であった1980年代や
1990年代のように、家族にとって頼りとなっていた三つの宝物が急速に消え
ていったのである。

まず、単位制度の改制、戸籍制度の柔軟化、住宅改革などによって、家族が
かつて頼りにしていた知人社会は急速に他人社会になり、子どもが自由に遊ん
だり、慣れ親しんでいた地域は次第に安全な場所ではなくなってしまった。急
速に変化した社会に対して、家族は子どもから目を離さず、安全な場所で、密
着して子どもを育てなければならなくなった。

次に、かつての戸籍制度により中国の核家族の周辺に保障されていた、安定
しかつ緊密な親族のネットは、自由に移動できるようになったため、散り散り
になってしまった。その上に、晩婚化や高齢出産がもたらした間接的な結果と
して、高齢の祖父母が提供できる育児支援の質も下がってしまった。一人っ子
世代が親になった現在、自分たちの幼少期に、経験した従兄妹たちとの賑やか
な関係を、子どもたちに提供することは難しい。

第3に、子育ての理念が大きく変化したことである。2001年に中国が
WTOに加盟して、グローバル化された生産システムの下で経済も急速に発展
したが、それとともに社会の育児に関する考えも変化した。「子どもがスター

ト時点で負けないように」という有名なフレーズのように、育児に関する考え方は教育関連の市場経済の原理や宣伝広告、また各種の情報によって大きな影響を受けている。先に筆者が WeChat の育児グループで観察したように、幼児の様々な能力を開発する「科学育児」や「精緻化された育児」が社会の激しい変化に伴って主流となり、都市家庭の主な育児パターンとなっている。

早期教育の道を走っている母親たちは、「科学育児」、「スタート時点から勝ち組」にならないと不安になる。「子どもがスタート時点で負けないように」というフレーズは有名な広告であるに留まらず、社会の共通認識にもなり、母親たちを圧迫している。他の母親より多くの時間を自分の子どもに費やして、付き添う時間をさらに増やして育成しなければ子どもが成功の道を確実に歩めないのではないかという緊張感が、今の中国の都市家庭に漂っている。そして、科学育児と教育関連の市場経済が巧みに結びつき[10]、家庭ではさまざまな教育関連商品を購入することによって自分の子どもが落ちこぼれになっていないという安心感を得るようになっている。

このように、精緻化された育児パターン、濃密な親子関係が社会の主流となり、「子どもがスタート時点で負けないように」というフレーズが社会の共通認識になる中で、高い教育コストが「科学的な育児」のための必需品である以上、教育にコストをかけない親は子どもを愛していないということになってしまう。こうした社会の変化の中で、中国の子育てコストは急激に増加してきた。したがって、子どもの数の減少は、育児時間の減少や育児支出の減少にならなかった。教育コストの高騰にともない、親は収入を増やすためさらに仕事に注力する必要がでてきている。濃密な親子関係、密接な子育てには昔以上に子どもに付き添う時間が必要とされるが、親の時間も無限にあるわけではないという矛盾が生じている。

それと同時に、「母親」の役割は 21 世紀の女性にとって唯一の役割ではない。グローバル化が進む現代では、女性に以前より多くの役割を与えられているゆえに、「良き母」の役割を果たす時間を充分に持つことが難しくなっている。

その一方、今の中国が「未富先老（社会が豊かになる前に高齢化社会に差し掛かった）」という社会事実に直面しているために、女性は国家のために未来の「労働力」をもっと多く生むことも期待されている。しかし、育児コストが育児収益よりはるかに大きいという現実に対して、子どもを産むことや育児することが女性にとっては不利益になることも多い。例えば、育児のために、職業上のキャリアを一時中断しなければならないことなど、「母職の罰」[11] を受けているという事実さえもあるため、多くの先進国の女性はすでに「生育のデモ」を始めた [12]。つまり、個人主義を強調する現代社会では、自分の業績や趣味などに自分の価値を見出しているため、昔のように子どもを生むことに唯一の価値を求めることはないのである。

註（第 1 章）

[1] 左际平.20 世纪 50 年代的妇女解放和男女义务平等：中国城市夫妻的经历与感受[J].社会,2005(1)：191.

[2] 左际平，前掲載論文，193.

[3] 左际平，前掲載論文，191.

[4] 左际平，蒋永萍.社会转型中城镇女性的工作和家庭 [M].北京：当代中国出版社,2009.

[5] [美] 伯娜丁・徐，马丽思，苏珊娜・古德昌，等著；景军编；钱霖亮，李胜译.喂养中国小皇帝：儿童、食品与社会变迁 [M].上海：华东师范大学出版社，2017.

[6] 费孝通.乡土中国 生育制度 [M].北京：北京大学出版社，1998，116-124.

[7] 中国の都市部の核家族は戸籍上、あるいは居住形式の上で独立の状態であるが、経済また、日常生活においては、直系家族との境界線があいまいである。例えば経済、また日常生活の互助を頻繁に行っている。こうした特徴は欧米社会の核家族と異なっている。筆者はそれを“中国式の核家族”と命名する。

[8] 鄭楊.中国都市部の親族ネットワークと国家政策－3 都市における育児の実態調査から [J].家族社会学研究,2003 (14-2)：88-98.

[9] 落合恵美子,山根真理,宮坂靖子,等.変容するアジア諸社会における育児援助ネットワークとェンダー－中国・タイ・シンガポール・台湾・韓国・日本 [J].教育学研究 2004 第 71 巻（第 4号）:382-397.

[10] 陶艳兰.流行育儿杂志中的母职再现 [J].妇女研究论丛，2015(3)：75-85.

[11]「母親への収入の罰」とは、馬春華（2018）が『中国家庭儿童养育成本及其政策意涵』という論

第 1 章　変化する育児と母性愛

　文で言及した概念で、具体的には育児により家事の時間が増加し、託児所の市場化により育児の費用が高くなり、また労働市場は母親、または準母親の女性に対して友好的ではない。こうして、女性が母親になるで、収入が 10% カットされることに相当する。筆者はこの概念を「母職の罰」と略称していた。

[12] 高永平 . 母亲们开始罢工了 - 谈社会生育意愿的下降［J］. 社会学家茶座 ,2006 (4)：76-81.

13

第2章　伝統的な中国の生育観と1949年以後の生育政策

第1節　伝統的な生育観——「多子多福」「重男軽女」

　伝統中国社会 [1] では、「多子多福」、「独苗難栽」、「不孝有三、無後為大」という家族観、生育観がある。さらに、「女」が一家の子どもの数に数えられなかったこと、「不孝有三、無後為大」は、その一家に男の子がいないことを指すことから、「多子多福」並びに「重男軽女」は中国の伝統的な生育観のもう一つの特徴である [2]。

　上述の生育観は、伝統中国人の思想、行動規範を強く規制する儒教と、当時の社会生産力と関係している。加地伸行（1984）によれば、儒教が士大夫階層から庶民まで広く受け入れたのは、儒教が祭祀、孝の理論を通して、人々の死への恐怖をうまく解消したからである [3]。すなわち、儒教において、男児は自分の血を分け与えたものであるから、自己の再生、自己の不滅の証となり、さらに、先祖を祭るという孝を強調することで、自己の死後の不安が解決された。このように、儒教の理論によって、子ども、すなわち男児は祭祀の後継者としての社会的責任を担うものとして捉えられていた。また、伝統中国は農耕社会であるために、労働力の確保が必要不可欠であり、自然と大勢の子ども、しかも、女児より労働力として期待できる男児の方が好まれた。その上、伝統中国社会が男系相続社会であるために、男児が祭祀の後継者として期待されるが、それ以上に、「養児防老」（息子を生み、老後に備える）という現実的な要望があった。親の老後の世話、親の葬式などは、息子の必ず果たすべき責任であったからである [4]。

　上述のように、伝統中国において、親にとって子どもは独自の意志をもつ一個人ではなく、あくまでも、親の仕事を手伝い、子孫を残し、家の姓を引き継ぐことにより価値が認められるものである。換言すれば、伝統社会の人々にとって、大勢の子ども、とくに男の子を生むのは、自己の価値を表現する方法であ

第 2 章　伝統的な中国の生育観と 1949 年以後の生育政策

るがゆえに、たくさんの子どもを生み、男の子が生まれるまで、子どもを産み
続けるのである。

　このように、「多子多福」、「重男軽女」の生育観、また、子どもも大切な労
働力という社会状況をあわせて考えると、「多子女」、「大家族」は、中国伝統
社会の育児環境と考えられる[5]。少なくとも、庶民にとって、それが理想的
な家族像であったであろう。

第 2 節　1949 年以後の人口政策の変遷と「一人っ子政策」

　1949 年、新中国成立当時、庶民は依然として伝統的な「多子多福」の生育
観を踏襲して、たくさんの子どもが生まれるのを望んでいた。当時の政府も「人
口の多いことは重要な財産である」という楽観的な人口思想のもとに人口増加
政策[6]を採用し、加えて、長期の戦乱、連年の災害から一転、安定した社会になっ
たことや、衛生医療の改善などが相俟って、4、5 年の間に人口増加が政府の
予想を大きく上回った。1953 年、新中国成立後初めての人口センサス調査に
より、4〜5 億と見込まれた人口が 6 億 1,935 万人まで増加していることが
分かった。この 2 ％を越す自然増長率に対して、1954 年 9 月の第一期全国人
民代表大会で中国の初めての計画出産を公式に奨励することになった。

　しかし、1958 年 6 月から始まった大躍進運動では一転して、「新人口論」[7]、
産児制限を提唱した当時の北京大学学長、馬寅初を批判し、毛沢東の「人多力
量大（人口が多ければ多いほど生産活動にとって有力である）」、「人海戦術」、
即ち、人口は多い方が戦争にも生産力増加にも良いことから、出産を抑制する
必要がないという人口政策が採用された。その後、大躍進運動は失敗に終わっ
たが、災害による食糧危機に対する人民への配慮から、出産を抑制しない人口
政策が 1962 年まで続けられた。

　そして 1962 年になると、中国有史以来最高の出産ピークに達し、人口問題
が相当深刻化した。そうした状況の下、政府は再び産児制限を唱え、計画出
産指導機構が設けられた（1964 年に国務院に計画出産弁公室が設置される）。

15

だが、1966年6月から文化大革命が始まり、その衝撃を受けて計画出産も中断された。そのため、1971年までのわずか6年間で人口の純増は1億2,000万人余に達した。表2-1のように、1960年に自然災害の影響を受けた年を除いて、1949年から1970年代まで、中国は全国的に高い総和生育率[8]を保っている。

表2-1　中国全国および都市・農村別の生育率（%）

年	全国	農村	都市	年	全国	農村	都市
1940	5.25	—	—	1971	5.44	6.01	2.88
1945	5.29	—	—	1972	4.98	5.5	2.63
1949	6.13	—	—	1973	4.53	5	2.38
1950	5.81	5.96	5	1974	4.17	4.64	1.98
1951	5.69	5.9	4.71	1975	3.57	3.95	1.78
1952	6.47	6.67	5.52	1976	3.23	3.58	1.6
1953	6.04	6.18	5.4	1977	2.84	3.11	1.57
1954	6.27	6.39	5.72	1978	2.71	2.96	1.55
1955	6.26	6.39	5.66	1979	2.74	3.04	1.37
1956	5.85	5.94	5.33	1980	2.31	2.48	1.15
1957	6.4	6.5	5.94	1981	2.61	2.91	1.39
1958	5.67	5.77	5.25	1982	2.86	3.32	1.58
1959	4.3	4.32	4.17	1983	2.42	2.78	1.34
1960	4.01	3.99	4.05	1984	2.35	2.7	1.22
1961	3.28	3.34	2.98	1985	2.2	2.48	1.21
1962	6.02	6.3	4.78	1986	2.42	2.77	1.24
1963	7.5	7.78	6.2	1987	2.59	2.94	1.36
1964	6.17	6.56	4.39	1988	2.52	—	—
1965	6.07	6.07	3.74	1989	2.35	2.54	1.5
1966	6.25	6.95	3.1	1990	2.31	—	—
1967	5.31	5.84	2.9	1991	2.2	—	—
1968	6.44	7.02	3.87	1992	2	—	—
1969	5.72	6.26	3.29				
1970	5.81	5.81	3.26				

出典：胡偉略『人口社会学』中国社会科学出版社94-95頁のデータを参照作成

第 2 章　伝統的な中国の生育観と 1949 年以後の生育政策

　1971 年初め、周恩来総理の提唱で計画出産工作が起動し、1972 年頃から、計画出産運動が再開された。1973 年 8 月には国務院に「計画出産指導小組」が設立され、「晩婚・晩産・一組の夫婦に子ども二人まで」のスローガンを挙げた。さらに、1978 年 2 月、当時の主席、華国鋒は「何年以内に人口自然増加率を 1 ％以下に引き下げるよう努める」と発言し、同年の 3 月に「国家は計画出産を提唱し、これを推進する」と世界で初めて出生力抑制を憲法に盛り込んだ。

　上述のように、出生力に関しては、人口増長を抑制する政策と非干渉の政策が交互に取られた後、1979 年の「一人っ子政策」の実施に辿り着いた。中国の人口政策は表 2-2 のように、政治と関わって、左から右、また右から左へと凄まじいカーブを描きながら、まさに紆余曲折の道を歩んできた。

表 2-2　中国の人口政策年表

年代	人口政策
1949	人口増加政策
1953	第一回人口センサス
1954	計画出産の公式奨励
1955	産児制限運動
1957	馬寅初「新人口論」を全人代に提出、人口抑制を呼びかける
1958	反右派運動
1960	馬寅初、北京大学学長を解任される
1963	人口出生率 4.3％、国務院は計画出産目標を改める
1964	第二回人口センサス 国務院に計画出産弁公室設置
1966 ↓ 1977	文化大革命によりほぼ中断
1978	華国鋒が第五期全人代で三年以内に人口自然増率 1％以下に引き下げるよう提唱
1980	新憲法制定、第 53 条「国家は、計画生産を提唱し、それを促進する」
1982	華国鋒が「今世紀末に全国人口総数 12 億以下にとどめるために、一組の夫婦につき子ども一人」を明言 第三回人口センサス
1990	新憲法採択、「夫婦ともに計画出産の義務を負う」
1991	第四回人口センサス

17

ところが、中国人口政策の度重なる変動があって、幾度の人口抑制政策をとったにもかかわらず、人口の増加を回避できず、1949年に5億4万人であった人口は、40年後の1979年には9億7万人に達した。過剰な人口は中国発展の大きな負担となり、1978年12月天津市の「一人っ子提議書」[9]を契機として、1979年1月26日「一人っ子政策」が全国計画出産弁公室会議において国家レベルで初めて検討され、その直後より推進されるようになった。その後、従来、人民に呼びかけるという形式の政府による人口政策には賞罰制度[10]も加わった。また、実施の過程において、第二子出産条件の枠[11]が設けられる等、現状を踏まえる改正も行った。しかし、都市においては特殊な場合を除き、全国共通で原則として一人っ子政策が徹底的に実施される。

　1979年に実施を開始した一人っ子政策は、若干の変更、枠の拡大を加えたが、「晩婚」（遅く結婚）、「晩育」（遅く出産）、「少生」（少なく生む）、「稀生」（出産間隔を三〜四年あける）、「優生」（遺伝的障害がなくて、次代が徳・知・体のどの面でも成長を遂げ、4つの現代化（農業・工業・国防・科学技術）に役立つ人間）の五つの主柱を持って、厳格に貫徹されている。また、これまで地方条例であった一人っ子政策は、2002年9月1日施行の「人口・計画出産法」により、中国の計画出産として正式に定められたのである。

　表2-2のように、1949年以後、中国政府は人口政策に対し抑制と非干渉の間で動揺しながら、1979年の「一人っ子政策」の実施まで高い出生率が続いた。それは1979年までの都市部の子どもがずっと「多子女」の家庭環境で生活していることを意味しているのだろうか。それを検証するため、産児制限運動の本当の主役、地域末端の夫婦、人口政策の変動に伴う各家族の対応についてみることにする。

第3節　人口政策は都市家族と子どもの生育環境への影響

　まず、表2-1をみると、1960年代まで、農村、都市を問わず、高い生育率を示していることから、1949年から1960年までに誕生した世代にはほとん

第2章　伝統的な中国の生育観と1949年以後の生育政策

どきょうだいがいる。この期間中には、一時産児制限の政策があったにもかかわらず、人口抑制の効果が見られない。続いて1960年から1970年までの世代をみると、1960年代初期の中国自然災害の時期を除いて、依然として生育率が高い。ただし、農村より都市の方は徐々に減少する傾向を示しており、1970年代以降、都市と農村の生育率の格差がさらに大きくなった。1971年の生育率を見ると、農村の6.01％に対し、都市はかなり下がり、2.88％である。

つまり、都市部の子どもの生育環境は1979年の一人っ子政策の実施により、突如、親と3、4人の子どもからなる大家族から、両親と1人の子どもからなる3人家族になったわけではなく、政策実施以前より徐々に始まっていたのである。都市家族が国家の人口政策にどう対応し、また、子どもの生育環境にどのような変化をもたらしたかについて、表2-3をみてみよう。1921－30年代まで出生の世代は、だいたい1940－50年代に親になるが、その頃はちょうど、「人多力量大」という中国政府の楽観的な人口政策が実施されていた時期であるから、多くの子どもをもつのはごく一般的であろう。

表 2-3　天津市各年齢組家庭子女数と各年齢組きょうだい数の比較（％）

| 当該世代の子女数 | -1920 | 1921-30 | 1931-40 | 1941-50 | 合計 |
当該世代のきょうだい数	1940-50	1950-60	1960-70	1970-80	
0	5.1	1.7	0.7	2.7	5.2
1	10.9	9.6	4.8	25.7	18.3
2	15.2	15.2	23.1	45.1	21.4
3	15.9	18.5	28.6	15.9	17.6
4	13.8	18	29.9	6.2	15.6
5	39.1	37.1	12.9	4.4	22
人数	138	178	147	113	576

出典：李銀河『中国婚姻家庭及其変遷』黒龍江人民出版社、1995年、12頁を参照して作成。

表2-3を見ると、1920年まで出生の世代は子ども数5人のパーセンテージが最も高い、子ども数3人、4人の割合と合わせるとほぼ7割となる。そうすると、1940－50年代生まれの世代の7割以上は少なくともきょうだいが2

人ほどいることになる。

　続いて、1931 － 1940 年代生まれの世代には、子ども 4 人が一番高いパーセンテージを占めているが、子ども数 2、3 人の割合をあわせると、5 割強になることから、2、3 人の子どもをもつのが主流である。1931 － 1940 年代生まれの世代は親になるのが 1960 － 70 年代であるが、文革という混乱の時期に当たり、とくに人口抑制の政策を実施していない。にもかかわらず、都市家族は多くの子どもを求めず、2、3 人までという傾向が見られる。

　さらに、1941 － 1950 年生まれの世代は親になるのがだいたい 1970 － 80 年であるが、1970 年代初期より政府の産児制限のスローガン「晩婚・晩産・一組の夫婦に子ども二人まで」と厳格な「一人っ子政策」の影響を受けている。そのため、子ども数 2 人の割合がもっとも高く、次に一人っ子の割合が 25.7％となっている。これより、都市家族は 1970 年代以降、積極的に国家の人口政策に応じてきたことがわかる。

　一人っ子政策が始まった 1979 年から 2004 年現在までに出生した子どもの親は、おおよそ 1950 年代後半から 1970 年代後半の間に生まれた世代である。この世代はちょうど 1950 年代中期の第一次ベビーブームと、1963 － 75 年の第二次ベビーブームの時期に重なる。表 2-3 をみると、上述の世代のほとんどにきょうだいがおり、きょうだい数は 4、5 人が主流である。社会化の視角から言えば、家族の世帯構成を別にしても、4、5 人のきょうだいがいれば、複雑な家族関係を体験できる。ところが、多くのきょうだいと共に幼少年期を過ごした世代は、自分が親になった時に、同様の体験を子どもに与えられない。子どもをたった一人しか生めない人口抑制政策により厳しく規制されるからである。このように、親世代と子世代のきょうだい数の相違から言えば、確かに、今の子どもは孤独であるとみなされる。

　社会学者、教育学者らは、きょうだいの有無、多寡の他に、中国の核家族の増加にもスポットライトをあてる。社会学者、風笑天（1995、167-179 頁）は実証調査を通して、「3/4 の一人っ子が三人家族、1/8 の一人っ子が四人家族」

という極めて小規模の家庭で生活していることを明らかにした。また、教育学者、趙忠心（1994、152-156頁）は、都市部では核家族が約7割を占め、共働きの親が多いために、子どもの成長に充分に目を配れなくなると指摘する。しかし、核家族という生育環境は一人っ子世代に特有の問題なのであろうか。

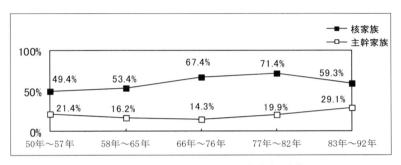

図2-1　成都市における年代別家庭構造の変化
出典：沈崇麟主編『当代中国城市家庭研究』中国社会科学出版社、1995年。
　　　461頁の表「時代別の家庭形態における変化」のデータより作成。

　図2-1をみると、1949年から核家族が一貫して中国都市の主要な家庭形態となっている。しかも、核家族は増加する一方で、主幹家族（直系家族）[12]の比率の変動はそれほど大きくない。1977－82年の核家族率がもっとも高い割合を示しているが、主幹家族の比率が前段階より跳ね上がったのである（これについては、第4章で詳細に述べる）。そのため、社会学者、教育学者のいうように、核家族率の増加は一人っ子世代の家庭環境の特徴であるという指摘は素直に受け止められないだろう。さらに言えば、1949年新中国成立当初から、主幹家族（stem family）が約2割程度であるに対し、核家族が高い割合を占め、その後も高い割合を保っていることから、核家族は中国の主要な家族構造であったと言える。即ち、1949年当時から、子どもをとりまく生育環境は、すでに大家族ではなく核家族となっており、基本的に、親、きょうだいとの日常的な相互作用を繰り返し、社会化を受けているのである。

今日の子どもの家庭環境において、親世代の家庭環境と最も異なるのは、核家族ではなくきょうだい数の減少であろう。例えば、中国全国平均一世帯の人数は 1947 年の 5.35 人から、1982 年の 4.41 人、さらに 1990 年の 3.96 人と下降の一途をたどっている。また、1990 年の人口センサスにより 3 人家族、4 人家族をあわせると 49.5％である。上述のデータは、子ども数の減少を意味すると同時に、きょうだい数の減少をも意味する。このように、動態的な視点から見れば、今日の子どもの家庭環境の変化は、主幹家族、祖父母との同居の減少ではなく、きょうだい関係の経験が少なくなること、きょうだい関係をもたないことであることが分かる。

註（第2章）

[1] 本研究は、親子関係の特徴などを言及する際に、伝統、近代、現代の中国社会という風に時代を区分して記述する。中国の歴史の区分においては、一般的に、「五四新文化運動」の起きた 1919 年を、中国伝統社会の終わりと近代社会の始まりの分水嶺としているために、本研究もこの区分を援用する。また、本研究における現代中国は 1949 年中華人民共和国成立以後を指す。

[2]「多子多福」とは、子どもが多ければ福も多いという意味で、「独苗難栽」とは、一株の苗は育てにくい、「不孝有三、無後為大」とは、不孝には三つあり、跡取りのないことが最も大きな不孝である、という意味である。

[3] 加地伸行は、儒教における生死観と子ども像について以下のように述べる。「永遠の生を望む中国人は二元的な理論を生み出した。即ち、精神を主宰する魂と肉体を主宰する魄との存在を考える。……これは魂ふりの理論化であり、祖先崇拝の理論化であるこの理論で行けば、自分がこの世に再び帰ってくることができるには、まず、自分の死後、自分の魂・魄を呼び戻してくれる魂ふりを行う子孫が存在することである。『孟子』は言う、「不孝に三あり。後（つぎ）なきを大となす」と。すると、子孫を生み、その子孫によって先祖を祭り、再生を行うこと、その行為全体が孝となる。このような孝が行われることによって、死後の安心を得ることができるになる。だから、子どもは、自己の死の恐怖や不安を解消してくれるものである。そして、子の肉体こそ自分の血をわけあたえたものであるから、この存在は、自己の存在の証となる。いな、自己のみならず、父母や先祖の存在の証ともなる。「（自分の）身は父母の遺体なり」（『礼記』祭義篇）「子は親の後なり。あへて敬せざらんや」（『礼記』哀公問篇）。そこで言う子どもとは、単なる肉体としての子どもではなくて、観念された存在としている。それは儒教における子ども像なのである」（加地伸行 , 前掲書、6-10 頁）。

[4] イーストマン（1988）によれば、伝統中国社会では、親の老後、親の祭祀などは息子の義務、さらに、親より先に死んだ息子は親不孝である。「中国社会においては、父親より先に死んだ子の棺を、父親が叩く。これは象徴的に、両親の面倒をこの世とあの世でみるという義務を果たさない

第 2 章　伝統的な中国の生育観と 1949 年以後の生育政策

不孝を犯した息子を、罰しているのである」。（イーストマン著、上田信・深尾葉子訳『中国の社会』平凡社、1994 年、28 頁）。

[5] 近年、歴代の中国社会において世帯の平均人口は 5 − 6 人の間という学説がもっとも有力である。それについては、ほかの節において、詳細に検討する。

[6] 若林敬子『中国の人口問題』東京大学出版社、1989 年、31 頁。

[7] 「新人口論」において、馬寅初は年率 2 ％以上の人口増加は経済発展を妨げると指摘し、人口調査の実施、「晩産」（24 歳以上での初産）と産児制限の普及、避妊宣伝を行い、人工流産を避ける等の見解を示す。

[8] 総和生育率とは女性が生涯生む子ども数である。

[9] 1978 年、天津市の天津機械工場で働く女子工員、馮宏鵬は、当時 26 歳で 3 歳の子どもがいた。夫と姑から男児出産を強く懇願されるが、国家への貢献のため少生優育を表明し、いっそう仕事に努め、工場から最高の奨励を受けた。これに同感した天津市医学学院の女子職員 44 人は、「一人っ子提議書」を市同局に提出した。その主な内容は「中国の経済発展にとって人口抑制を行うには一夫婦につき子供一人がよいこと、自分たち有職既婚女子にとって子供一人が働きやすく、たとえ一子が女児であっても二子目の出産を望まない」というものである。

[10] 天津市、上海市、四川省などの街道や人民公社レベルで「一人っ子証」（独生子女証）が配布されはじめ、社会的実験に移される。天津市が 8 月に初めて計画出産に対する賞罰規定を出してから、中国新段階の人口政策は賞罰制度を急速かつ広汎に導入はじめ、かつ出産の自由を一段と規制していったのである。たとえば、一人っ子証受領夫婦は月 5 元（当時の平均月収の 1 割）を子どもが 14 歳まで受領できることになった。他方、計画出産に従わない者は、月 10 ％の賃金カットをされるなどの経済措置がスタートする。

[11] 第二子の枠について、まず、一人っ子政策の実施が非常に困難だった農村地域において、一部では第一子が男女どちらであるかを問わず、第二子を生んでもいいという地区があるが、原則として第一子が女の子の場合、四年の間隔をおいて許可を得て二人目を生んでもよいとされている。「多子多福」という伝統観念と農村の現実と相まって、農村では事実上、一組の夫婦に子ども二人を容認したのである。都市では、特殊な場合に限り第二子以降の出産を許可されている。特殊な場合とは、第一子が非遺伝性の身体障害者で働けない、再婚で一方に子どもがあり他方が初婚の場合、夫婦双方が共に一人っ子、結婚後五年以上不妊で養子をもらった後の妊娠、華僑などを指す。また、少数民族の場合は民族問題と関係しているので、住居地によって都市二人、農村三人、特別辺境地区は四人まで緩和させている（若林敬子、前掲書、76-77 頁）。

[12] 本研究では stem family の中国語訳、主幹家族を用いる。というのは、日本語訳の直系家族より、中国語の方が、より「一つの根から生まれてきた枝」というイメージが伝えられ、主幹家族とその分枝である核家族との関係が明らかだからである。現在の中国の主幹家族は、親と一人の息子夫婦、または、娘夫婦と同居している家族を指す。一つの主幹家族が同じ苗字を使われていないのは、今の日本と峻別している所である。即ち、その主幹家族にくる嫁、婿が自分の苗字のままでその主幹家族の一員になるために、従来の家族の姓を受け継ぐという性格がなくなっている。

第3章 「中国の小皇帝」への疑問

第1節 「一人っ子が問題児」への疑問

　周知のように、中国政府が都市部で徹底的に実施した「一人っ子政策」を契機として、中国の一人っ子への関心が高まるなか、中国一人っ子研究の蓄積も増えてきた。しかし、その多くが、「きょうだいの有無＝生育環境の良し悪し」という図式に即して、一人っ子が「問題児」であるかどうかを想定し解明しようとするものである。そのうち、きょうだいの有無に関連して、一人っ子が家族に溺愛されたがために「4・2・1総合症」[1]にかかり、まるで「小皇帝」、「小太陽」のように家族の中心的な存在となっていることを問題視するものが多く見られる。また、国家の一人っ子政策を順調に貫くことと、大衆の一人っ子への不安を解消するために、教育学、心理学を中心に、一人っ子の特異性を見いだし、風笑天によれば、それを是正する処方箋を与える研究が多く行われている[2]。

　中華人民共和国成立後、長期間にわたって社会学研究がタブー視されてきたために、研究の蓄積が多くないことと理論の構築が充分でないことは中国児童研究に少なからぬ影響を与えている。例えば、中国児童の社会化に対応しうる明確かつ有効な理論構築が存在しないこと等が挙げられる。また、大規模な調査を行っているにもかかわらず、一人っ子と非一人っ子との比較、親の生活史（親が文革世代であること）への注目というミクロ的な研究にとどまっているものが多い。具体的に述べると、これまでの一人っ子研究は主として中国の同世代の非一人っ子との比較研究であり、子どもをとりまく生育環境の変化をターゲットとする時系列の研究や、社会全体の変化、親子関係の変容を視野に入れたマクロ的な研究は、管見のかぎり行われていない。

　しかし、子どもの「社会化の過程の中心点は子どもが自己の生まれついた社会の文化を内在化」[3]していくことであるがゆえに、きょうだいの有無、親の生活史だけを中心とする研究は、子どもの社会化を解明するのに限界が生じる。

そこで、本研究では、今日の中国都市部の子どもたちをとりまく生育環境を明らかにするために、先行研究が注目してきた諸研究要素（例えば非一人っ子との比較）の他に、実際の育児形態としつけの内容、家族における子どもの価値順位[4]、および学歴期待などの諸変数を総合的に分析枠組の中に取り入れていく。特に、「社会化」、社会化と関連している「相互作用」[5]という概念を導入し、子どもの社会化を、文化、社会制度の産物として考察する理論的な分析枠組の構築を試みる。したがって、都市部における子どもの立体的な像の再構築作業は、きょうだいがいないために家族に甘やかされ「小皇帝」になったというきょうだいの多寡、有無に基づく単純図式をいかに克服しうるかということにも関わる。

　中国都市部の子どもの実態を立体的に把握するため、また、従来の一人っ子研究をより緻密なものに発展させるために、まず、子どもが所属し、準拠する集団、特に子どもと日常的な相互作用を繰り返している集団に焦点をあてる。次に、この集団の中では、どのような働きかけをもって子どもと相互作用を行っているのかを考察する。さらに、働きかける大人側はどのような社会規範や文化的価値を子どもに内面化させようとしているのかに着目し、一人っ子の先行研究から析出した「小皇帝」の三つのイメージ——「孤独」、「溺愛」、「望子成龍」——による「受難」について問い直す。ただし、あらかじめ断っておくが、本研究では一人っ子を特殊の集団として扱わず、中国改革開放期の1980年代以後に誕生・成長した一つの世代として考察する。子どもの生育環境に関わる諸変数、特に、一人っ子研究では見落とされがちであった中国社会全体の変化という要素を総合的に把握することにより、今日の中国都市部における家族の養育環境がどのように規定されているのかについて、また、子どもの社会化における家族の役割について、より有効な分析枠組を提示することができると考える。

第2節　一人っ子に関する先行研究——「小皇帝」像への疑問

　中国の子ども、厳密に言えば中国都市部の一人っ子にスポットを当てた研

究が行われ始めたのは、1979 年に人口抑制政策が実施されてから後で、1980年代の初めである。したがって、中国の一人っ子研究は比較的歴史の浅い研究と言える。

これまでの中国の一人っ子研究には以下のような特徴がある。

① 研究領域が心理学、教育学に偏っている。

② 非一人っ子との比較研究が多い。

③ 理論研究と実証研究の統一という視点が欠けており、マクロ的な研究がほとんどなされていない。

④ 明確かつ統一した調査基準、項目を用いて行われた実証研究が少ない[6]。

これまでの中国の一人っ子研究の流れはおおむね三段階[7]に分けることができる。

第一段階：1970 年代末から 1980 年代の初め

第二段階：1980 年代の半ばから 1990 年代半ばまで

第三段階：1990 年代半ば以後

この三段階では、一人っ子と非一人っ子の間に、「差異が有る、無い、有る」という流れが見られる。さらに、これまでの中国一人っ子研究から、一人っ子は「孤独」でかつ「溺愛」され、親の高学歴追求の教育観によって「受難」しているという三つのキーワードを析出することができる。したがって、本研究は中国の一人っ子に関する先行研究を以下の三つの類型に分けて整理する。

2.1 一人っ子と「孤独」 ── 生育環境の実態への着目

一人っ子が「問題児」であるかどうかを究明しようとする研究傾向は、1980 年代から現在に至るまでよく見られ、特に 1980 年代初めには主流となっている。こうした研究では「きょうだいがいない＝孤独＝成長に問題がある」という図式に即して、非一人っ子との差異を見つけ出し、一人っ子の短所を是正する姿勢が際立つ。また、両親と子どもからなる最も単純かつ小規模の核家族で生活していることも、子どもの孤独を増し、社会化に悪影響をもたらす要因としてよく指摘される。

第 3 章　「中国の小皇帝」への疑問

　1980 年代には子ども数を中心テーマとする研究が主流である。高志方
(1981)、楊樺 (1983) の研究[8]は、「子どもが家庭の特別な地位に置かれるのは、
全てきょうだいがいないことにより生じ、彼らの成長と教育に好影響、悪影響
をもたらすのもすべて『独』[9] という一人っ子の特徴によって生じる」と指摘
する。

　また、多くの論文に引用される辺燕傑 (1986)、陳科文 (1985) では [10]、
孤独と一人の子どもに集中する期待が子どもの重荷になっていることを指摘す
る。つまり、中国都市部の子どもの人間形成に生じている問題は、「一人っ子」、
「核家族」に集約されている。

　1990 年代にも、依然として一人っ子の成長に何らかの問題が存在している
といった論調のマスメディアによる報道が目につくが、学術研究においては、
徐々に一人っ子はきょうだいがいないから「問題児」になりやすいというもの
から、子どもをとりまく環境、親のしつけ態度に目を転じる研究が現れてきた。
その中で最も注目を浴びたのは、家族規模が子どもの生育環境に影響を及ぼす
ということに焦点を当てる風笑天 (1995) である。風笑天は、4000 名の小学
生を対象とする現地調査を通して、一人っ子の四分の三が三人家族、一人っ子
の八分の一が四人家族という極めて小規模の家庭で生活していることを明らか
にした。さらに、きょうだいという横の家族関係を体験しないと同時に、祖
父母など縦の家族関係を体験するチャンスもないことから、「一人っ子が孤独」
であることと、一人っ子の親たちが、親という役割の他に、教師、きょうだい、
遊び相手など多くの役割を果たしていると指摘する[11]。ただし、風笑天 (1992)
は、一人っ子家庭の世代構成が単純であるものの、2 子以上の家庭に比べると、
祖父母世代との交流は頻繁に行われていることと、親と子どもがともに行動す
るのは一人っ子家族の行動パターンであることも指摘する [12]。さらに、追跡
調査に基づく風笑天 (2000) の研究では、「一人っ子が問題児」という 1980
年代初めの民衆や研究者の心配や予想とは裏腹に、一人っ子が非一人っ子に比
べてより社交的であることを明らかにしている [13]。

27

このように、1990年代以後の一人っ子研究は、きょうだいの有無、多寡の他に、都市家族の核家族率、親との接し方も研究要素として取り入れるのが特徴である。

　上述のように、先行研究では、中国都市部の一人っ子たちの「孤独」が、きょうだいをもたないことと、核家族化による家族関係の減少によるものと分析されることが多く、こうした家族構造の単純化と家族規模の縮小化が常に子どもの成長にマイナス影響を与えるという見解が、多くの一人っ子研究において見られる。しかしながら、人口抑制政策ではなく、多産奨励人口政策を取っている欧米、日本などの先進国における少子化 [14]、核家族といった家族構造の単純化と家族規模の縮小化は、中国より歴史が長く、深刻化している。ところが、こうした変化は、子どもの生育環境のマイナス要素としてとるより、むしろ、工業社会、近代社会の発展に順応する変化であり、社会の進歩であると解釈されている [15]。また、家族規模の縮小、機能の減少によって、子どもの社会化が家族においてもっとも最優先に果たす機能となっている [16]。そこで、本研究では中国の都市部と日本、欧米の都市部の核家族との相違に着目し、今日の中国都市部の子どもをとりまく生育環境が、「一人っ子」、「核家族」に集約されるのかを考察する。また、一人っ子の「孤独」が、きょうだいがいないことにより生じるという自明視を避け、近代家族の特徴として取り上げられる少子化、核家族を重要な分析枠組とすると同時に、中国都市家族における子どもの社会化、養育形態の特色を考慮して、生育環境の実態と、その実態を生み出した中国社会自体の要因を考察する。

2.2　一人っ子と「溺愛」――しつけ観の変化を中心に

　先行研究の第二類として、親などのしつけかたにスポットライトをあてる一連の研究がある。特に、親の溺愛を一人っ子教育のひずみとして、きょうだい数と親の生活史にその原因を求める研究が目立っている。

　例えば、莫邦富（1992）は、人口政策、親の生活史などに着目し、子への過剰な教育期待、溺愛などの問題を、親の生活史に原因を求める。だが、莫邦

富の『独生子女　ひとりっこ　爆発する中国人口レポート』では多くの個人事例を取り上げていることから、中国の一人っ子の実態と全体像がいかに描き出せるのかに疑問を抱く[17]。

　また、親の養育態度、子どもをとりまく家庭環境の差異に注目する一連の研究がある。そのうち、辺燕傑（1986）の実証研究がもっとも注目される[18]。辺燕傑は一人っ子家族の経済状況、消費パターン、余暇の過ごし方を考察の指標にし、「一人っ子の家族において、子どもに偏った消費パターンが存在している」と述べ、「高い養育費をかける傾向が顕著である」ことや、非一人っ子より一人っ子の親が子育てに費やす時間が多いと指摘する。

　さらに、鐘家新（1992）は、子を溺愛するのには、①「伝宗接代（男児を生んで家系を継承する中国の伝統的観念）」、②「『補償』意識の産物としての溺愛」、③「二重の競争原理の産物としての溺愛」、④「『誇示的消費』の変形としての溺愛」という四つの要因があると指摘し、特に、一人っ子たちの親が激動の時代を経験し、充分な教育も受けていない「文化大革命世代」であるために、その損失を取り戻そうとする②について分析を行っている[19]。

　一方、子どもを甘やかすのは、子どもの人数によるものではなく、親子関係の変容によるという視点にたつ研究がある[20]。風笑天（1992）は、溺愛現象が「ただ一部だけの子どもの間に見られること」や、非一人っ子の間にも存在すると指摘する。また、于小薇（1995）は、親の役割を中心に中国の「一人っ子」の発達環境を考察した結果、厳父慈母という中国の伝統的な家庭パターンが、慈父慈母型に変わりつつあると指摘する。

　このように、きょうだい数、親の生活史により、子どもが甘やかされているといった論調は、学術研究においても大きな割合を占め[21]。溺愛についての統一した概念がほとんど見られない中で、風笑天、鐘家新、辺燕傑の研究は非常に示唆に富む。

　本研究では、まず、これまでの一人っ子に関する先行研究では見落とされてきた『溺愛』を考察する理論の分析枠組を提示する。次に、中国伝統と、今日

の社会における子ども像、親子関係を比較し、その差異を見つけだす。さらに、中国都市部の子世代と親世代のしつけ内容の違い、及び日本や欧米の同世代のしつけ状況を比較し、今日の中国都市部の子どもの実態を浮き彫りにする。とりわけ社会の変革、発展により親への「孝」、「従順」から、子への愛情にウェイトを置き換えつつある親子関係の変化は、中国都市部の社会でも起こっているのではないかという問題を提起する。

2.3 一人っ子の「受難」と親の教育期待

「孤独」、「溺愛」の他に、「望子成龍」という親の過剰期待による知育偏重、厳格教育も問題視されているものの、家庭環境に焦点をあてる研究が多くを占める。例えば、一人っ子家族の高学歴追求の原因が子ども数と親の生活史に求める莫邦富（1992）がその代表である [22]。

その一方で、家庭環境のほかに、社会全体の変化、社会的な要因を視野に入れる研究もある。急速に学歴社会化している中国都市部の一人っ子にマクロ的視点を与える研究として牧野篤（1995）があり、一人っ子が溺愛される一方で、激化する進学競争におかれる一人っ子が受難していると指摘し、子どもに高学歴を与えようとする親の思いは、「文革以後、経済発展に重点を移した中国の政治が、経済発展に資する人材の集中・選抜・配分の機構として学校体系を構築し、人材評価の尺度として学歴を導入したことに起因」し、また、中国の伝統的観念の一つ、功名を重んじることにもよると述べる [23]。つまり、牧野は「望子成龍」という教育観は中国伝統の科挙の影響を受けたものであり、また、今の中国では「学校制度が社会的階層上昇の唯一の制度的な道」であるために、たった一人の子どもがよりよい生活を送るには高学歴を持たざるを得ないと、「文革世代」の親が考えることにより生じると指摘する。また、なぜ都市部の親が一人っ子を溺愛し、より高い学歴の獲得を子どもに要求し、習い事をさせるのかについて、鐘家新（1999）が、現在の社会状況と一人っ子の親たちの生活史に焦点を当てて分析をおこなっている。大都市と小都市の社会構造の違いから、小都市の親たちは「伝宗接代」（子々孫々に伝える。代々血統を継ぐ）

30

によって、一人っ子、特に男の子を溺愛し、社会的成功を期待する。一方、大都市の親たちは「貧困生活と教育の不足などの損失」を被った「文革世代」であるために、その損失を子どもに取り戻させようとする「補償」意識から子どもを溺愛する。それと同時に、急速な「改革・開放」政策の実施により、「学歴・技術などが競争のための『資本』、有力な条件」になるのに対し、「文革世代」の親はこのように変化しつつある社会状況の下で不利な立場に立たされたために、いっそう子どもに高い学歴を求める気持ちが強くなると指摘する [24]。さらに、鍾家新は、今の中国社会では、家族・親族が依然として競争単位であり、親にとっては自分の業績だけではなく、子どもの成長状況も競争のカテゴリに入っているという「二重の競争原理」によって、子どもを溺愛するのみならず、「一人っ子はその親たちあるいは家族全体の理想や目標の担い手としてみなされている」と述べる [25]。さらに、風笑天（1992）は、「望子成龍」という親の期待を「学歴期待」、「職業期待」に具体化し、きょうだいの有無の他に、父親の学歴、職業、年齢の相違などを変数にする分析枠組を提示する。風笑天は、「学歴期待」が一人っ子にのみ起きている特別な事情ではなく、むしろ、1970年代末期から中国社会の改革・開放政策、および学歴、技能による人材の選択と職業配分が制度化されつつある中で、都市部をはじめとする中国全域にわたる課題であると述べる [26]。しかし、それについては指摘だけに留まっており、詳細な分析は行われていない。

　近年、親の子に対する高い教育期待と親の学歴、職業、および家庭の文化環境との関連性に焦点をあてる研究もみられるが [27]、ほとんどの研究は子どもの人数が教育期待の決め手であるという視点に立っている。

　上述のように、一人っ子と親の「望子成龍」という教育期待に関する先行研究を整理した結果、親にその原因を求めることが研究の主流であることを確認できる。具体的に述べると、一人っ子の親は教育機会を奪われた「文革世代」である上に、強力な人口抑制政策の実行と学歴、技能が重要視される中国市場経済の時代に親となり、常に敗北者と感じ、かつ、一人しか子どもを生めない

現実から、子どもにできるだけよりよい教育を受けさせ、自分の夢までを子どもに託そうとすることも先行研究を通して確認できる。

もちろん、個々の家庭環境が親子の学歴追求に影響する重要な要因となるが、それよりもむしろ、大学進学制度がどのくらい多くの人々に開かれているのか、学歴がどのくらいの実用性をもつかが、民衆の学歴追求に影響を与える。そのため、本研究では、親、子ども、家族に原因を求めるミクロ視点から、高等教育制度の改革などのマクロ視点に目を転じ、家族の学歴追求について考察することにする。さらに、「労働を軽んじるが、学歴を重んじる」という家庭の教育核心から生じる「生活習慣・労働のしつけに甘いが、勉強・稽古事には厳しい」という親のしつけ観は、従来の中国上層社会が求める子ども像と、「二重の競争原理の産物としての溺愛」と深く関わっていることを検証する。

2.4　一人っ子世代と「近代家族」の誕生

一人っ子に関する先行研究から、以上の通り「孤独」、「溺愛」、「受難」という三つのキーワードを析出して、一人っ子がどのように、「問題児」「小皇帝」になったかを検証してきた。そこでは、中国の人口政策が抑制の方向に切り替わったことにより、子どもの数が激減し、都市家族は唯一の子どもを「溺愛」しながら、高い教育を受けさせて子供に期待をかけることにより子どもが「受難」もしていることが分かる。

しかし子ども数の多寡のみが、子どもを「溺愛」する決め手とは限らないし、子どもに高学歴を期待する重要な条件でもない。さらに言えば、それぞれの時代に異なる子ども像があり、それぞれの時代の家族にとって子どもの価値も違っている。そのため、中国の一人っ子世代の実態をより明確するには、中国社会全体の変化、子どものいる家庭の変化を視野に入れる必要があるであろう。

すでに第1章で述べたように、同じ中国でも、1930年代の地主階級の出身で著名な詩人である艾青は実の母の母乳を口にしておらず、育児は乳母に任されていたため、母の愛情に恵まれていなかったことが分かる。新中国が成立した後の1950年代には、母親たちが仕事を優先し、子どもを他人に預けて育て

てもらったり、週に一度だけ自宅に帰る幼稚園に送り込んだりすることは、けっして珍しいことではなかった。そして、さらに年代が変わり、一人っ子世代が生まれてきた1980年代には、母親が子どもを重要な位置におくようになり、例えば、外来のファッション文化を代表するKFCで、「自分は食べずに子どもが食べているのを見ている親子連れ」やこの種の飲食店で子どもを囲んで家族で誕生日を祝うという場面をよく見かけるようになった。さらに、一人っ子世代が親になった2010年代には、母親が子どもを家庭の中心におき、子どものIQ、EQを早い段階から伸ばそうとして、育児計画を綿密に計画し、毎日「密着」した育児を行なうようになっている。

このように、わずか100年足らずの間に、中国の育児意識、母性愛は著しく変化している。そして、地主階級の息子でさえ母の愛情に恵まれていなかった1930年代や、政府機関につとめる女性幹部の子どもが親の仕事のために家族以外の他人に何年間も預けられていた1950年代と比較した場合の1980年代における育児の変化は、子どもの人数の減少のみに起因するはと言い切れない部分があるだろう。

その言い切れない部分を明確にするため、本研究はこれまでの研究で見落とされがちであった家族そのものの変化を視野に取り入れて、「近代家族」という概念を援用して育児を歴史的時間の軸に置いて、一人っ子世代の実態、中国の都市家族の育児にアプローチしてみる。

「近代家族」は、家族の社会史的研究から生まれた概念であるが、落合恵美子など日本の社会学者により、緻密的な概念にまで達している[28]。落合（1985）が家族社会学などの研究から抽出した「近代家族」の特徴は次の八つである[29]。

①家内領域と公共領域との分離
②家族構成員相互の強い情緒的関係
③子ども中心主義
④男は公共領域・女は家内領域という性別分業
⑤家族の集団性の強化

⑥社交の衰退とプライバシーの成立

⑦非親族の排除

⑧核家族

　本研究は、この八つの特徴を俯瞰したうえで、とくに、「子ども中心主義」、「家族構成員相互の強い情緒的関係」、「男は公共領域・女は家内領域という性別分業」、「非親族の排除」に焦点を当てて、中国の家族、育児の変化、理想的な女性像の変化を浮き彫りにする。

　つまり、家族や育児といった概念は決していつの時代であっても不変のものではなく、歴史という時間軸に照らしてみた場合には、子どもの数、子どもとのの関わり方、母親の愛情表現などは、私的な領域である家庭に属する話題でありながら、公共領域である政策、社会経済の発展と連動して変化するものであろう。例えば1980年代の甘やかされた「小皇帝」のような現象は、仮に一人っ子の家庭であっても、1930年代の家族、または1950年代の家族においては決して生じなかったであろう。なぜならば、伝統家族では、一人っ子家庭であっても、家族の序列関係にしたがって、まず祖父母や両親などの年長者が優先されるため、「親は食べずに子どもが食べているのを見ている」というKFCの親子連れは序列関係が乱れていると見なされかねないからである。しかし、「近代家族」が大衆化するにしたがって「子ども中心主義」という新しい社会風潮が広がり、親たちは子どもを優先に考えたり、行動したりしないと、子どもを愛していないと考えるようになってきた。

　そこで、本研究は、一人っ子の誕生によって、子どもが急に「溺愛」されるようになったという直線的な分析の限界を見据えて、1980年代からの中国社会全体の変化を視野に入れる。もちろん、一人っ子世代の誕生は都市家族の親子関係の変化を促したことに間違はいないが、しかし、その当時、時を同じくして中国で始まった工業化、都市化、商業化により、都市部に「近代家族」が誕生し、子どもに十分な愛情を注がなければ幸せな家族ではありえないという

新しい規範の下で、子どもが都市家族の中心になったことを考察してみる。

第3節 本研究の分析枠組と課題の意義

　以上の関連研究の整理と問題点の提示を踏まえた上で、「小皇帝」と言われつつある中国都市部の子ども像を捉えなおす本研究は、次のような課題の解明を期待できるだろう。

　社会化、特に家庭における子どもの第一次社会化を分析概念として、中国改革開放期の 1980 年代以後に誕生、成長した一人っ子の生育環境を考察する。その際、きょうだいの有無・多寡のみを要素とした分析方法を避け、一人っ子を軸にして展開された子どもの生育環境全体を研究対象とする。子ども数のみならず、子どもをとりまくその全体社会への着目によって、子どもの生育環境の実体を掴むことができよう。これが従来の中国一人っ子研究と本研究を差別化する最大のポイントである。

　次に、主に一人っ子と非一人っ子との比較という研究手法に対して、本研究は同世代の子どもの生育環境にかかわる国際比較調査を用い、それとの比較、および親世代と子世代との比較を通して中国の子どもの生育環境を明らかにする。本研究では、これまでの実態調査、筆者の現地調査と個人的記録の使用といった方法を活用する。そうした研究方法によって、一人っ子と非一人っ子との比較に着目する従来の研究に比べてより立体的に子どもの実態を把握することを期待できる。

3.1　分析枠組

3.1.1　社会化

　社会化は、本研究において、子どもの生育環境を考察する上で最も重要な分析概念であるので、まず、これまでの社会化に関するいくつかの概念を検討し、本研究における社会化を規定することにする。

　子どもの社会化に関する研究は、心理学、教育社会学など多くの領域において注目され、研究成果は膨大な量にのぼる。佐藤カツコは、家族における社会

化について社会学的立場から実証的に取り上げるのに、「子どものパーソナリティに内面化される制度的価値に注目し、個々の家族におけるどのような価値が内面化されるかを問題にする方向」と、「社会化の過程に注目し、社会化が、いかにして行われるかという方法を問題にする方向」という大まかな二つのアプローチがあると指摘する[30]。また、渡辺秀樹によれば、社会化研究の流れとして T・パーソンズなどの構造機能的アプローチと、R. H. ターナーらのシンボリックインタラクショニストを中心にしたパーソナリティシステム論の二つのアプローチに大きく分けられる[31]。つまり、社会化には社会と個人の二つの立場からのアプローチがあって、前者は社会の維持を目的とするのに対し、後者は個人がよりよい社会生活を送ることを目的する。だが、個人の社会への適応を要求する点で両者は共通している。

　さらに、柴野昌山は、社会化研究の歴史を①機能主義的社会化論、②相互作用的社会化論、③再生産論的社会化論の三つに整理している[32]。

　このように、これまでの社会化研究においては、①制度的価値・文化を子どもに伝達し、また子どもの継承により、その社会体系の維持、存続を可能にするアプローチと、②大人との相互作用を通して、一個人としての子どもがどのようにその文化・習慣を学習していくかのプロセスを問題にするアプローチ、という大まかな二つの流れがある。

　本研究で用いる家族における子どもの社会化は、上述のいずれかの立場をとるというのではなく、両者の立場から社会化という問題を考え、今日の中国都市部家族における子どもの社会化の把握が可能な新しい概念規定を探ってみる。

　一般的に、社会化の概念は、ある社会に生まれた生物の個体、子どもが生活経験を通してその社会の一人前の成員になっていく過程という意味で用いられている。「個人が他者のとの相互作用を通して、当該社会ないし集団的価値を習得し、当該社会ないし集団成員として、その社会ないし集団における一定の許容範囲の思考・行動様式を形成していく過程」と定義されている[33]。しかし、

36

第 3 章　「中国の小皇帝」への疑問

近年、社会化は子どもから社会の一人前になるまでの発達過程のみならず、人間が全生涯の発達過程を通して見出されるプロセスをも指す。つまり、社会化は「子どもの社会化と大人の社会化」、または「第一次社会化と第二次社会化」に大きく分けられる。だが、本研究の対象は主に子どもの社会化であるため、子どもの社会成員としてふさわしい行動様式、価値規範の習得に焦点を当てる。

　本研究では、中国都市部の子どもの社会化を考察する際に、教育心理学と家族社会学の研究方法 [34] を吸収し、子どもの文化学習に細部まで関心を払いながら、子どもがおかれる家族、家族がおかれる社会の特質にも考慮し、今日の中国都市部家族における子どもの社会化の把握が可能な新しい概念規定を試みる。とりわけ、第一次社会化におけるしつけの内容、親の養育行動などがその社会の価値規範に規制される点と、それらをどのような相互作用を通して、子どもに働きかけているのかに注目する。

3.1.2　社会化と相互作用

　子どもは生物の個体から社会の成員になるために、まず模倣、次に同一化、内面化していくというプロセスが必要である。このプロセスがいわゆる社会化である。子どもの社会化においては、模倣、習得しなければならないのはその社会の文化、習慣、規範であり、それらを身につける手段は人々と日常的に相互行為 [35] を繰り返すことである。つまり、われわれは社会生活を営む以上には、複数の人間（行為者）の間で、互いに相手に対して働きかけ、同時に相手に働きかけられるという行為のやりとりがなされなければならない中で社会化していく。

　もちろん、社会化の主体性は重要である。社会化の主体的側面を重視する安藤喜久夫の指摘によれば、「個人の社会化は、他者との相互作用を通じて社会に適合的な行動様式を習得するという適応過程の側面だけではなく、自ら主体的に社会化していく能力を獲得し、人間らしい個性的な自我形成過程の側面も含」んでいる [36]。だが、社会化の主体性が働く前に、必要不可欠な前提は人との相互作用であろう。そのため、社会化していくプロセスにおいて、社会化

37

の主体性よりいっそう重要なのは、人格の形成と社会的役割の獲得が他者との相互作用を通さなければならないことである。特に第一次社会化において、それは顕著であろう。

　したがって、本研究は、親（大人）がどのような相互作用を通して子どもの社会化を促すのか、子どもがどのようにその働きかけを受け止めているのかに焦点をあて考察する。そのために、エリクソンの理論から導かれる「社会化の相互性」の視点も用いる。

　「相互性（mutuality）」という概念は、もともとエリクソンが用いた言葉である。彼はジェネラティビティ（世代継承／generativity）という概念を説明する中で、社会化過程における世代間の相互依存性ということを示した。そして「相互性」という概念を「行為者同士が、それぞれの自我の強さを発達させるために、相互に依存しあう関係」という意味で用いている[37]。エリクソンが「相互性」という概念によって表す意味内容は、まさしく「社会化の相互性」としてとらえられるであろう。

　では、上述の「社会化の相互性」の視点を、親子の関係をめぐっての社会化について考察するのにどう用いるのだろうか。子どもは発達段階に応じて、自分の持っている要求に対する反応（たとえば、泣くとか笑うとかいう行動）として、親の助け（あるいは反応）を求める[38]。このようにして、子どもの社会化は大人への依存、大人との相互作用している中で行われている。つまり、人は相互補完的に「相互性」をもって生を営んでいく。他者を社会化しながら自分も社会化される存在としてとらえられる。しかし、子どもと大人の社会化が相互依存しているにしても、大人に比べると子どもは大人からの働きかけられた内容に大いに影響されるし、また、子どもは大人の働きかけにより、大人との相互作用の中で得た反応により、その社会の価値たるものを認識していくのである。

　子どもが人との相互作用を通してその社会の価値を認識し、内面化していくことについては、エリクソンの「相互性」に関する見解を参考にする。「人は、

本当の価値のあるものは、行為をする当事者と他者との間の相互性―他人を強化しているにもかかわらず、自身を強化するという相互性―を一層拡大していく、という経験を得る。このような行為の『当事者』と『他者』とは、一つの活動における相手役（パートナー）である」[39]。この行為の「当事者」と「他者」というのを、大人（親）と子どもとして考えるならば、大人と子どもとは、一つの活動として見なされる「社会化」において、互いに相手役となる。しかし、前述のように、相互作用を通して、価値のあるものを相手に認識させていく行為の中では、子どものほうが、大人からの働きかけ、強化を、子どもから大人へのそうした行為よりも大きな影響を受ける。本研究は子どもの社会化にフォーカスを合わせるために、大人（親などの家族成員）がどのようなものを価値たるものとして子どもに伝達し、また、子どもがどのように受け取るのかを中心に考察する。

　また、本研究では、社会化が他者との相互作用を通じて価値意識を内面化し社会成員の諸資質を獲得する過程であるという定義を使用するにあたって、子どもが親などの大人の社会化を促す側面よりもむしろ、親、家族成員といった大人から子どもへ働きかけ、影響を与えることがいかに子どもの社会化を促しているのかに焦点をあてる。

3.1.3　中国都市家族における児童研究の問題点――本研究の分析方法

　前述のように、中国児童に関する研究は比較的歴史の浅い研究であり、近年、研究の蓄積が多くなったとはいえ、体系的な研究理論と研究方法はまだ形成されていない。そこで、本研究は前述の社会化という概念を導入することによって、中国都市部における子どもの社会化の把握が可能な分析枠組の構築を提示してみる。

　社会化理論、特に家族における社会化の理論において、構造機能的アプローチを構築したパーソンズと、「社会のなかの自我形成」、「歴史のなかの人格形成」について独創的な理論を発展させたエリクソンは、大きな位置を占めている。この二つの社会化理論を大いに活用し、中国都市部における子どもの実態

を明らかにするために、また、その社会化の特質を検討するために、次のような問題を提起する必要があろう。

　まず第一に、中国都市家族における児童研究が核家族の枠組みを前提としていたことに対する反省である。なぜならば、中国都市部における子どもが核家族で生育しているだけではなく、大いに機能している家族・親族ネットワークについての把握も必要とされるからである。中国都市部の核家族とパーソンズのいう「ふつう分離独立した住居をもっている、この住居には夫婦のいずれの定位家族のものも加わっていない、こうした世帯のうち典型的なものは経済的に独立しており、夫─父の職業上の収入により生計を維持している」という核家族の間に大きな差異が存在している。また、パーソンズは、家族における子どもの社会化の一般理論を構築した際に、夫か妻かの親がいて、夫婦と子どもの家族と一緒に住んでいるという場合もあるが、「それは統計的にみても第二義でしかないし、またそういった形態は明らかに“ノーマル”だと思われていない」と述べる[40]。パーソンズの理論は、親族体系の中で孤独している「核家族」からすべての理論を出発させていることが特徴的である。しかし、今日の中国都市部の家族は、パーソンズのいう核家族と比べると、住居にせよ経済にせよ、独立性が弱いといえる。また、育児に限ってみても、夫か妻の親と同居することや、夫か妻の親に子どもを預けることは、決して“アブノーマル”とは思われていないことを考慮に入れなければならない。

　第二の問題は、今日の中国都市家族において、親は子どもの生活・労働習慣のしつけに甘いが、子どもの勉強や稽古事には厳しいという育児行動についての分析枠組である。この一見矛盾している親のしつけの態度については、子ども数、親の生活史に要因を探求する研究が多く見られるが、それは従来の中国民衆が求める子ども像と「二重の競争原理の産物としての溺愛」とが深くかかわっている。

　中国古代の「士大夫」階層が求める子ども像の特徴と言えば、「早熟」である。だが、子どもの生活、思想の自立、労働習慣の習得を求めるわけではない。そ

の「早熟」は子どもがいち早く学問に専念することと、大人に従順し、早く大人っぽく振舞うことを意味する[41]。今日の中国社会においても、このような子ども像が理想のものとして存在しているのは、「社会のなかの自我形成」、「歴史のなかの人格形成」という理論と関係していると考えられる。すなわち、子どもの社会化の重要な課題、あるいは、親のしつけ方は、所属している社会の文化、社会構造に制御される性格をもっている。さらにいうと、溺愛と厳格という正反対の教育態度の混在、矛盾に見える中国都市部の育児行動は、中国社会の「序列構造」と、そこから生じる「二重の競争原理」と大いに関わる。

　中国の伝統構造である序列構造は、西洋社会における団体構造とは対照的なものである。中国社会の序列構造において、「己」と「群」にはっきりした境界線がない上に、「己」を中心とする社会圏は、「己」の勢力の強弱により伸縮できる単位である。つまり、序列構造の社会では、「己」を強くすると同時に、「己」の周辺にある「群」の範囲を広くする働きも有している[42]。こうした社会構造によって、個人と家族との一体感を促し、二重の競争を引き起こすのである。

　現在の中国社会においても、依然として、一個人ではなく家族が一つの競争単位となっていることから、「序列構造」社会の特質が存続され、そこから生み出された「二重の競争原理」も機能していると考えられる。例えば、大人の間には仕事の競争以外に、各自の子どもを巻き込んだ競争も存在している[43]。そのため、こうした競争は二重かつ長期的なものであり、また、今日の都市部の親と子は強い連動性を有する共同体であるといえる。したがって、本研究では、「社会のなかの自我形成」、「歴史のなかの人格形成」という理論を念頭におきながら、中国社会の文化、構造から、都市家族の育児行動、子どもの社会化の特質及びその要因を究明することにする。

　第三の問題は、社会化が相互作用を通して行われるものという視点が欠落していることである。これまでの一人っ子研究では、子どもまたは親のどちらか一方に焦点を当てる研究が多くを占め、社会化には複数の人間が互いに相手に対して働きかけ、同時に相手に働きかけられるという行為の相互性があること

にほとんど注目されていない。ところが、社会化は親と子どもの相互行為であり、両者が出会ったところにこそ成り立つものである。それゆえに、親（大人）からの働きかけに対して、子どもがどのように受け取っているのかという、社会化を一つの活動とする考察方法によって、子どもの社会化の実態をより明らかに把握することができるだろう。そこで、本研究は、親と子の両方を対象にする現地調査を行い、この現地調査を分析資料として、子どもの社会化の実態と特質を明らかにすることにする。

3.2 「小皇帝」の定義

「小皇帝」は、中国の人口抑制政策によって生み出された一人っ子たちを揶揄した呼び方である。彼らは、1974 年から一部の都市で試行された産児制限政策により現れ、その後、1979 年から全国、特に都市部で徹底的に実施される「一人っ子政策」によって、生涯にわたってきょうだい関係をもたない集団である。

はじめて中国の一人っ子に「小皇帝」という名を与えたのは、アメリカ『Newsweek』の記者である。1985 年 3 月 18 日の『Newsweek』に「A Rash of 'Little Emperors'」という記事が載せられ、中国の人口抑制政策により誕生した一人っ子たちは親に溺愛され、まるで「小皇帝」のようであると紹介された。この記事はただちに中国の『工人日報』（1985 年 3 月 29 日）にも載せられたが、社会の大きな反響を呼んだのは、その一年後の『中国作家』(1986 年 9 号）に掲載された涵逸「中国的‘小皇帝’」というルポルタージュである。のちに、このルポルタージュはドラマ化し、「小皇帝」、「小皇女」、「小太陽」という呼び方は、溺愛されてわがままに育った一人っ子だけを指すのではなく、一人っ子の同義語になった。

「小皇帝」という呼び方は、わがまま、なんでもやり放題というイメージで一般にも研究者の間でも共通して使われているようであるが、本研究における「小皇帝」は以下の三つの意味を取り入れて使用している。

第一の意味は、親などに溺愛され、家族の中心的な存在、わがままな「小皇

帝」である。この意味は、中国の一人っ子に関する研究及びメディアでの一般的解釈でもある。周知のとおり、中国の封建社会の中で、皇帝は巨大な権限をもち、日常生活の中で、自分の好きなように行動することができた。今日の人々が一人っ子を「小皇帝」と呼ぶことは、一人っ子家族で特殊な地位と権利をもつことを表している。また、本研究は、孤独かつ「望子成龍」という思想により受難しているという二つの意味合いも「小皇帝」という呼び名に付与することにする。その理由は以下の通りである。中国の皇帝は「衆星奉月」（多くの星が月の周りに集まる）のような中心的な存在でありながら、孤独という一面ももっている。同時に、多くの皇帝は、立派な主導者になるために、幼児期から、学問をはじめ多くの技能を習得しなければならないことで、厳格教育を強いられたのである。皇帝のこうした二つの様相は今の中国の一人っ子たちにも見られ、一人っ子研究において考察される事象でもある。つまり、一人っ子はきょうだいがいない、かつ家族構成も単純になりつつある一面をもっており、同時に、「龍」のように立派になることを期待されるために、高学歴、また多くの技能を身につけることを強いられる一面ももっている。

　本研究では「小皇帝」を揶揄的な意味合いで使うのみではなく、甘やかされる裏には、上述のような要因もあることを前提に使用し、一人っ子が問題児であるか否かの問題意識や、一人っ子のみを対象とする分析方法を避け、こうした三つの要素による子どもの生育環境の特徴とその特徴をもたらす社会的要因を直接的な研究対象とする。

3.3　課題の設定

　本研究の課題意義は大きく三つある。一つは中国と日本における中国児童研究のレビューである。もう一つはきょうだいの有無、多寡という従来の中国児童研究、特にきょうだいの有無に規制されがちな一人っ子研究の視点を克服し、子どもの社会化に影響する他の諸変数に注意を向けることである。さらにもう一つは「近代家族」という観点で中国の一人っ子たちが「小皇帝」になったことを問い直すことである。というのは、これまでの中国児童、一人っ子に関す

る研究では、以上の３点が最も欠落しており、先行研究の重複や先行研究を充分に踏まえないまま独自の論点を展開する研究傾向がみられるからである。また、国際的な比較研究がほとんどなされていないうえに、きょうだいの有無に偏る研究が多いため、子どもの実態を断片的にしか明らかにできていない。さらに、子ども数の減少により、中国都市家族の子どもたちが急に「小皇帝」になったという直線的な分析の限界が見られるからである。このような研究状況は、体系的な研究理論と研究方法がまだ形成されていないことにもよると言える。

　そこで、本研究は、家族における社会化理論及び社会化と関連している「相互作用」という概念を導入することによって、中国都市部における子どもの社会化の把握が可能な分析枠組の構築を試みる。換言すれば、どのような生育環境の中で、家族がどのように関与している中で、子どもが社会化しているのかについて考察し、そこからもう一度、中国都市部の家族における子どもの社会化の問題を考え直すことにしたい。さらに、これまでの研究に、ほとんど欠落している視点、つまり、生育環境の変化をターゲットとする時系列の視点や、社会全体の変化、親子関係の変容を視野に入れるマクロ的な研究を試みる。「きょうだいの有無＝生育環境の良し悪し」という図式の単純な自明性を問い直し、多様な変数を取り入れることで、中国の子ども研究、特に一人っ子研究をより緻密なものに発展させることができるだろう。また、こうした研究は、激動期にある中国社会における家族の変容、変容している家族における子どもの社会化研究に、少なからぬ示唆を与えると考えられる。

註（第３章）

[1] 祖父母４人、親２人によって一人の子どもが甘やかされて育てられた結果、わがままな子になる現象を指す。

[2] 風笑天『独生子女－他們的家庭、教育和未来』社会科学文献出版社、1992 年、18-20 頁。

[3] Parsons、Talcott and Robert F. Bales、"The Family:Socialization and Interaction Process,"

第 3 章 「中国の小皇帝」への疑問

Free Press、1956、p.17.

[4] アリエス（1960）、エドワード・ショーター（1975）の指摘によれば、子どもへの「愛情」、家族における子どもの価値順位の上昇などは、伝統社会の一般の人々の間では見られないものであり、近代の産物である。本研究では、この視点を持ちながら、中国都市部における親子関係、子ども像の変化について考察する。

[5] 相互作用という概念は「単純ではなく非常に複雑」なものであり、「たんに衝突や反発の観念ばかりではなく、もっと深いもの、つまり衝突する行為主体の内面化的変更性を含んでいる」（J.H.S. ボッサード ,E.S. ボル共著、末吉悌次監訳『発達社会学－幼児期から青年期まで－』黎明書房、1971 年、78-79 頁）。本研究は、家族だけではなく、子どもと日常的な相互作用を交わしている親族も視野にいれる。同時に、子どもに提供している相互作用の機会の多寡、形式を問題にするほかに、子どもがその相互作用を通して伝達されてきた大人社会の価値規範、行動様式をどのように受けているのかにも注目する。

[6] 四つの特徴はおもに風笑天のまとめを参考して整理したものである（風笑天、前掲書、12-41 頁；風笑天「独生子女青少年的社会化過程及其結果」『中国社会科学』2000 年、第 6 期、119-121 頁）。また、一人っ子と非一人っ子の間に差異があるという研究成果として、高志方（1981）、潘朝玉（1982）、楊樺（1983）のほか、陳科文（1985）などが挙げられる。

[7] 三段階の分け方は、蘇頌興（1997）と、風笑天（1992、2000）の研究を参考にしてまとめたものである。

蘇頌興は上海の一人っ子研究について分析しているが、これまでの一人っ子研究は上海市、北京市などの大都市の子どもを中心に展開してきたので、中国の一人っ子研究の発展段階にも適応すると考えられる。第一段階では一人っ子が「問題児」であり、非一人っ子との間に差異が存在している研究視点が主流である。一人っ子の方が食べ物の好き嫌いが激しい、自己中心的、怖がりといった特徴を有するという研究結果が共通している。第二段階では一人っ子と非一人っ子の間に差異があまり存在しないという研究が目立つ。第三段階では、最初の一人っ子たちが青年期に入り、彼らが抱える大学進学、または就職問題も一人っ子研究の射程に入ってきた。この段階では、1996 年の全国 12 大都市における 3,349 名の 10 ～ 15 歳の子どもとその親を対象とする調査が行われた。この調査結果によれば、非一人っ子より一人っ子の方が友情を大切にすること、自信を持っていること、楽観的などの長所と、攻撃的で達成に対する需要が低いなどの短所があることを明らかにした。この第三段階では、実証研究を通して一人っ子と非一人っ子の差異について具体的に提示する研究がよく見られる（蘇頌興「上海独生子女的社会適応問題」（『上海社会科学院学術季刊』1997 年、第 2 期、146-149 頁）。

[8] 高志方「独生子女的早期教育問題」『教育研究』1981 年第 6 期。
楊樺「独生子女按個性品徳方面存在的問題及原因」『光明日報』1983 年 2 月 25 日。

[9] ここでの中国語「独」は、「孤独」という意味合いのほか、「利己的」という意味もある。

[10] 辺燕傑「試析我国独生子女家庭生活方式的基本特徴」『中国社会科学』1986 年第 1 期、91-106 頁。
陳科文「独生子女与非独生子女行為特点和家庭教育的比較研究」『社会調査与研究』1985 年第 6 期、35-45 頁。

[11] 風笑天「家庭と独生子女社会化」範丹妮主編『中国独生子女研究』華東師範大学出版社、1995 年、167-179 頁。

[12] 風笑天「論城市独生子女家庭的社会特徴」『社会学研究』第 1 期、1992 年、108-116 頁。

[13] 風笑天（2000）、前掲論文、118-131 頁。

[14] 西洋の少子化、一人っ子数の激増には、すでに三つのピークがある。一つ目は 19 世紀末、今世紀初めで、経済発展や生活の改善につれて、人々が気楽な生活を求め、子どもの数が減り、一人っ子は両親にかわいがられて暮らす。二つ目は 1920 〜 40 年代で、西洋では世界的経済危機が発生し、大不況の結果、一つの家庭で多くの子どもを養えず、一人っ子も両親からちゃんと面倒をみてもらえない。三つ目は 1960 〜 70 年代で、先進的な避妊技術と、急激に増大する不安な婚姻状況が大量の単身家庭を作り出す。一人っ子は、小さい時から自立しなければならない。

[15] ここでは、デュルケムの指摘を引用しながら、近代社会における家族規模と社会発展との相関性をみる。デュルケムは、家族類型とその系譜の考察を踏みながら、「いまやわれわれは、『家族規模の』縮小あるいは『小集団の』漸次的出現の法則ともいうべきものを検証することができた。われわれは、きわめて規則的に最初の『家族的』集合から始めて、次々により狭い集団が出現していったこと、しかもこれらがいよいよ家族生活の全体を吸収していったことを見てきた」と述べ、家族規模の縮小、世帯の減少が社会発展のごく自然の趨勢であると指摘する。さらにデュルケムは、今の「家族は、贅肉的な機能を外部に放出して、本来の機能だけを追求」するようになり、「今日、家族の紐帯は、まったく人格的である」と指摘する（内藤莞爾『デュルケムの近代家族論』恒星社厚生閣、1994 年、30-42 頁）。

[16] デュルケムの指摘と同様に、T・パーソンズ（1956 年）も、家族の小規模化と家族成員間の情緒的なつながりは、近代以後の家族の基本的な形態と指摘する。T・パーソンズは、家族にある機能について、家族の機能のうちで基本的かつこれ以上減らすことはできないというものとして、「子どもが真に自分の生まれついた社会のメンバーとなれるよう行われる基礎的な社会化」、「社会の人々のうち成人のパーソナリティの安定化」という二点を挙げている。また、こうした変化は近代的な職業体系の存在、またこうした職業体系が発達して社会のさまざまな機能をみずからのうちに吸収することによると指摘する（Parsons、Talcott and Robert F. Bales、op. cit.、pp.16-17）。

[17] 莫邦富『独生子女ひとりっこ　爆発する中国人口レポート』河出書房新社 ,1992 年、149-171 頁。

[18] 辺燕傑、前掲論文、91-106 頁。

[19] 鐘家新「中国の都市における一人っ子を溺愛している親たち－『一人っ子政策』を背景として」『母子研究』13 号、1992 年、40-42 頁。

[20] 風笑天は溺愛という抽象的な概念を具体化し、同年齢の一人っ子と非一人っ子の比較研究を行った結果、成長に伴って、両者の間に自立性、交友などにおける格差が見られなくなる、と述べている（風笑天（2000），前掲論文，118-131 頁）。

[21] 中国の子どもに比べて、日本の子どもは甘く育てられていると指摘する研究もある。田村毅（1998）は国際比較調査に基づいて、欧米とアジアのしつけ観の違いによって親の考え方を優先すべき領域と、しつけの中心が異なると指摘する。例えば、欧米よりアジアの方は家族全体にかかわる決定事項に子どもの意見を大きく取り入れられる。その一方、子どものみかかわることについても、欧米よりアジアの親は干渉しがちである（田村毅「子どものしつけに関する国際比較」『教育と情報』（通号 458）1998 年、20-25 頁）。

[22] 莫邦富は中国の人口政策に焦点を当て、新聞記事、個人事例などを通して、「教育に盲目的な親たち」は、極めて低い進学率の現実を無視して、子どもに高学歴を過剰に期待し、時に子どもに精神的な苦痛を強いると述べている。さらに、子どもへの高い教育期待は、親が「文革世代」であ

第 3 章 「中国の小皇帝」への疑問

ることに原因を求める。しかし、莫の研究は多くが個人事例にとどまっているため、一人っ子の
実態を明らかにできない限界が生じるだろう（莫邦富、前掲書、163-167 頁）。

[23] 牧野篤『民は衣食足りて　アジアの成長センター中国の人づくりと教育』総合行政出版．1995 年、
50-52 頁。

[24] 鐘家新『中国民衆の欲望のゆくえ　消費の動態と家族の動態』新曜社、1999 年、104 頁。

[25] 同上、109 頁。

[26] 風笑天、前掲書、176-177 頁。

[27] 許敏（1999）は都市と農村の質問紙調査に基づいて、「親の学歴・職業は、農村では学歴期待を
ある程度、直接規定する傾向があるが、都市では、その影響は直接的というより、むしろ間接的
である」と述べ、社会の変容によって教育期待が高まるのを強調しながら「経済社会構造・階層
構造が急激に変化しているなかで、中国社会は今後、日本や欧米諸国と同様、学歴社会の傾向を
強める」と指摘する。また、楊春華（2001）は、実証調査を通して、親の学歴、職業によって、
子どもへの学歴期待の格差が見られるにもかかわらず、「いかなる職業・学歴の親にしても子ども
に対する親の教育のアスピレーションが高い」という調査結果を明らかにしている（許敏「中国
における家庭環境の変容と両親の教育期待の形成―大連市での質問紙調査に基づいて―」『東京大
学大学院教育学研究科紀要』(39) 1999 年、185-194 頁；楊春華「親の職業・学歴と子どもに対
する教育アスピレーション――中国での意識調査の分析を中心として」中部教育学会紀要 (1)、
2001 年、62-73 頁）。

[28] 「近代家族」、とくに日本の近代家族研究の蓄積は世界の家族変動研究に大いに貢献したと言えよう。
　　そのなかで、落合恵美子の「近代家族」の特徴の提示、上野千鶴子のファミリィ・アイデンティ
ティろという家族の多様性を描く独自な視点、山田昌宏の家族愛の裏のリスクなどは、本研究に
多くの示唆を与えた。

[29] 落合恵美子「近代家族の誕生と終焉」『現代思想』13 巻 6 号、青土社、1985 年；落合恵美子『21
世紀の家族へ　家族戦後体制の見かた・超えかた』第三版、有斐閣、2014 年、などを参考した。

[30] 佐藤カツコ「家族における子どもの社会化に関する一考察　ベールズの相互作用分析による親子
関係の分析」『教育社会学研究』(通号 25)、1970 年、146-147 頁。

[31] 前者の社会体系の観点からすれば、社会化は役割遂行さらに社会体系の維持・発展を可能にする
ために、そのメンバーである諸個人が価値・規範・知識・信念・技術といった諸資質を学習する
メカニズムである。後者のパーソナリティシステムの観点からすれば、社会化は個人が社会生活
へ効果的に参加するために、知識や技術や価値などを学習するプロセスとして定義される（渡辺
秀樹「社会化とライフサイクル」青井和夫・庄司興吉編『家族と地域の社会学』東京大学出版社、
1980 年、26 頁）。

[32] 柴野昌山『しつけの社会学』世界思想社、1989 年、7-22 頁。

[33] 住田正樹「社会化」細川俊夫「ほか」編集代表『新教育学大事典』第一法規出版、1990 年、531 頁。

[34] 社会化が文化の内面化であるという認識は、研究領域、アプローチの違いがあるものの一致して
いる。しかし、教育心理学者は、その文化の内面化、すなわち社会化の過程を学習の原理によっ
て説明することに熱中するあまり、両親の養育行動自体が集団規範により少なからず規定される、
という点を見逃しがちである。一方、家族社会学は、家族というものが人間社会の中で、もっと
も普遍的かつ基礎的な集団であるという事実に基づいて、子どもの社会化を、パーソナリティ発達、

47

社会変動、コミュニティ解体の決定要因の結果として説明する傾向が見られる。

[35] 相互行為について、門脇厚志は次のように定義する。相互行為とは「まず二人以上の人間の間でなされる『行為の交換』のこと」であり、「互いに、相手から働きかけられたその内容に影響されて行為を返し、相手が自分に何らかの働きかけをする内容に影響を与える意図で相手に働きかけをする、という行為の交換」である。門脇は相互行為の特徴について次のような見解を示す。その特徴は、①互いに相手を意識しており、相手に対して"選択的に"行為している。②自分の行為が互いに相手の行為によって影響される。つまり、互いに相手の行為に影響を与えることを意図して行為している。③行為の交換が、互いに共有するシンボル（主として言葉）を伴ってなされることが多い。逆に言えば、様々なことを共有していない場合、適切な相互行為をしようと思ってもできないということである（門脇厚志『子どもの社会力』岩波新書、1999 年、39-43 頁）。

[36] 安藤喜久夫（他編）『生活の社会学』学文社、1987 年、4 頁。

[37] Erik H. Erikson.,"Insight and responsibility : lectures on the ethical implications of psychoanalytic insight,"1964, p.231.

[38] エリクソンは子どもの社会化と大人の社会化は相互依存していると指摘する。子どもが大人の反応を求めるのに対し、親は自分の漸成的発達段階におけるジェネラティビティという課題を行うための営みの一つとして、子どもの世話をすることがある。そして子どもと親の「相互性」が確立され、両者とも発達課題がうまく遂行されるとき、子どもと親はともに社会化されていく(E.H. エリクソン［著］仁科弥生訳『幼児期と社会』みすず書房、1977 年、317-322 頁)。本研究の考察対象は子どもであるために、その相互作用によって、親、大人の社会化される部分より、むしろ親などの大人がどう反応して、そして、子どもがその反応によってどのように社会化していくのかに重点をおく。

[39] Erikson, op. cit., p.240.

[40] Parsons, Talcott and Robert F. Bales、op. cit., pp.10-11.

[41] 加地伸行『世界子どもの歴史─中国』第一法規出版株式会社、1984 年、12-13 頁。

[42] 費孝通、『郷土中国』三聯書店、1947 年初版。参考にしたものは、北京大学出版社 1998 年再版した『郷土中国　生育制度』であり、24-30 頁の「序列格局」を参照。

[43] 鍾家新、前掲書、108-109 頁。

第4章　一人っ子の「孤独」と賑やかな親族ネットワーク

　中国都市部の育児環境については、家族・親族ネットワークの援助を考慮しなければならないが、多くの一人っ子に関する先行研究は、きょうだい数、家族の構成に焦点をあて、子どもの生育環境に人との相互作用が払底しているという結論に帰結し、それへの配慮がほとんどなされていない。そこで、本章は、子どもの日常生活において密接な関係をもつ家族・親族ネットワークに重点を置き、中国都市部の育児環境が、果たして「一人っ子」、「核家族」に集約されるのかを問い、子どもをとりまく環境の実態を明らかにする。

第1節　日中比較から見た家族成員の減少と子どもの社会化

　子どもの社会化は人々との相互行為を日常的に繰り返す中で促進されるために、子どもと頻繁に相互行為を交わす人の多寡が基本的な問題になる。そこで、中国都市部の子どもの社会化においては、「一人っ子政策」により、家族内の子ども数の減少、子どもがきょうだい関係を持たないこと等が問題視されつつある。

　前述のように、一人っ子政策の実施を分水嶺にすると、その以前の世代は、ほとんどの子どもが一人以上のきょうだいと親を共有し、相対的に複数の家族人間関係を体験できる。すると、友達関係を経験する前にまずきょうだい関係をもつのが一般的である。それに対して、一人っ子政策の実施以降、都市部の子どものほとんどがきょうだい関係をもたないことから、親と子の単純な家族関係しか経験できない。それゆえ、都市家族の子どもが孤独で自己中心的な小皇帝と言われる。というのは、子どもの社会化のプロセスにおいて、複雑な「家族関係」と多くの「きょうだい関係」を経験することが重要かつ不可欠な学習と考えられているからである。

　では、まず、第一次社会化における家族関係ときょうだい関係がどのように

49

結びついているかを述べる。

1.1 家族成員の多寡と子どもの社会化

　家族はほとんどの子どもにとって最初の社会化の集団であり、そこで経験した原体験は、無意識的なメカニズムとして、人間を深層において拘束し続け、子どもが次の段階の集団に属していく時にも影響を及ぼす。子どもは、この最初の集団―家族と、私的な生活領域―家庭において「親子関係」、「きょうだい関係」などの人間関係を通して、様々なことを体験し学習しながら、社会化してゆく。また、こうした経験が次段階の社会化の土台にもなる。

　このように、家族は子どもの社会化にとって非常に重要な意味をもっている。具体的にいえば、子どもの社会化が人との相互作用を通して行われるために、子どもの第一次社会化の担い手としての家族は、その規模や構成も子どもの社会化に多大な影響を与えることになる。アメリカの家庭問題研究者ボッサード（H.S.Bossard）[1]は、点と線を用いて家族の人数と家族成員間の関係を表し、図4-1のように、家族の人間の数が2、3、4、5、6、7、8であるならば、家族の人間関係の数は1、3、6、10、15、21、28としている。家族の規模（家族の成員数）と家族成員関係数という二つの変数は子どもの生まれる家族内の相互作用を左右する。即ち、点（家族成員）が多ければ多いほど、線（人間関係）が増えてくるから、子どもが社会化していく上で、家族成員が多ければ多いほど、複雑な人間関係を体験できるチャンスも増えていくのである。

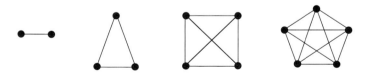

図4-1　家族成員と人間関係との関係

第4章　一人っ子の「孤独」と賑やかな親族ネットワーク

　ただし、ボッサードは、以上のような数学的な法則にしたがって家族成員間の人間関係数を表す一方、この法則に含まれる基本的な意義についても述べている。例えば、家族の規模が大きくなると、不均衡が生じ、子どもに情動的な緊張と心労を来たしやすく、第一次集団、家族の複雑な生活から抜け出たくなりかねないと指摘する。また、「家族相互関係の法則」が強調する事実について、「家族の個々の成員に対して」相互作用の事実がどんな意味をもつかは、「その家族に可能なだけ直接的な人間関係を拡大する個人の能力にかかっている」とも述べる。家族関係が複雑であれば、子どもが相対的に多くの人間関係を体験することができ、子どもの社会化も相対的に発達しやすいが、単純に、家族成員が多いほど子どもの社会化によいとは限らないということが言える。大家族と小家族はそれぞれ長所と短所をもっており、また、同じ家庭環境におかれている子どもがまったく同じ社会化を受けるわけでもない。なぜなら、それぞれの子どもは「相互作用の事実」を受ける能力が異なるはずであるからである。

1.2　きょうだいの有無と子どもの社会化

　「きょうだい関係」が子どもの社会化にどのような影響を及ぼすかを考察するために、依田明（1967）の指摘を踏まえてその特質をまとめる。子どもが生まれて最初に経験する人間関係は親との関係であるが、この「親子関係」は、保護者と被保護者という縦（保護－依存）の関係である。子どもが成長すると、「友達関係」に出会うようになる。上下関係である親子関係に対して友達関係は一対一の対等関係である。依田は、親子の上下関係・「縦」の関係と、友達の対等関係・「横」の関係に対して、きょうだい関係はこの縦から横への橋渡し的な意味を持つ中間的な関係であり、「斜めの関係」と言い表している[2]。図4-2に表すように、子どもはまず縦関係（親子関係）、次に斜め関係（きょうだい関係）、さらに横関係（友達関係）という順に人との相互作用を体験していく。また、依田はきょうだい関係の経験を通してこそ、友達関係をより円滑に体験することができると指摘する。依田は、きょうだい関係が友達関係の基礎となっており、きょうだい関係を経験しない子どもより、経験した子ども

の方が友達関係はうまくいくだろうと述べている。

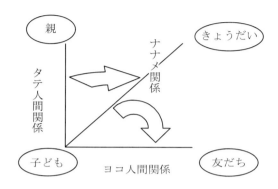

図 4-2　きょうだい関係の特質
（依田明『ひとりっ子の心理としつけ』あすなろ書房、1992 年 32 頁の図より改作）

　このように、きょうだい関係は子どもの社会化において大きな役割を担う。しかし、きょうだい数、出生の順位、性別構成、年齢間隔などは「きょうだい関係」を規制することから、その社会化への影響がしだいに異なっているのを視野に入れる必要がある。例えば、出生間隔の小さいきょうだい関係と間隔の大きいきょうだい関とを比べると、前者の方が子どもの社会化により大きな影響を与える。また、きょうだい関係は必ずしも子どもの社会化によい影響を与えるとは限らないことも考慮すべきであろう。

1.3　都市部の子どもをとりまく生育環境
1.3.1　核家族率ときょうだい数からみる生育環境

　多くの先行研究では、きょうだい数のほかに、都市部の核家族化は、子どもの社会化にとって望ましくない生育環境と指摘される。しかし、今日の中国都市部の子どもをとりまく生育環境と、伝統中国の生育環境および親世代の生育環境を大きく分けるものは、核家族化ではなく、きょうだい数の多寡である。

第 4 章　一人っ子の「孤独」と賑やかな親族ネットワーク

歴代中国の世帯の規模は平均 5.5 人 [3] であり、1949 年以後の家族の類型を見ても、主幹家族は一定の水準を保っているのに対し、核家族は 5、6 割の間に留まっており、一人っ子政策を実施してから突如、核家族が増加したというわけではない。都市家族の一世帯の家族規模は、親世代との同居の減少ではなく、子ども数の減少により縮小したのである。

　さらに、きょうだい数と家族の規模について具体的にみると、1991 年の上海市において、一人っ子の比率はすでに 95% 以上であり [4]、筆者が 2001 年に行った三都市（東北 2 都市と西北 1 都市）の現地調査でも、一人っ子の比率は 69.2% であることから、今日の中国都市部における子どもの多くはきょうだい関係を持たないことが大きな特徴として挙げられる。

　一方、住宅事情によって都市間の違いが生じるにもかかわらず、核家族は中国都市家族の主な家族形態となっている。例えば、安徽大学人口研究所 1986 年の調査結果によると、安徽省合肥市の一人っ子をもつ家庭の 86.7% が夫婦と子どもという核家族である [5]。章永生（1987）の北京市における小学生を対象とした調査においても、一人っ子の 85.1% が核家族の中で暮らしていることがわかる [6]。さらに、家族の規模と構成に焦点を当てる松戸庸子（1987、1999）は、一部の大都市では住宅難により核家族率が低いが、そうした制約のない地区の核家族率は 70% を越えていると述べる [7]。歴代の中国社会について見てみると、世帯の平均人口は 5 - 6 人の間であり、当時の経済状況、医療・衛生面をあわせて考えると、上流階層、裕福な家庭を除いて三世代以上の家族がほとんどない。つまり、核家族という家族の規模と形態は、古代の中国においても主流だったのである。それが 1949 年以後も依然として高い割合を占めていることから、昔から今日まで、親と子で構成される核家族が最も一般的な家族形態だと言える。

　ボッサードの「家族相互作用の法則」と依田明の橋渡し的な「きょうだい関係」の理論に則るならば、多くの都市部の子どもをとりまく家庭には、きょうだい関係がほとんど存在せず、また、核家族のゆえに、子どもが複雑な人間関

係を体験できないことから、子どもの社会化していく環境は望ましいとは言いがたい。こういった事情から、中国都市部の子どもに、しばしば、孤独でわがまま、自己中心的な小皇帝というレトリックが使われるのである。

1.3.2 日本との比較からみる中国都市部の子どもの家庭環境

しかしながら、少子化、核家族化といった家族構造の単純化と家族規模の縮小化は、中国よりもむしろ欧米、日本等の先進国の方が歴史が長く、深刻化している。中国の子どもの生育環境を浮き彫りにするため、日本の子どもの家庭環境を比較の軸として取り上げることにする。

日本の少子化問題は平成元年の「1.57ショック」という言葉で幕開けし、人口問題として政府を悩ますだけではなく、教育問題としても注目を浴びている。また、この少子化と並んでクローズアップされたのは、核家族化である。高い核家族率によって、しつけや社会化の担当者、仲介者が少なくなり、より一層、母子関係の濃密化を来たすことがよく指摘される。このように、家族の小型化、きょうだい関係の減少は日本の子どもの第一次社会化においても中核的な問題となっている。

日中の子どもをとりまく家庭環境の違いを見い出すために、まず、きょうだいの有無、多寡に焦点をあててみよう。表4-1に示しているように、日本のきょうだい数は1962年から、「きょうだい二人」がずっと一定の水準を保って多数派を維持しているが、近年一人っ子の割合も高く示すようになっている。

表4-1 「日本における年別のきょうだい数（子どものいる世代）」

項目	日本における年別の子ども数（子どものいる世代）					
	1952	1962	1970	1980	1990	1998
一人	5%	10%	39.5%	35.5%	37.3%	41.5%
二人	24%	62%	44.7%	48.6%	46.1%	42.2%
三人	35%	24%	13.3%	14.2%	15.1%	14.4%
四人以上	36%	5%	2.4%	1.8%	1.5%	1.8%

出典：1952、1962年のデータは『ひとりっ子の心理としつけ』の19-20頁によるが、その以後のデータは『日本子ども資料年鑑　2001』の59頁のデータを参照。ただし、1970年からのデータは子どものいる世代を分母にして計算した。

第4章　一人っ子の「孤独」と賑やかな親族ネットワーク

　さらに、表4-1の1998年日本の子ども数に注目すると、一人、二人がそれ
ぞれ4割強であるから、きょうだい関係なし、あるいは、きょうだいが一人だ
けいるのが主流派である。そうすると、4割強の子どもは中国都市部の多くの
子どもと同様にきょうだい関係を持っていないことになる。もし、日中の子ど
もがみな核家族の中で生活しているならば、中国の子どもは主に両親と子とい
う三角形の人間関係を体験しているのに対して、日本の子どもは主に両親と子
二人という四角形と、両親と子という三角形の人間関係を体験していることに
なる。ボッサードの「家族成員と人間関係との関係」の法則にのっとると、中
国の子どもは家庭で3種類の人間関係にしか出会わないのに対し、4割の日本
の子どもは6種類の人間関係を経験できる。この点に限ってみると、日本の子
どもの生育環境より中国の方が孤独だと言えるかも知れない。

　では、日本の子どもはどのような世帯構造の家庭で生活しているのだろうか。
それを知るため、図4-3を見てみよう[8]。日本の子どもの69.1％は核家族と
いう小規模の家族で生活していることがわかる。上述の推測、即ち、日中の子
どもが小規模の家庭で生活しているのは、子どもの実際の生育環境とほぼ一致
している。少なくとも、統計上から見いだされた家庭環境は、上述の推察と矛
盾していないと言える。

　このように、日本の子どもの家族規模ときょうだい数を比較すれば、核家族
の中で生活していることは、日本と中国都市部の子どもに共通する特徴である。
ただし、日中の家族の規模に焦点を当てると、日本では親と子が四角形の核家
族を成すのが最も多い。それに対して、中国の都市部では、親と子が三角形の
核家族を成すのが主流である。換言すれば、きょうだい関係をもたないという
特徴は、日本より中国都市部の子どもの生育環境においてより顕著である。

55

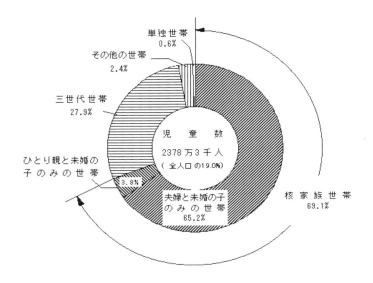

図 4-3 「世帯構造別児童数の構成割合」（子どものいる世帯）平成 10 年

第2節　都市家族の育児形態と子どもの生育環境

　第1節の検証を通して、きょうだい関係をもたず、核家族で生活しているという子どもの生育環境の特徴を確認できた。ボッサードの家族成員との相互作用の法則と依田明の橋渡し的な「きょうだい関係」の理論にのっとると、上述の生育環境は子どもの社会化に何らかの問題を来たすということがたやすく想定できる。しかし、中国都市部の親対一人の子どもという一見孤独な生育環境の裏には、子どもの第一次社会化に大いに関わる親族ネットワークが存在する。祖父母などの親族ネットワークに委ねる育児形式は、中国人にとっては慣れ親まれたものであり、子どもの生育環境の重要な一部分を成している。それにもかかわらず、社会学では中国親族に関する研究が多く見られる中で、親族ネットワークにおける子どもの実態や、子どもの社会化におけるその教育学的な意味についての研究が未だにほとんどなされていない。

第4章　一人っ子の「孤独」と賑やかな親族ネットワーク

　一方、一般的に、近代家族・親族関係の特徴は、近代職業構造により、都市の核家族率が高まることと、家族・親族関係が疎遠になることだと言われているが、このような事象は、中国の都市部の現状に当てはまるわけではない。実際には、都市家族は高い核家族率を示している一方で、親族との往来が頻繁にあり、育児機能の一部もその親族ネットワークに委ねられている。例えば、落合恵美子（2003）は中国の育児の実態について以下のように述べている。「中国都市では、ほとんどの夫婦が共働きをしており、一般的には、産休が終わると、赤ん坊を夫、あるいは妻の親に預ける。また、子どもが託児所や幼児園、小学校に行くようになっても祖父母宅から通うのも珍しくない。甚だしくなると、祖父母の家に住まわせ、何年間かすっかり祖父母に育ててもらうこともある」[9]。では、都市化、核家族化が見られるにもかかわらず、なぜ、中国の都市家族の間では家族・親族関係が疎遠になることなく緊密な関係を保っているのだろうか。この点について本章で詳細に検討することにする。現地調査を通して、親族ネットワークにおける子どもの実態を明らかにした上で、中国都市部の子どもの社会化における親族ネットワークが果たしている役割を検証し、とくに、子どもの社会化において、親族たちとの往来、日常的な相互作用が子どもの成長にどのような教育的な意義をもたらすかを考える。

2. 1　伝統的な家族・親族関係と育児機能

　ここでは、まず社会学、教育社会学の分野の研究成果から、中国社会における家族・親族と育児機能とのかかわりについて見ることにする。

　伝統中国社会の家族は多くの機能を持っているが、そのうち、扶養機能、育児機能が最も重要な機能である。中国社会人類学者、費孝通（1947b）は、中国家族・親族に関する古典的な研究『生育制度』において、子育てという従来の農村研究では見落とされがちであった視点から「親族は生育と婚姻において発生する社会関係である」と述べ、生育機能が家族・親族の重要な機能であると同時に、生育機能を果たすことによって、婚姻、家族、親族の存続が可能であると指摘する[10]。

57

さらに、費孝通（1947a）は、中国の伝統的家族・親族関係の特質をいくつか指摘している。その一つは、西洋の家族と比べ、中国郷土社会では家と集団との境界線が曖昧であり、人々が各自の需要を親族の「序列構造（中国語で"差序格局"）」を通して外の社会に求める点である。もう一つは、「親族はウチなる関係を持ち、一つの根から生まれてきた枝」であるために、「一族の者は理論上、有無相通じ、相互に救済する責任」を持ち、このような親族間で行われる互助と援助の行為を、権利、義務として「清算」されることを好まないため、「義理人情」としてその経済上、生活上での互助・援助を行う点である。婚姻制度と養育について、費孝通は、父母共同参加型の養育と父系親族を偏重する養育という二つの様相を指摘する[11]。

　約半世紀後の繆建東（1999）も文化的要因、伝統的な中国家族という視点に立ち、中国人の価値体系においては家（ジャー）が他の何よりも中心的な価値があると指摘し、また、子女の養育、教育を通してこの中心的な価値を実現する性格をもつと述べている。

　また、潘允康（1994）は、今日の家族・親族が社会からの衝撃波を受けるのと同時に、また、その反動波を社会に返しているというユニークな視点に立ち、都市家族が伝統的な家族・親族関係を受け継ぎながらも、以下のような独自の特徴があると指摘する。

　①従来の先祖を祭る習慣等の延長として、育児、老人の介護という現実的な互助行為を行う。

　②家族・親族成員の関係が昔の厳格な等級制度から平等化している。

　③住居の分散と「家」権限の喪失により成員間の交流がゆるんできている。

　④父系家族を中心とした伝統的な家族・親族関係から、父系・母系双方の家族・親族による親族ネットワークの形成がみられる。

　また、伝統的な家族成員の間には、子に対する親の「養育」の権利と義務がある一方で、子は親に対する「孝行」の義務もある。換言すれば、伝統的な中国家族成員の関係は「慈」・「孝」という双方的な関係であるとも指摘する。

第4章　一人っ子の「孤独」と賑やかな親族ネットワーク

　近年の中国都市部の家族・親族の研究としては、松戸庸子（1987、1999）、鈴木未来（1999、2000）、落合恵美子（2003）も挙げられる。3研究とも、中国都市家族は近代化しつつあるが、乳幼児の保育と老人の扶養が現在も家族・親族に委ねられることになっていると指摘している。

　まとめると、中国の家族・親族関係は以下の特質をもつ。第1に、家族・親族の間に経済上、生活上の相互協力・援助が行われること、第2に、相互協力と援助に対して、「清算」することを好まず、「義理人情」を重んじること、第3に、家の継続を重視するため、幼児の養育と老人の扶養を家族・親族の間の任務と受け止めていることである。このように、中国の育児は母親の絶対的な任務ではなく、家族、親族のみなが参加すべきものと捉えられており、こうした育児形式は、今日まで受け継がれている。

2.2　都市部の親族ネットワーク存続の社会的要因

　このように、中国には親族ネットワークが広く存在していること、親族間で頻繁に互助的な行為が行われていることについては多くの社会学者がすでに明らかにしているが、家族・親族間で行われる相互協力、相互援助という伝統的な家族の交際形式はなぜ、いまだに存続しているのだろうか。それについては伝統中国の文化的な要因によるとよく指摘される。しかし、家族・親族の間で行われる相互協力、相互援助が伝統的な中国の家族・親族の一つの特徴であるとすれば、それは儒教等の文化的要因のほかに、遊牧や工業を中心とする社会と異なり、農業社会が直接に土地の糧を得、その土地に代々定住することも要因の一つと考えられよう。かつて小農経営が行われた中国農村社会では、人口の移動はほとんど見られず、代々その土地に定住してきたことから、家族・親族およびその土地に居住する人々が親密な関係を持つ共同体となっていたからである。即ち、文化的な要因のみで、家族・親族の親密な関係が温存されたわけではないのである。では、中国の家族・親族の間に現在も続いている相互協力、相互援助の関係は近代社会のどういった要因によるものであろうか。

　近代の家族・親族の特質について、アメリカの社会学者T・パーソンズ（1956）

59

は、「近代職業体系の存在とその発達により、『社会』構造の構成要素としての親族組織の相対的重要性を犠牲にして行われなければなら」ず、「親族単位のメンバーは、以前はもろもろの欲求が親族組織の内で相互作用過程のうちに充足されたものだが、今度は別のルートでその多くを満足させなければならない」と指摘する。しかし、パーソンズが指摘する「分離独立した住居」と「経済的な独立」による「核家族の『孤立』」、および、近代職業体系による家族・親族関係の疎遠と親族単位の「機能の喪失」という構図[12]は、1949年以後の中国において当てはまるとは言いがたい。

　では、中国の家族・親族間の伝統的で親密な関係が、産業化による家族の都市化と近代の職業体系によって破壊されなかったのはなぜだろうか。この問題に答えを与えるためには、1949年以後の都市部における家族・親族ネットワーク形成過程の独自性に注目しなければならない。

2.2.1　1949年以後の国家政策と人口移動

　核家族化していく中国の家族が先進工業国と同じ方向にあるかどうかを問題とし、家族の規模と構成に焦点を当てて研究を試みた松戸庸子（1987、1999）は、一部の大都市では住宅難により核家族率が低いが、そうした制約のない地区の核家族率は70％を越えていると述べ、高い核家族率は中国の都市家族が近代化しつつある傍証であると指摘している[13]。しかし、中国の家族の実態をより明らかにするには、核家族率にだけ焦点を当てるのでは不十分である。

　また、T・パーソンズが指摘するような、現代都市部の核家族の「分離独立した住居」と「経済的な独立」という二つの様相は、中国の都市核家族にはさほど見当たらない。むしろ、核家族と主幹家族、核家族と核家族がそれぞれ近隣に居住し、経済や生活上の相互協力・援助を提供し合いながら、親密な関係を保っているため、その独立性が弱いとも言える。こうした中国都市家族は、1949年以後の国家政策―「人口政策」、「戸籍政策」[14]と大いに関係していると考えられる。

第4章　一人っ子の「孤独」と賑やかな親族ネットワーク

　すでに第1節で述べたように、中国の生育政策、とくに毛沢東時代の人口政策により、1949年当時、5億4000万であった総人口数が1953年には5億8060万となり、1964年には6億9458万、さらに1973年には9億を超え、五年でほぼ1億ずつ増加した。都市人口も1949年当時の5765万人から1953年には7826万人、1992年には1億8000万人に増加した。しかし、中国都市人口の増加は決して先進工業国のように農村から都市への流入によるものではなく、もっぱら都市にすでに居住していた人々の自己増殖によるものである。なぜなら、1949年以後の中国では、「戸籍制度」に基づき農村と都市の行政上の区分をもとに、都市と農村という二元構造を形成する形で工業化を進めてきたことにより、特に1958年以後、農村から都市、あるいは小都市から大中都市への移動が厳格に制限されたからである。

　戸籍制度と中国民衆の生活との関わりについて、中国の人口センサスと戸口問題に焦点を当てる田島俊雄（1984）は、「戸口関係、糧食関係、人事関係の三つの関係を確保することが中国社会において人々が平穏に生活するための必要条件である」と述べ、また「政策当局はこれらの『関係』を通じ、人口移動を統制し、大衆の衣食住をコントロールすることに一定程度成功している」と指摘する。その成功の背後には、「農村から都市への人口移動は厳格に制限され」、「大学進学と並び、軍隊の入・除隊を契機とする農村から都市への人口流出」以外はほぼ不可能であること、また都市・農村を問わず、「常住する一ヶ所の地点で戸口登記を行うことが義務付けられている」ために、「戸口の移動をともなわない臨時的な人口の移動については、身分を証明するものとして各人ごとの登記表の携行が義務づけられる」ことがある、と述べている。

　田島が指摘するように、この登記表が食糧の配給、就職の機会などと直接に関係し、持たない場合には、国家の保証が得られないという意味で、さまざまな困難に直面することになる。また、この戸籍制度により面白い現象が見られる。それは、土地が広く人口が多いにもかかわらず、結婚相手を自分の住む都市、省（日本の県に相当）を越えて探すことが極めてまれであるということで

61

ある。「広州市における年代別結婚相手の距離」の調査（1992年〜1993年の
七都市における家庭調査による）を例に見ると、70%〜80%ぐらいの人が結
婚相手と同じ都市に住んでいる。

2.2.2　国家政策の都市家族形成への影響：地域により異なるパターン

　中国都市部における核家族の増加について、1949年以後の人口政策と関連
してさらに詳しく検討していく。前述のように、中国都市家族の増加は農村か
ら都市への流入によるものではなく、すでに都市に居住している人々の自己繁
殖によるものである。この点について、表4-2「四都市における年代別家族構
造の変化」[15]に基づいて考察する。表4-2から家族構成の3つのパターンが
読み取れる、戸籍制度により人口を一定の土地に固定される成都市・ハルビン
市型と、住宅事情により主幹家族が前から多い上海市型と、政府の積極的な移
民政策による蘭州市型である。

表4-2　四都市における年代別家族構成の変化（%）

項　　目		49年当時	50〜57年	58〜65年	66〜76年	77〜82年	83〜92年
成都市	核家族	52.32	49.40	53.48	67.65	71.35	59.33
	主幹家族	16.86	21.43	16.61	14.79	19.88	29.10
	複合家族	13.37	11.60	5.98	5.11	4.09	5.97
ハルビン市	核家族	48.39	54.86	65.00	87.57	83.98	68.05
	主幹家族	31.19	28.32	27.50	9.94	12.16	24.26
	複合家族	—	1.77	2.50	—	—	—
上海市	核家族	33.80	57.80	45.70	32.50	22.10	30.60
	主幹・複合家族	63.90	36.70	49.40	58.80	76.30	68.80
蘭州市	核家族	43.29	56.52	65.49	91.50	87.50	86.79
	主幹家族	31.34	31.89	26.55	8.50	12.50	11.32
	複合家族	—	0.72	2.65	—	—	1.26

出典：瀋崇麟・楊善華『当代中国都市家庭研究』（中国社会科学出版社、1995年）461、272、
　　　125、244頁のデータより計算して作成。

　人々をある一定の場所に固定するという戸籍制度の代表的な働きを検討す
るために、成都市を例にする。成都市の主幹家族は各年代において10%の間

62

第4章　一人っ子の「孤独」と賑やかな親族ネットワーク

で増減の変動が見られるが、核家族の次に主要な家族類型である。1977 ～
1982 年には核家族の比率が最も高い 71.35％を示しているが、主幹家族は
19.88％である。なぜ、核家族が増えても、主幹家族は減少せずに、他の年と
比べ大きな格差が見られないのだろうか。また、なぜ、1983 ～ 1993 年の核
家族の比率は社会経済の発展にもかかわらず増加せず、逆に 59.3％に減少し、
主幹家族の割合は 29.1％まで上昇しているのだろうか。一般には主幹家族に
一人の子どもとその生殖家族が残れば充分であるため、他のきょうだいは主幹
家族・親家族から出なければならない。そのため、1950 年代のベビーブーム
の頃に生まれた人が結婚する年齢に達した 1977 ～ 1982 年に、多くのきょう
だいが結婚して家を出た結果、核家族が例年より多く出現し、最も高いポイン
トを示したと考えられる。一方、一人の子どもが結婚しても主幹家族に残るた
め、主幹家族の比率も、他の時期と比べてさほど変わらない。1983 ～ 1993
年の核家族比率の低下は、1950 年代の新中国の第一次ベビーブームに比べ、
1960 年代の出生率が減り、1970 年代に入って低出生率に変わったことによ
るものと考えられる [16]。というのは、きょうだい数が少なくなると、自然に
主幹家族から分裂してくる子家族も少なくなるからである。このことからも、
今日の中国都市部における核家族の大部分が、もともと都市部にいる家族成員
が増加し、増加した家族成員が主幹家族から分裂してできたものであることが
分かる。

　他方、蘭州市ではこれとは異なるパターンが見られる。蘭州市は中国の西部
に位置し、西安市の隣にある。劣悪な自然環境のため古くから人口が少ない地
域で、1949 年から中国政府は意図的に人口を蘭州市等の西部地域に移動させ
る政策を取ってきた。近年、政府は再び西部を開発しようというスローガンを
掲げ、多くの高学歴者が西部に行きやすくなるような優遇政策を打ち出した。
そのために成都市と異なる家族形式が生じていると推測できる。蘭州市のパ
ターンは、中国の西部地域の他都市にも共通して見られる。

　まとめると、1949 年以後の国家政策—戸籍制度と人口政策は、西部地域の

63

ような例外もあるものの、結果的に人々を農村、小都市、大都市のある一定の場所に固定し、家族・親族に相互援助できる地理的な条件を与えた、と言える。このように、中国の独特な社会事情が、中国都市部の親族ネットワークを存続させ、同時に、親族ネットワークに委ねる育児に有利な条件を提供している。

2.3 現地調査から見た親族ネットワークによる養育形式の実態

2.2節において、中国都市部の家族が親族と緊密な関係を保っているのは、欧米の都市家族の増加過程とは異なり、中国独自の事情によることを検証した。ここでは、頻繁に往来し、緊密な関係を保っている中国都市部の家族・親族ネットワークが、どのように、育児にかかわっているのかを現地調査を通して明らかにする。

まず、調査の概要を紹介する。2001年8月から9月にかけて、中国の東北地方にある吉林省長春市・黒龍省ハルビン市と、西北地方の陝西省西安市の近くに位置する楊陵地区における小学生を対象にアンケート調査を行った。それぞれの都市と地域の地方教育委員会を通じて、300部ずつ計900部の質問調査用紙を小学生に配り、1コマの授業時間をかけ、回答後すぐ担任の教師に提出するという形で調査用紙を回収した。なお、回収率は97.4%であった。調査対象はハルビン市の3校（297人）、長春市の2校（293人）と楊陵地区2校（286人）の総計877人（地域不明の1名を含めた数字）である。なお、調査対象は3、4、5年生に均等になるようにしたかったが、漢字が読める度合い等を配慮し、5年生を中心に行った。

主要な質問項目として、①家族構成（表4-2を参照）、きょうだい数、②祖父母をはじめとする親族との居住距離、交際の頻度と内容、形式、③幼い時と今、親族たちが面倒を見てくれるかどうか、④いとこきょうだいとの付き合い、⑤親族たちとの交際にどのような気持ちを持っているか、⑥親、祖父母の老後の面倒に対する態度、などの項目を設定し、アンケート調査を行った。

調査地のハルビン市と長春市は大工業都市である。西安市の近くにある楊凌地区は近年中国政府の西部大開発政策によるモデル地区であり、また、政府が

第4章　一人っ子の「孤独」と賑やかな親族ネットワーク

計画的に創り出された科学技術を中心とする実験地区でもあるために、多くの
人材が政府の呼びかけに応え、または、派遣によりこの地区に集まってきたと
いう性格も持っている。前出の国家政策の類型化に従えば、ハルビン市と長春
市は成都市型、西安市は蘭州市型と言えるだろう。

2.3.1　政策の違いによる親族ネットワークの構造の違い

　表4-3を見ると、核家族の増加に伴い、親族とのかかわりが疎遠になるとい
う知見は、中国の西安楊陵地区のように当てはまるケースもあれば、ハルビン
市や長春市のような反例も見られる。

　今回の調査結果の一つとして、楊陵地区を除き、ハルビン市と長春市の子ど
もの近くには、多くの親族たちがいることが挙げられる。楊凌地区全体では、
被調査者の40％強が祖父母と違う町に住んでいるのに対して、ハルビン市、
長春市では、その比率はかなり下がり、祖父母と違う町に住んでいるのは、そ
れぞれ10％強、20％弱であった。前述の「広州市における年代別結婚相手の
距離」のデータから、結婚相手を自分の住む都市、省を越えて探すことは少な
いことから、親族たちが近くにいるだろうと推測できるが、今回の調査結果は
この推測を裏付けることになった。

　また、現地調査を通して見いだした親族ネットワークが近くに存在している
ハルビン市や長春市のようなパターンと、そうでない楊凌地区のようなパター
ンは、前節で分析した国家政策の違いにより、異なる親族ネットワークが生じ
るということの傍証になる。

　なお、長春市では、父親・母親との同居率が低く、祖父母との同居率が高い。
それは、祖父母に預けられる子どもが多いことを意味しているが、既に述べた
とおり、中国では比較的多く見られるパターンである。

　このように、1949年以後の中国都市家族では、ハルビン市や長春市で見られ
るような親族ネットワークが存在し、そのネットワークに育児を委ねるという
手段が多く取られる。しかし、親族ネットワークや地理的条件に恵まれない楊
凌地区のような都市家族においても、親族に育児支援を求めないわけではない。

65

表 4-3　被調査者の同居者構成及び親族との居住距離

項　　　　目		調　　査　　地							
		ハルビン市		長　春　市		西安楊陵		合　　計	
		人数	％	人数	％	人数	％	人数	％
被調査者の同居者	父親	264	94.0%	233	80.3%	263	92.0%	760	88.7%
	母親	270	96.1%	242	83.4%	272	95.1%	784	91.5%
	父方祖父	46	16.4%	64	22.1%	21	7.3%	131	15.3%
	父方祖母	55	19.6%	88	30.3%	31	10.8%	174	20.3%
	母方祖父	11	3.9%	26	9.0%	12	4.2%	49	5.7%
	母方祖母	22	7.8%	34	11.7%	15	5.2%	71	8.3%
	その他	15	5.3%	10	3.4%	38	13.3%	63	7.4%
	合計	281	―	290	―	286	―	857	―
父方祖父母宅と自家との距離	違う都市	25	10.4%	43	19.4%	109	41.6%	177	24.4%
	同じ都市　30km以上	22	9.2%	29	13.1%	38	14.5%	89	12.3%
	同じ都市　15～30km	25	10.4%	23	10.4%	10	3.8%	58	8.0%
	同じ都市　5～15km	35	14.5%	27	12.2%	35	13.4%	97	13.4%
	同じ都市　5km以下	94	39.2%	52	23.4%	56	21.4%	202	27.9%
	その他（同居など）	39	16.3%	48	21.5%	14	5.3%	101	14.0%
	合計	240	―	222	―	262	―	724	―
母方祖父母宅と自家との距離	違う都市	27	10.1%	42	18.3%	109	41.0%	178	23.3%
	同じ都市　30km以上	35	13.1%	40	17.4%	43	16.2%	119	15.6%
	同じ都市　15～30km	41	15.3%	44	19.1%	16	6.0%	101	13.2%
	同じ都市　5～15km	59	22.0%	33	14.3%	41	15.4%	133	17.4%
	同じ都市　5km以下	70	26.1%	37	16.1%	43	16.2%	150	19.6%
	その他（同居など）	36	13.4%	34	14.8%	14	5.3%	84	11.0%
	合計	268	―	230	―	266	―	765	―

2.3.2　親族ネットワークと子どもとの関わり

　まず表 4-4 を見てみよう。

　「休日に親族たちと一緒に過ごしますか」という項目を見ると、ハルビン市と長春市の子どもは、それぞれ 40％、42％が週 1、2 回の割合で休日に親族たちと一緒に過ごしていることが分かる。これに対し、楊陵地区の割合はわずか 18％である。また、「低学年の時に誰に送り迎えしてもらいましたか？」という項目を見ると、楊陵地区の 23％に比べ、長春市で 50％、ハルビン市 34％と、親族ネットワークがより活発に機能しており、祖父母などの親族との住居の近接性は、子どもが親族と関わる頻度に大きく影響していることが分かる。

第 4 章　一人っ子の「孤独」と賑やかな親族ネットワーク

表 4-4　被調査者と親族達との交際

項　　　目		調　　査　　地						合計
		ハルビン市		長　春　市		西安楊陵		
		人数	%	人数	%	人数	%	人数
休日に親族達と一緒に過ごしますか	週1〜2回	120	41.2%	125	43.4%	52	18.6%	297
	月1〜2回	116	40.7%	105	36.5%	149	53.4%	370
	数ヶ月1回	27	9.5%	30	10.4%	64	22.9%	121
	全　然	22	7.7%	28	9.7%	14	5.0%	64
	合　計	285	—	288	—	279	—	852
夏、冬休みに親族の家に泊まりますか	泊まる	223	78.5%	189	65.9%	250	88.0%	662
	泊まらない	61	21.5%	98	34.1%	34	12.0%	193
	合　計	284	—	287	—	284	—	855
低学年の時に、誰があなたの送り迎えをしましたか	父　親	119	50.6%	76	38.4%	72	55.0%	267
	母　親	138	58.7%	98	49.5%	59	45.0%	295
	父方祖父	33	14.0%	38	19.2%	11	8.4%	82
	父方祖母	20	8.5%	31	15.7%	7	5.3%	58
	母方祖父	6	2.6%	11	5.6%	8	6.1%	25
	母方祖母	14	6.0%	11	5.6%	8	2.3%	28
	他の親族	8	3.4%	8	4.0%	2	1.5%	18
	その他	20	8.5%	13	6.6%	27	20.6%	60
	合計	358	—	286	—	189	—	833
幼い時に、両親以外の誰がよく面倒を見てくれましたか	父方祖父母	147	51.8%	143	49.3%	161	57.5%	451
	母方祖父母	146	51.4%	136	46.9%	140	50.0%	422
	父方叔父	7	2.5%	13	4.5%	14	5.0%	34
	父方叔母	36	12.7%	48	16.6%	25	8.9%	109
	母方叔父	18	6.3%	19	6.6%	22	7.9%	59
	母方叔母	39	13.7%	30	10.3%	40	14.3%	109
	その他	16	5.6%	13	4.5%	13	4.6%	42
	合計	284	—	290	—	280	—	854

　表4-3、4-4 は調査（2001 年 8 〜 9 月実施）の結果に基づいて作成されたものである。一部の項目について、該当なし等の原因で合計回答数は調査実施数の 877 に達していない。

67

しかし、「夏休みや冬休みに祖父母などの親戚の家に泊まりにいきますか？」という項目を見ると、休日などにハルビン市、長春市の子どもよりも親戚と一緒に過ごすことの少ない楊凌地区の子どもの87％が、夏休みや冬休みを利用して親戚の家に泊まっていることがわかる。他方、ハルビン市と長春市の割合はそれぞれ75％、64％である。

　さらに、表4-4からは不思議なことが読み取れる。それは、楊凌地区では祖父母が遠くに居住しているにもかかわらず、他の二都市とほぼ同程度で、子どもの幼い時の面倒を見ていることである。これは、子どもが幼かった時、祖父母に預けられていたか、幼い子どもの世話のために、祖父母がやって来て、しばらくの間、主幹家族の生活形式を取っていたのではないかと考えると理解できる。このようなパターンは現在も長春市で見られる。居住地の遠近は、子どもと親族たちとの往来の頻度に関わるが、子どもの幼い時の面倒に焦点をあてると、中国親族ネットワークは不利な居住条件を超越する力をも有していると考えられる。

　上述のような親族ネットワーク依存の中国都市部の育児パターンは日本とは対照的である。日本の核家族世帯は1955年の59.6％、1965年の62.6％、1975年の63.9％、1980年の63.3％、1985年の62.5％、1990年の61.8％、1995年の60.5％[17]のように増加しておらず、一定の割合を保持している。夫婦が子育てをする時期においても、ライフサイクル上、核家族になる世帯は増え続けている。ここから、日本の子どもの第一次社会化には、両親のみが関わることが多いことが容易に想定できる。

　また、中国では、母親は産休が終わるとすぐ働き始めるのに対し、日本の7割以上の母親は子どもが幼稚園または小学校にあがるまで仕事をしない。平成11年度『日本子ども資料年鑑2001』のデータをみると、0－3歳の末子を持つ母親の71.2％は就業しておらず、4－6歳の母親の就業状況をみても、50.3％の母親が働いていないことがわかる。「三歳までは母の手で」という育児理念が、日本ではかなり大きな影響力をもち、実行されていることが伺える。

第4章　一人っ子の「孤独」と賑やかな親族ネットワーク

落合恵美子（1989）の実証調査では、同居、隣居、近居の祖父母による育児
援助をうけるが、平日の世話は母親本人が圧倒的であるという調査結果 [(18)]
を合わせて考えると、主に母親が第一次社会化の担い手であるということが、
日本の子どもの育児環境の特徴と言える。ここでは、また落合恵美子（2003）
の調査内容を借りて、日中の育児観の違いをみよう。

　「……興味深いのは意識である。本来は母親のするべき子育てを肩代わりし
てやっている、という祖父母の側の意識や、負い目を感じるような若夫婦側の
意識が、インタビューから感じられない。……仕事と子育てのどちらをとるか
悩むのも、退職後に再就職をするかどうかという場面の祖父母のほうだという。
……孫の面倒ばかりではない。共働きの若夫婦はいっさい料理をせず、毎日親
に作ってもらうのも珍しくない。若夫婦は労働、老夫婦は家事・育児という大
家族での世代間分業が、住居は分離しても生き続けている。」

　このように、中国の核家族は親族ネットワークがすぐ近くにいること、また、
子家族は育児を親家族に委ね、親家族はそれを積極的に引き受けていることが
わかる。同時に、「子育ては母の手による」という育児観念は、中国ではまだ
形成されていないようにもみえる。中国では親族たちも参加する育児形態が広
範的に存在していることから、中国都市部の子どもは、親族ネットワークの中
で多くの人間関係を経験し、払底しているきょうだい関係や社会化の相互作用
を補うことになるだろう。また、日本で広く支持を得て、実行されている「三
歳までは母の手で」という育児理念による濃密な母子関係に比べると、中国の
子どもは、幼児期から多くの人間関係を体験していると言えよう。

　では、中国の子どもの日常生活に頻繁に登場する親族たちは、どのように子
どもと関わっているのであろうか。

69

表 4-5　何か困ったことがあったら、誰に相談しますか？

上段：人数	合計	調　査　地		
下段：%		ハルビン市	長　春　市	西安市
全体	861	285	291	285
	100	33.1	33.8	33.1
学校の友達	194	79	63	52
	100	40.7	32.5	26.8
近所の友達	178	42	55	81
	100	23.6	30.9	45.5
両親	199	78	55	66
	100	39.2	27.6	33.2
父方祖父母	84	28	37	19
	100	33.3	44	22.6
母方祖父母	57	16	28	13
	100	28.1	49.1	22.8
親戚	14	5	6	3
	100	35.7	42.9	21.4
誰とも相談しない	95	26	25	44
	100	27.4	26.3	46.3
先生	71	20	30	21
	100	28.2	42.3	29.6
いとこ達	52	20	13	19
	100	38.5	25	36.5
その他	2	1	—	1
	100	50	—	50

　表4-5に示されているように、困ったことに出合った時、多くの子どもが、両親、学校・家付近の友達を相談相手に選ぶと同時に、祖父母、叔父叔母、いとこ等も選択した。三都市を比較すると、親族たちが近くにあまり居住していない西安楊陵地区の子どもは、「誰とも相談しない」という割合が高い。さらに「祖父母」、「親戚」の箇所に焦点を当てると、親族ネットワークが近くにいるハルビン市と長春市に比べ、楊陵地区の子どもの選択率が低いことがわかる。これは前述の「住居距離が日常的交際の頻度に影響」と関係すると考えられる。中国都市部の子どもは、家族規模、きょうだい数から、他者との相互作用の機会と経験が少ないとよく指摘されるが、親族たちが子どもの近くにいることに

第4章　一人っ子の「孤独」と賑やかな親族ネットワーク

よって、こうした不利がある程度緩和されているのではないかと推測することができる。

さらに、図4-4で、親がその場にいる時といない時の二種類の情況を見ると、親がその場にいる時には4割近くの子どもが注意されると答えたのに対し、親がその場にいない時には、約6割の子どもが注意されると答えた。この回答から、親族たちとの行き来する場において、大人の間の交際に留まらず、親族たちは子どものしつけ、社会化も含んで、積極的に参加していると言える。即ち、親族ネットワークが、子どもの社会化と大きく関わっている様子がうかがえる。

図4-4　親族の集まる場において、いたずらをしたら親族に注意されますか？

図4-4のように、親族は親がその場にいるいないにかかわらず、子どもを注意することから、親族ネットワークは、意識的かつ積極的に子どもの社会化を促していることが分かる。換言すれば、育児、子どものしつけは母親や父親だけの任務だけではなく、祖父母、親きょうだいなどの親族も積極的に関わっている。両親と子どもという最も単純な核家族で生活しているという統計上から見いだされた子どもの貧弱な生育環境とは裏腹に、実際は、親族ネットワークが大きく関わり、他者との相互作用を盛んに行う機会を提供しているのである。

以上のことからも、親族ネットワークに言及することなく、今の子どもが孤独だという判断を下すことに問題があるのは容易に理解できる。即ち、子どもの第一次社会化の担い手が父母しかいないというのは事実ではない。父母のほ

71

かに、祖父母、親きょうだいなどの親族もおり、大きな役割を果たしていることから、中国都市部の子どもの生育環境を正確に把握するには、家族、親族ネットワークを視野にいれなければならない。

ところが、「4・2・1総合症」（4人の祖父母、2人の親がたった1人の子どもを可愛がること）に象徴されるように、祖父母とのかかわりに言及する際に、必ず、孫を甘やかすとか、孫のいいなりになることなど、子どもの社会化への悪影響が大いに指摘される。また、このような論調は、世間に留まることなく、アカデミックの世界でも共通認識となっている。

しかし、実際のところはどうであろうか。筆者がおこなった現地調査の「両親があなたを叱る時に、祖父母の態度は以下のどれですか」という質問項目で、それについて考察する。三都市の統計をみると、「両親と一緒に私を叱る」、「何も言わない」は、それぞれ、20%　12.6%、それに対して「私を庇う」は59.9%である。

表4-6　「両親があなたを叱る時に、祖父母の態度は以下のどれですか」

上段：実数 下段：横%	両親と一緒に叱る	何も言わない	私を庇う	その他	合計
全体	171	108	512	64	855
	20%	12.60%	59.90%	7.50%	－
ハルビン市	45	35	183	22	285
	15.80%	12.30%	64.20%	7.70%	－
長春市	68	36	167	17	288
	23.60%	12.50%	58%	5.90%	－
西安楊陵	58	37	161	25	281
	20.60%	13.20%	57.30%	8.90%	－

3都市の全体統計からみると、祖父母が孫を庇って溺愛しているという印象を受けるが、ハルビン市、長春市と、楊凌地区という三都市の親族ネットワークの違いをあわせて考えると、そう単純なものではない。というのは、表4-3をみると、3都市の中で祖父母との同居率が最も高い長春市では、祖父母が「両親と一緒に私を叱る」割合も高いことがわかる。祖父母との同居率は「両親と一緒に私を叱る」、「何も言わない」の選択率とほぼ一致していることから、子

第 4 章　一人っ子の「孤独」と賑やかな親族ネットワーク

どもの日常生活において最も関わりの多い長春市の祖父母は、態度が甘いのではなく、親と一致したしつけの態度を示していると考えられる。

「私を庇う」という選択率をみると、ハルビン市が 6 割強、長春市と楊凌地区がそれぞれ 5 割弱であり、孫を庇う祖父母が圧倒的に多いことは否定できない。しかし、同居せず、休日にしか孫に会わない祖父母が、孫の叱られる場面に遭遇すれば、孫を庇ったとしても不思議ではない。また、孫を可愛がるのは、少子化に伴って起こったことではないということも、ここで考慮する必要がある（ここでは、子どもの社会化の担当者数を問題にしているので、孫と祖父母とがどのような関係をもっていることが、子どものしつけ、人間形成にとって望ましいのかについては、第 6 章で論じる）。

次に、きょうだい関係に払底する中国都市部の子どもといとこ達との交際状況を見てみよう。表 4-7 のように、「いつも」と「時々」の回答を合わせると、8 割以上の子どもにとって、いとこはしばしば日常生活に現れる存在であり、また、祖父母を共有していることから、そこからきょうだいに近い関係を体験することができるだろう。

さらに、「いとこの中でもっとも気のあう子がいますか」という質問項目をみると、「いる」と答えた子が 8 割以上（内訳：ハルビン市 86.4%、長春市 85.5%、楊陵地区 80.5%）を占める。

表 4-7　「いとことよく一緒に遊びますか」

上段：実数 下段：横%		合計	いとことよく一緒に遊びますか			
			いつも	時々	たまに	全然
全　　体		774	326	300	107	41
		—	**42.1**	**38.8**	13.8	5.3
調　査　地	ハルビン市	253	117	99	26	11
		—	46.2	39.1	10.3	4.3
	長春市	262	118	98	26	20
		—	45	37.4	9.9	7.6
	楊陵地区	258	90	103	55	10
		—	34.9	39.9	21.3	3.9

このように、8割以上の子どもたちは、きょうだい関係に近いものを経験し、欠けている「ナナメ」「橋渡し」のきょうだい関係をある程度補っていることから、いとことの交際は仲間同輩との付き合いの準備段階になっていると考えられる。

3.3.3　育児における父母共同の参加と、父系・母系両方の親族の参加

　さらに他の質問項目についても見てみよう。「誰があなたの送り迎えをしますか」という質問の結果は、父親 47.36％、母親 52.3％で、ほぼ同程度、子どもの送り迎えをしていることがわかる。また「悪いことをした時に誰に叱られますか」という質問の結果をみると、父親、母親はそれぞれ 50％（内訳：ハルビン市 49.0％、長春市 44.1％、西安楊凌 57％）、72．3％（内訳：ハルビン市 73.8％、長春市 68.4％、西安楊凌 74.6％）であった。「お小遣いがほしい時にだれにもらいますか」という質問の結果は、父親、母親がそれぞれ47.6％（内訳：ハルビン市 46.4％、長春市 49.5％、西安楊凌 46.8％）、58.3％（内訳：ハルビン市 61.1％、長春市 58.0％、西安楊凌 60.4％）であった。以上のデータから、子どもの養育に対し、父親と母親の両方が責任をもって養育任務を果たしていることが伺える。これらは、子どもの教育がほとんど母親に任される日本型の育児形式、よく取り上げられる日本の「父親不在」等とは対照的であろう（日中の親子関係の比較は第4章で行う）。父母共同参加の育児形式の少ない日本に比較すれば、中国の父親は子どもの社会化の担い手として大いに機能していると言える。

　さらに詳しく見ると、親族が近隣に居住していない楊陵地区とそれ以外での違いもある。楊陵地区の父親は他の地域の父親よりも多く子どもの送り迎えや子どもを叱るなどの行為を行っている。これは、親族ネットワークが近くにいないことが父親の育児参加を促している、あるいは、父親の育児参加は中国の育児形式の特徴であり、不利の場合に置かれるとさらにそれが顕在化すると考えられる。

　また、子どもの日常生活には、母親、父親だけが存在しているのではなく、

第4章 一人っ子の「孤独」と賑やかな親族ネットワーク

親族たちも頻繁に子どもの日常生活に現れる。表4-4を見ると、子どもの面倒等をみる親族の中には、父系親族もいれば、母系親族もいることがわかる。「低学年の送り迎え」においては父方祖父母の方により頼っているが、「幼い時の面倒」という項目を見ると、ほぼ同程度に父方祖父母と母方祖父母の両方の支援を受けていることがわかる。費孝通の「中国の伝統的な居住形態が夫方居住であるため、幼児の養育も父系親族に偏重する」という指摘は、調査を行った都市部の家族・親族には必ず当てはまるとは言いがたいが、父方祖父母との同居を優先することは調査結果からも伺える。また、表4-3の同居者の構成を合わせてみると、主幹家族の構造において、今も伝統の父系家族を中心とする住居形式が主流であると言えよう。

しかし、こうした住居形式は母系家族の育児への参加に影響を与えるだろうか。表4-8をみると、子どもがもっとも行きたがる親戚の家は、母方祖父母の家である。さらに面白いことに、親の男きょうだいの家よりも、女きょうだいの家へ行きたがる傾向が見られる。より詳細に見ると、「父方叔父」より、「母方叔父」を選択している子がはるかに多く、父方叔母は母方叔母より少し多いが、それほど格差がみられない。即ち、親の女きょうだいの家を選択した割合はそれほど差が見られないに対して、親の男きょうだいでは、母方の方により親しみを持っていることがうかがえる。

表4-8 「親戚の中で誰の家に一番行きたいですか」

上段：実数		合計	親戚の中で誰の家に一番行きたいですか						
下段：横%			父方祖父母	母方祖父母	父方叔父	父方叔母	母方叔父	母方叔母	その他
全　　体		853	279	344	43	165	96	143	55
		—	32.7	40.3	5	19.3	11.3	16.8	6.4
調査地	ハルビン市	285	94	119	17	51	35	47	16
		—	33	41.8	6	17.9	12.3	16.5	5.6
	長春市	288	65	104	21	71	27	51	23
		—	22.6	36.1	7.3	24.7	9.4	17.7	8
	楊陵地区	280	120	121	5	43	34	45	16
		—	42.9	43.2	1.8	15.4	12.1	16.1	5.7

75

今日の中国の家族・親族関係には、潘允康（1994）のいう父系・母系双方の家族・親族による親族ネットワークという特徴がみられる。即ち、父母の共同参加と父系・母系双方の親族の参加により、子どもの社会化に相対的に多くの担い手を提供することになる。

　以上の調査結果を通して、中国都市部における子どもの生育環境は、両親と子どもの３人のみという貧弱なものではないことが明らかになった。日本の育児環境と比較すると、中国の都市家族は父母共同参加の育児パターンを取っており、また積極的に親族ネットワークに委ね、育児の支援を受けている。これまでの先行研究に度々指摘される子どもの生育環境は、世帯の統計上の状況であり、子どもをとりまく実際の生育環境を表すものではない。

第３節　子どもの社会化とその生育環境

　現地調査を通して、親族ネットワークは中国の都市家族の近くにあり、子どもの日常生活に大いに関わっていることが確認できた。本節では、親族たちとの頻繁な往来と子ども数の減少、家族の小規模化との関係について検討した後、親族たちとの相互作用が子どもの社会化にとってどのような教育的意義を持つかを考察する。

3.1　都市家族の行動パターンと親族との往来

　核家族、少子化、きょうだい関係の欠如は、1979 年以後の中国都市部の子どもをとりまく生育環境の特徴であるが、多くの先行研究において、上述のような家族構造の単純化、家族規模の縮小化は、子どもの社会化に不利な影響をもたらすものとして問題視されてきた。しかし、風笑天（1992）は家族成員間の交流の頻度、関係の濃密さに焦点を合わせ、成員数の多寡と他者との相互作用の頻度とは相関関係にあることから、一人っ子はそうでない子より、親と話し合う機会などが多くなると指摘する。ボッサードの家族成員間の相互作用の法則に従うと、今日の中国の都市家族においては、家族関係が単純で重複しないという特徴をもつが、一方では、一人っ子家族は子どもの多い家族に比べ

第4章 一人っ子の「孤独」と賑やかな親族ネットワーク

ると、他者との相互作用の対象が集中しており、頻度の高い相互作用が行えることにもなる。

さらに、一人っ子家族は子どもの多い家族より、親と子がともに行動するという特徴をもつ [19]。なぜ、一人っ子家族はこのような行動パターンをもっているのだろうか。それは家族規模と関連しているからであろう。例えば、子どもが5人いる核家族に比べれば、当然、子どもが1人しかいない核家族のほうが、家族成員がともに行動しやすくなるだろう。また、親のいない時に、年長のきょうだいが年少のきょうだいの面倒をみるといったことは、一人っ子家族に起きるはずのないことであり、子どもが親とともにどこかへ行くのは、そうせざるを得ないから、と考えることもできる。中国都市部の一人っ子は、小規模、単純な核家族で生活し、きわめて少ない人間関係しか持ち得ない反面、一人っ子家族のほうが、子どもの多い家族より社会との交際、交流がしやすい構造になっていると言える。このように、一人っ子家族の親と子がともに行動するパターン、相対的に自由の行動パターンは、親族ネットワークによる育児形式に、物理的な条件を提供している。

3.2節において、中国の都市家族、親族との相互協力、相互援助という親密な関係が、今日まで継続されているのは、文化的要因のほかに、1949年以後の国家政策などの社会的要因にもよると論じた。しかし、親族ネットワークによる育児援助が大いに期待できるのは、上述の要因の他に、子ども数の多寡も大きく関わる。人口抑制政策によって家族規模が縮小した結果、一人っ子家族は、多くの子どもをもつ家族に比べ、子どもの面倒を親族ネットワークに委ねやすくなっており、また、家族ごとに行動しやすいため、親族との往来、社会との交際も頻繁に行うことが可能である。例えば、子どもを親や親戚のどこかに預けたり、家族で外出するのは、やはり、一人っ子家族より子ども3、4人をもつ家族のほうが難しいだろう。

このように、都市家族の核家族化、少子化によって、子どもの出生家族（定位家族）における他者との相互作用を行う機会が減少した反面、親族たちとの

77

交流、往来が頻繁になったと言える。今日の都市家族の子どもは、きょうだい関係に恵まれない代わりに、家族・親族ネットワークにより多くの他者から働きかけられ、社会化をうける機会を多く得ているのである。

3.2　親族ネットワークによる養育形態と子どもの社会化

　上述のように、親族ネットワークの中で蓄積した日常生活の経験は、子どもの社会化にどのような意義をもっているだろうか。これを検討するために、子どもの社会化とその生育環境との関係を考察する。

3.2.1　家族中心の「教育家族」と社会化過程における望ましい環境

　社会化は子どもの社会化と大人の社会化とに分けられるが、一般的に、社会化とは、ある社会に生まれた子どもが生活経験を通して、その社会の一人前の成員になっていく過程、すなわち子どもの社会化（第一次社会化）を指す場合がほとんどである。第一次社会化において、最初の集団、家族で行う社会化は、子どもの次段階の社会化の基礎となることから、もっとも重要視されており、とくに家族構成などの生育環境がしばしば議論の的になる。例えば、少子化社会における子どもの教育上の問題を、家族規模、構成の単純化に求め、大家族、複雑な家族構成は、子どもの社会化がよりよく実現できる生育環境と解釈される。というのは、子どもの社会化は他者との相互作用を通してその社会の文化、価値規範などを内面化する過程でもあるので、複数の人間の間で、模倣、次に同一化、内面化していくプロセスを経ねばならないからである。一人前の社会人として認められる条件[20]に対して、家族の規模が大きく構成が複雑であれば、子どもにとって役割の学習機会が多くなり、社会人としての態度が身につきやすくなると考えられている。

　ところで、従来の子どもの社会化においては、家族のみならず、家族以外の人たちもごく自然に子どもの社会化に関わっていた。フィリップ・アリエス（1960）の研究によれば、前近代の西洋社会では、家族と家族以外の成員との境界が曖昧であり、子どもの世話は家庭が独自にすることなく、家族以外の人も子どもの成長に関わっていた。日本においても村の伝統的なしつけの方法が

第4章　一人っ子の「孤独」と賑やかな親族ネットワーク

「群の制裁」、「笑の教育」のように、子どものしつけの担当者は家族に限らなかったのである。

しかし、近代化に伴い、「近代家族」、「教育する家族」が現れ、このような家族で行われる日本の子どもの社会化には、従来のものと異なるいくつかの特徴がある。子どもの社会化に限ってみると、「近代家族」、「民主的」な家族が、封建的で家父長的な家族と区別できるのは、「家内領域と公共領域との分離」、「非親族の排除」、「子ども中心主義」という点である [21]。「三歳までは母の手で」、地域の近隣や親族ネットワーク、祖父母、きょうだいに子どもの人間形成を委ねない「教育する家族」の理念は、文明的、進んだ育児理念として広く受け入れられる [22]。したがって、子どもたちは、他の誰でもなく親こそが子どもの教育の責任者であるという観念のもと、親の濃密な教育的視線の下で、社会化するようになっている。子どもの人間形成、しつけの担当者は家族、より正確に言えば、もっぱら母親、次に父親を指すようになった。要するに、近代社会の理想とする家庭教育において、子どもの第一次社会化の担い手は、親、とくに母親となっているのである。上述のような家庭教育の理念にたてば、家族規模の縮小、構成の単純化という中国都市部の子どもの生育環境は問題されないどころか、むしろ賞賛されるべき環境ともいえる。

ところが、社会化の一般的な理論においては、子どもは人々との社会的相互行為を日常的に繰り返す中で、その社会の文化、習慣、規範を習得し、生物の個体から社会の成員になっていくと考えられている。とくに、多数の社会化の担い手と、頻繁に相互行為の交換ができる環境は、子どものパーソナリティの形成に望ましい環境とされている。そうすると、理想としている近代社会の家庭環境と、子どもの社会化にとって望ましいとされる環境の間に矛盾が生じてくる。この矛盾を念頭におきながら、中国の子どもの生育環境を思い起こしてみると、中国都市部の子どもは、家族を中心とする「教育家族」と、社会化理論の求めている子どもの生育環境の両方を経験していることがわかる。人間関係の単純な核家族において生活していると同時に、相対的に複雑な人間関係を

79

経験し、多数の他者との相互作用を行う家族・親族ネットワークの中でも生活を送っているため、中国都市部の子どもはその社会化がよりよく実現できる環境にいると言えよう。

3.2.2　親族たちとの相互作用と子どもの社会化―教育学的な意義から

　ここでは、子どもの成長にとって、親族たちと頻繁に往来しているうちに行っている相互作用は、どのような教育学的意義を有するかについて見てゆく。

　まず、祖父母をはじめとする親族たちの育児参加により、子どもの社会化の担い手が多くなることから、親族ネットワークは、単純な核家族にいる子どもに多様な役割を認識し、内面化する機会を提供することができる。

　次に、家族の相互作用は社会的相互作用の一形態であるが、親密な一組の関係の中で調和的、継続的に行われる性格と、親密な家族成員のストレートなぶつかり合いができるがゆえに、「むき出しの鋭さ」という性格もある。親族たちとの相互作用においても、上述の性格と類似的なものが見られる[23]。即ち、核家族で生活している子どもにとって、親族たちとの相互作用は、親以外でもっとも親密な人との相互作用となる。子どもたちは、その親族ネットワーク内で、継続的に調和の取れた相互作用過程を経ていると同時に、自分の弱点を率直に言われたり、直されたりという相互作用を通して社会化していくことができる。とくに親族たちと行われる相互作用は、家族と類似した、私的で、循環的、固定的な性格をもっているため、子どもが自分の役割に対する認識も、順を追って習得できる穏やかな環境になるだろう。

　第三に、親族ネットワークは、子ども属する核家族と社会の間にもう一つの居場所を与えることになる。このもう一つの居場所には二つの重要な意味がある。親族ネットワークは家族とほぼ同様に、外部の社会からの子どもに対する衝撃、刺激をいったん和らげる、というクッション的な機能をもっている。もう一つは、親の密度の高い管理から逃れる場所を提供することである。即ち、小規模の家族において、親の濃密な愛情と過剰な期待が子どもを押しつぶす圧力となったり、親の過干渉が親と子の間に葛藤をもたらしたり、親子関係が緊

第4章　一人っ子の「孤独」と賑やかな親族ネットワーク

迫な関係になってしまうことがある。親族ネットワークは、子どもの逃げ場所になると同時に、親の休憩の場所にもなるため、親と子の間の摩擦を減らす仲介役も果たすことがある。

　第四に、親族ネットワークはやはり自分の所属する家族ではないことから、親族たちとの往来の中で、子どもはさまざまな視角から自分の家を再確認する機会が得られる。また、密度の高い中国親族ネットワークの中で、両親以外の役割を生き生きとしたイメージで把握することもできるほか、多くの大人像を頻繁な集いを通して見ることもできる。

　このように、近代の教育家族では、親の教育責任を強めた反面、子どもが家庭という狭い場所に閉じ込められるようにもなっている。それは今日の中国都市部における子どもの表の生育環境と一致している。しかし、中国都市部の子どもを取り巻く生育環境では、子どもが家族・親族ネットワークと頻繁に交流し、親族たちもまた積極的に育児に参加していることが、近代家族で生じている子どものしつけ担当者の不足を補い、緩和する機能を果たしているのだろう。

まとめ

　本章では、日本との比較と、筆者の現地調査を通して、子どもの第一次社会化における相互作用の多寡にスポットライトをあて、中国都市部における子どもの生育環境を考察した。その結果、中国都市部の子どもは、核家族、少子化、きょうだい関係の欠如という孤独な生育環境で社会化を受けるのではなく、親族ネットワークが近くにあり、そこで多くの人々と頻繁に日常的な相互作用を行っていることが明らかとなった。したがって、これまでの先行研究において指摘されてきた孤独な『小皇帝』は、本章の考察結果とは異なる。

　なぜ、本研究では異なる結果を得たのか。従来の研究においては、きょうだい数のみが問題視されてきた。そのため、子どもの実際の生活場面に十分に注意が払われてこなかった、ということが本研究での調査結果との差異を生む大きな要因だと考えられる。

また、本章では、1949年以後の国家政策により中国親族ネットワークが存続したこと、そして、一人っ子家族の自由な行動パターンが、親族ネットワークによる育児を可能にする原因の一つとなっていると述べた。

　さらに、教育学の視点から、中国の親族ネットワークが子どもに働きかけているものについて、次のようにまとめた。

　①子どものしつけの担当者として機能していることから、核家族、少子化が進んでいる中国都市部の子どもの孤独な家庭環境を緩和している。

　②親族ネットワークが家族と類似的な性格をもつため、子どもに、私的で、循環的かつ固定的な場を与え、同時に、子どもに自分の役割への認識を、順を追って習得する穏やかな環境を提供している。

　③親族ネットワークの存在によって、子どもの属する家族（定位家族）と社会の間にもう一つの居場所を与えている。

　④親族たちとの交際、交流が、子どもにさまざまな視角から自分の家、自分の親を再確認する機会を与えている。

　このように、親族ネットワークの存在及び子どもとの密度の高い交際、交流が、中国都市部における子どもの生育環境の貧弱さを補完している。本章で親族ネットワークにおける子どもの社会化を考察したことにより、孤独な「小皇帝」というイメージを植え付けられた中国都市部の一人っ子を異なる視角から見直す機会が得られたと思われる。

註（第4章）

[1] J.H.S. ボッサード,E.S. ボル共著、末吉悌次監訳『発達社会学－幼児期から青年期まで－』黎明書房、1971年、78～115頁。

[2] 依田明著『ひとりっこ・すえっこ』大日本図書、1967年、92-119頁。
　　依田明著『ひとりっ子の心理としつけ』あすなろ書房、1992年、27-33頁。

[3] 中国歴代の世帯の平均規模は、それぞれ漢平帝元始二年(西暦2年)4.87人、三国時期(西暦262年)5.30人、晋武帝太康元年（西暦280年）6.57人、隋煬帝大業五年（西暦609年）5.75人、唐穆宗長慶元年（西暦821年）6.63人、南宗明昌六年（西暦1196年）6.71人、元祖二十八年（西

第 4 章 一人っ子の「孤独」と賑やかな親族ネットワーク

暦 1291 年) 4.45 人、明朝弘治四年（西暦 1491 年）5.85 人、清乾隆十四年（西暦 1749 年）4.89
人であり、平均すると 5.5 人である（郭志剛『当代中国人口発展与家庭戸的変遷』中国人民教育
出版社、1993 年、9 頁）。

[4] 金一鳴主編『教育社会学』江蘇教育出版社、1998 年、305 頁。

[5] 安徽大学人口研究所「合肥市独生子女家庭的追跡調査」『中国人口科学』1988 年 1 期、53 頁。

[6] 章永生「独生子女家庭教育現状的研究」『教育研究』1989 年 6 期、45 頁。

[7] 松戸庸子「現代中国家族変動研究序説」『アジア研究』33（3、4）1987 年、112-144 頁。
松戸庸子「中国の家族」清水由文・菰渕緑編『変容する世界の家族』ナカニシヤ出版、1999 年、
3-32 頁。

[8] 図表 4-4 は社会福祉法人 恩賜財団母子愛育会 日本子ども家庭総合研究所編『日本子ども資料
年鑑 2001』KTC 中央出版、2000 年、60 頁の II -1-2 図「世帯構造別児童数の構成割合」を引用。

[9] 落合恵美子「アジアの共働き社会における子育てを支えるもの—中国・タイ・シンガポールの場
合（仕事と家庭の両立－ライフスタイル・フレンドリーな社会をめざして）－（地域での家庭支援）」
『現代のエスプリ』第 4 期、2003 年、93-107 頁。

[10] 費孝通、前掲書、125-132 頁。

[11] 費孝通、前掲書、240-246 頁。

[12] タマラ・ハレブンやマイケル・アンダーソンにより反例も示される。（Tamara K. Hareven、
et al.,"Family and population in nineteenth-century America"1978 : Michael Anderson、
"Crowell's handbook of contemporary drama "1971. ）

[13] 松戸庸子（1987）、前掲載論文、112-144 頁。

[14] 1949 年、新中国成立初期、「戸籍の自由移転政策」がとられたが、そのために都市人口が急激に
増加し、食糧供給の問題、住宅、交通、就業等の問題が生じた。これは成立したばかりの新中国
の経済と政治にとって大きな圧力となったため、1958 年に『中華人民共和国戸籍登録条例』を公
布し、戸籍移転の審査認可制度と承認書類による移住制度が正式に確立し、法規の形式を以って
農村の戸籍が都市に移されるのを制限した。1958 年 9 月の『職員労働者整頓と都市人口を減少
させる活動におけるいくつかの問題に関しての通知』では、農村から都市への移動だけではなく、
小都市から大中都市への戸籍の移動も制限した。その後も、政府は戸籍に関する条例等を打ち出し、
戸籍制度の本質は 1958 年当初と一貫している。（殷志静・郁奇虹『中国戸籍制度改革』中国政法
大学出版社、1996 年、1-49 頁）。

[15] 7 都市調査より、家族構成の長期的変化が得られる都市のみを選んだ。ハルビン市の「核家族」は、
「核家族」および「空巣家族」(empty family)（子どもが成人した後、親と同居しないため、親夫
婦しかいない家族形態）を合計したものである。上海市の「主幹・複合家族」は、夫方同居と妻
方同居を合計したものである。蘭州市の「核家族」は「核家族」および「夫婦家族」として合計
したものである。表にあげた 3 類型以外の単身家族、隔代家族（祖父母と孫が同居している家族、
即ち、真中の親夫婦がいない、または同居していない家族）、その他については省略した。

[16] 1949 年以前の中国では、度重なる戦乱や自然災害、また多産多死の人口構造により、約 100 年
間人口増加率は年平均 0.25％に止まっていた。49 年以降、社会が次第に安定し、大衆の生活水
準も徐々に高まり、医療条件の改善も加わって死亡率が低下したため、中国の人口は多産少死の
段階に移行し、持続的に 4％近い急増を記録した。総人口は 1949 年に 5 億 4,167 万人だったのが、

83

10 年後の 1959 年には 6 億 6,207 万人に増えた。この人口増加は新中国の第一次ベビーブームである。その後空前の天災のため、1961 年は 6 億 5,859 万人と減り、人口自然増はマイナス 4.57% となるが、毛沢東の人口増加政策に基づき 60 年代に再びベビーブームが起こり、人口は急ピッチで増えつづけ、80 年代までにすでに 10 億人を突破した。

[17] データは『国勢調査報告』より抜粋。

[18] 落合恵美子「育児援助と育児ネットワーク」『家庭研究：研究紀要』21 世紀ひょうご創造協会兵庫県家庭問題研究所、1989 年、109-133 頁。

[19] 風笑天、前掲書、42-62 頁。

[20] 山村賢明（1985）は依存から自律へ、自己中心性から社会性へ、といったパーソナリティ特性の変化と、T・パーソンズの大人としての役割の学習と遂行の視角から、大人になる条件として、一定の知識・技能、人間関係能力、社会の基本的な約束と規範への尊重とそれに従う態度、及び、「家族や職業等の自己が関わりをもつ範囲で特定の役割を引き受け、それに集中する態度」を挙げている（山村賢明『家庭教育』放送大学教育振興会、1985 年、13-14 頁）。

[21] 家族の社会史的研究から出てきた「近代家族」の概念に対して、落合恵美子は、家族史的な意味から、「家内領域と公共領域との分離」、「家族構成員相互の強い情緒的関係」、「非親族の排除」、「子ども中心主義」、「核家族」などの「近代家族」の特徴を析出した（落合恵美子『21 世紀家族へ』有斐閣、1994 年、102-103 頁）。

[22] 広田照幸の「教育する家族」とは、大正期すなわち 1910 年代から 1920 年代に、都市の新中産階級（専門職・俸給生活者）を中核として、子どもを意図的・組織的な教育の対象と見なす親、さらに家庭を教育的な関心に基づいて合理的に編成しようとする親、家族である。このような家族の教育意識には二つの大きな特徴が見られた。まず、明確な性別役割分業のもとで、家族こそが子どもの意図的な教育の責任を負っているという意識です。次に、家庭と学校教育の同種化という実である。この二つの特徴は「教育する家族」が全面的に学校―学歴に依存することになったことを語る（広田照幸「家庭―学校関係の社会史―しつけ・人間形成の担い手をめぐって」井上俊（ほか）編『こどもと教育の社会学』岩波書店、1996 年、21-39 頁）。本章においても広田の用いる意味で「教育する家族」を使用するが、以下、「教育家族」と略す。

[23] J.H.S. ボッサード, E.S. ボル、前掲書、44-78 頁。

第5章　親子関係の変遷：親中心から子ども中心へ

　本章は、親子関係、子ども像の変遷に注目し、今日の子どもが受けているしつけの内容について検討する。同世代の子どもを対象とする先行の国際比較調査と、親世代と子世代のしつけの異同に着目する現地調査を通して、今日の中国都市部の子どもたちが果たして溺愛されている「小皇帝」であるのかを問い、しつけと日常生活の実態を明らかにする。

　伝統中国社会に比べると、従順から友愛の親子関係への変容がみられること、労働、しつけを軽んじて勉強を重んずることが、今日の都市家族における子どもの社会化の特徴であることを指摘し、また、このような変化によって、子どもたちが溺愛と受難の狭間におかれていることを明らかにする。

第1節　伝統中国社会の親子関係と子ども

　今日、都市部の子どもが甘やかされ、わがままに育てられていることに言及するにあたって、伝統中国社会における親の威厳、子の従順がその比較対象として持ち出されることが多い。しかし、当時は家父長制度であったために、子どもの人格がほとんど考慮されていなかったことについては、充分な議論が行われているとは言いがたい。

　伝統中国社会は家父長制度の社会、すなわち、父親は一家の長であり、家族全員が父親に従う社会であった。したがって、当時の親と子の関係は対等なものではなく、親が上位におかれ、子が親の意志に従うという特質をもっている。古代の通俗道徳書の代表格とも言われる『二十四孝』[1] には、老母を満腹させることができないため、人減らしに三歳の子どもを埋め殺しそうとしたという郭巨夫婦の話が載せられている。こうした例は、中国伝統社会における親子関係の基本、即ち、子は親の所有物であるということを描き出している。もちろん、上層社会と下層社会の親子関係は同様ではないが、子の命は親から授けら

85

れた以上、親はそれをどう処分しても構わないという考え、また「子は再び有すべくも、母は復た得べからず」という価値観は、社会の階層を問わず共通したものである。

　しかしだからといって、中国伝統社会における親子関係は、子の従順、孝行だけを要求するわけではない。「父の慈」に対する「子の孝」、これが中国における親と子の基本的関係であり、子どもを甘やかす事実が古くからあったことも否定できない。ところが、親子関係に関する世論の多くは、「孝」のみを言う。また、家庭、社会で子の社会化を促す過程では、「慈」に注目されず、孝に関する教育ばかりを行う[2]。さらに、親子の尊卑の区別として「父子、席を同じくせず」というしきたりがあることや、前述のような親子関係は、子どもは独立した人格を認められず、かつ親と平等の個人として見なされていないという格好の証拠となる。伝統中国社会における子どもは、あくまで親に従順、従属するものであり、親の所有物として認識されていたのである。

　ところで、伝統社会においては、同じ親の所有物である子どもでも、性別、階層によって受ける待遇、しつけなどが異なる。すなわち、子どもの社会化の課題は、階層、性別によって大きく異なる。ここでは、伝統中国社会における子どもに着目して、上層社会と下層社会、男児と女児という四類型[3]に分けて、社会化の相違を分析する。

　まず男児と女児の社会化における課題の違いに注目する。伝統中国社会は男系相続社会であり、先祖を祭ることが男児に託されることと、農業の労働力という現実問題によって、階層を問わず、「重男軽女」（いわゆる男尊女卑）の社会規範が強く働いている。このような規範により、下層の女児にしろ、上層の女児にしろ、基本的に教育を受ける機会がない。上層の女児は、纏足の習慣[4]によって家に閉じこもり、嫁入りまで儒教の三従[(5)]の教えをほどこされる。下層の女児は、貧困の中で労働を担うことはもちろん、状況次第で口減らしのために間引きされたり、売買されることも珍しくない。

　一方、勉学に勤しむ子ども像、文字文化に触れる子ども像は、上層の男児の

みを指す。なぜならば、相当に難関である科挙に合格するには、まず、経済的な余裕が必要とされるからである。例えば、幼少より儒学の古典教育を施されることや、またそれだけに専念する生活を送るためには、一定の経済的な実力がなければ困難だからである。それとは対照に、下層の男児は、分に応じて早くから労働の担い手となり一家の生計を支えるのが普通である。即ち、下層の子どもにとって、親に従うことの他に、労働のでき具合が社会化の最も重要な課題である。ただし、上層の男児が勉学できるとしても、それは子どもの個性を尊重するということよりもむしろ家族一同が先祖の名を上げ、家族の社会地位の上昇を期待することによると言えよう。長年勉強しても合格できず、出世のできない上層の男子が、罪悪感、失敗感さえ味わうことが、多くの当時の詩作、説話、著作から読みとれることから、勉学は上層男児の権利というよりもむしろ一種の義務だと言える。

第2節　近代以後の親子関係と子ども像——子への愛情・保護

　ここでは、伝統中国社会の親子関係、子どもの社会化の特徴を念頭におきながら、近代以後の親子関係の変化を考察する。

　アリエス（1960）によれば、中世のヨーロッパにおいて、大人と子どもとの生活の境界線は曖昧で、すべての日常生活を共有しており、かつ、当時の人口動態とも関係して、親は子どもに無関心であった[6]。極端な例を挙げると、頻繁に間引きを行ったり、乳母に任せきりにしたり、娼妓や奴隷あるいは食肉として売るために子どもを生んだりする社会も現実に存在した。このような事実は、当時の社会的条件や生命観・子ども観と密接に関係している。即ち、子どもは親の所有物であり、親に従属するものという考え方は、中国伝統社会においても、前近代の欧米社会においても共通している。

　しかし、19世紀の人口革命[7]を契機とする、多産多死型の伝統社会から少産少死型の現代への移行と、近代の学校制度が整備されていく過程を通して、子どもへの認識も次第に変わってきた。子どもが、大人と区別されるものと認

識され、かつ、可愛いがる対象、道徳的・心理的配慮の対象となった。このような子ども観が近代化に伴って確立したことから、近代が家族にもたらした変化は、家族の形態や規模の変化ではなく、むしろ、母子関係を中心とする家族内構成員相互の心的関係の濃密化である[8]。

親本位の親子関係は、伝統中国社会、前近代の欧米社会において共通しているが、子ども中心という親子関係は、近代化に伴い普遍的なものとなった。さらに、親の子どもに対する愛情と教育は観念だけにとどまらず、一種の義務として認識されるようにもなった。

このような変化について、山田昌弘（1994）は、感情社会学の分析枠組を用い、家族成員の再生産と情緒性のメカニズムを次のように分析する[9]。感情は個人的なものではなく社会規範により生起させられるものであるために、「家族責任を負担すること＝愛情表現というイデオロギー」があまねく人々に受け入れられ、そこで、「近代家族の構造的な危うさを緩和」し、さらに、「家族の責任と感情を結合させる」ことができるメカニズムが成立する。このようなメカニズムのもとで、家族の責任負担が不満にならず、逆に子どもを育てること、自分を犠牲にして家族に尽くすことなどが愛情の表現となり、「家族であれば愛情が自然に湧くはずだ」というイデオロギーも生じてくる。さらに、こうしたイデオロギーによって、家族責任を遂行しないことに対するサンクションの性格も変わってくる。即ち、家族責任を放棄することが生じれば、そのことが問題にされるのみならず、当人の（家族としての）人間性まで疑われることになる。

ここでもっとも注目したいのは、子の親に対する愛情と、親の子に対する愛情、どちらかの不遂行に対するサンクションである。前述のように、中国伝統社会においては、親が絶対的な存在であり、親に対する不孝は罰せられるが、子への愛情と教育の遂行の有無についてはほとんど問題視されなかった。それが、近代になると全く正反対となった。近代の親子関係を特徴づけるのは、親から子どもへの無条件の献身である。親の意志を尊重すべきという親子関係は、

第5章　親子関係の変遷：親中心から子ども中心へ

近代社会の子ども観の浸透により、子への愛を第一にする親子関係に変容したのである。

　もちろん、「親の慈」に対する「子の孝」が、今日においても望ましい親子関係であることは否定できない。しかしながら、現在の法律において子どもを養育しない親は罰せられるが、成人した子どもが親の養育を怠っても法的処分の対象になりにくいことや、子の親への敬愛、親の老後を養う観念が希薄であることから、現在の親子関係の基本は、もっぱら親の子に対する愛情に傾斜していると言える。とりわけ注目したいのは、子どもの養育期間は、近代学校制度、職業制度の整備とともに長くなるのみならず、子どもに一定の水準の教育を与えない親が社会からの非難を浴びるようになったことである。つまり、近代以後、子どもは保護、配慮の対象であるという観念が定着し、また、学校制度の普及によって、子どもは親に従属するもの、家の生計を立てる労働力から、親に愛情を注がれるべき、よりよい教育をうけさせるべき存在へと変わってきたと言える。

第3節　近代職業構造の確立、学校制度の整備と子ども

　前近代においても、近代社会においても、その社会に生まれ落ちる赤ん坊は、社会的生活経験を通して、その社会の文化、価値規範などを内面化しながら、生物的個体から社会の一人前の大人という社会的個体へと変わってゆかなければならない。一人前の社会人として認められるには、①一定の知識・技能、②人間関係的能力、③社会規範の尊重、④引き受けた特定の役割に集中する態度[10] を身に付けることが、いつの時代においても共通していると言えよう。もちろん、時代によって、具体的内容は一様ではない。例えば、独りで猟をできるようになることは、未開社会における一人前の大人としての条件である。それに対し、近代以後は、猟の腕前は全く要求されず、その代わりに学校で習得した知識、技能、学歴が、一人前の社会人として認められる必要不可欠の条件となっている。このような差異は、時代による大人としての基準の変遷を反映

89

していると同時に、現代社会における子どもの社会化の特質も表している。

3.1　現代社会における子どもの社会化の特質

　近代化が家庭と職業の分離、職業形態の多様化・専門化をもたらしたことにより、家庭での日常生活のあり方と職業生活の様式との距離は大きくなったのみならず、両者が異質なものと認識されるようになった。このような職業構造の変化によって、伝統社会のように親と子が同じ職業につくことがほとんどなくなった。さらに、社会的に一人前の大人と見なされる基準もますます複雑、高度なものになったため、父親は社会モデルとしての度合いが低くなるだけではなく、その権威も次第に低下していく。加えて、子どもは可愛がられる対象、愛情を注がれる対象であるという近代社会の規範は、家庭の民主化、友だちのような親子関係の広がりを促し、さらに親の権威低下に拍車をかけている。

　家庭だけではなく、現代社会においても、社会化の過程における上位の人格への尊重と従順という観念が薄れ、それに代わって、平等、対等を基礎とする人間関係、社会関係が強化されてきたために、社会における権威の機能も低下している。このような変化も、子の親の権威に対する認識を阻害していると考えられる。

　家庭と職業の分離、職業形態の多様化、専門化という職業構造の変化、及び社会の近代化、現代化は、親子関係のあり方に影響を及ぼすと同時に、子どもの社会化にも大きな影響を与える。伝統社会と比較して、現代社会の子どもをとりまく環境は以下のような特徴がある [11]。第一に、子どもはかつて村落や地域で社会化を受けていたが、地域社会の変容に伴い、家族が孤立しつつある中で、子どもの社会化も閉ざされた環境で行うことである。第二に、社会化の担い手である大人と、社会化される子どもの関係において、前者の権威の低下、または「逆社会化」が見られることである。第三に、社会化の形態ないし様式の変化である。具体的に言えば、伝統社会の社会化は、直接または間接経験を通した人格関係における社会化であるが、現代社会の社会化は、マスコミ、インターネットに接して社会的経験を獲得する、擬似人格的関係を通しての社会

化である。第四に、教育期間の延長と家庭・学校・社会が求める「子ども像」の矛盾による社会化の「不連続」である。

3.2 現代社会における子どもの社会化の内容

では、このような特質は、子どもの社会化の内容、課題、あるいは親の教育目標にどのように影響を及ぼしているのであろうか。この点は、本研究の関心と議論の中核でもあるため、前述の社会化していく際に必要不可欠な4つの条件を踏まえながら、現代社会における子どもの社会化の内容について検討することにする。

まず、一つ目の条件「一定の知識・技能」について考察する。近代化における家庭と職業の分離、学校制度の整備によって、大人として身につけるべき知識・技能は、主に学校で取得した資格・技能を指すようになった。かつての労働のしつけがほとんどなされなくなった代わりに、教育機関で得た知識・技能が大人になる基準として重要視されつつある。

次に、二つ目の条件「人間関係的能力」であるが、自然さの喪失により、かつての直接または間接的な相互作用を介する社会化は減少し、擬似人格的関係、準人格関係を介して獲得する社会化が増加した。自然さの喪失、即ち家族が地域社会から独立し、マスコミ、インターネットを介する社会化は、しばしば子どもの人間関係的能力の低下をもたらすと指摘される。また、小規模家族の増加により社会化のエージェントが少なくなったこと、さらに、「父親は外、母親は内」という近代性別分業により、父親不在、母子関係の濃密化を特徴とする社会化の担い手の女性化が、子どもの人間関係能力を低下させた要因であるとも指摘される。ただし、現代社会における権威機能の低下、権威への認識の稀薄化とあいまって、平等・友愛、対等を土台とする親子関係、社会的人間関係が望ましいものとして遍く受け入れられるようになってきたことは注目に値する。このような社会背景の下、人間関係の潤滑化のために重要視されているものは、かつての「従順、自己抑制、作法厳守」[12]から「平等、対等、自己表現の能力」へと変わってきたと言えよう。

さらに、三つ目の条件「社会規範の尊重」について考察すると、規範は、時代、社会、所属集団によって異なるが、社会規範にしたがって行動することが、いつの時代においても、子どものしつけにとって重要とみなされる。ところが、近代学校制度の確立、義務教育の普及により、子どもが大人になっていく準備期間がそれまでよりも延長されることになり、かつ、学校と社会における社会規範の違いによる社会化の不連続が生じていることから、子どもにとっては、社会規範への尊重の態度を学ぶことより、どのような規範に従うべきなのかのほうが、より重要な課題となっている。例えば、100 年、200 年前の社会規範はそれほど異なることがなく、どのような大人になっていくかもおおむね予想できる。しかし、現代社会において、多様な職業、社会の役割に応じた規範はバリエーションに富んでおり、規範の変容がいつの時代よりも速くなっている。そのため、子どもの社会規範に関する学習もより難しくなっていると言えよう。したがって、社会規範に従う子どもの態度より、むしろ、まず現代の子どもがどのような規範にしたがうのかについての議論がより重要となる。具体的な社会規範については、次節以後で詳しく検討する。

　最後に、四つ目の条件「引き受けた特定の役割に集中する態度を身に付けること」であるが、伝統社会に比べ、現代社会の人々が特定の役割に集中する態度を身に付けることは困難になってきた。なぜなら、伝統社会では、人々は生まれてから死ぬまでの間、ほとんど限られた一定の場所で生活を営むのに対し、現在社会では、職業形態が多様化し、さらに社会的流動性が高くなっているからである。役割の学習が困難になったのは、近代化に伴う家族の小規模化、育児の私事化が、役割にかかわる学習機会の減少をもたらしている結果であろう。しかし一方で、近代化による多様な職業形態、流動性の高い生活様式により、特定の役割に集中する態度の度合いが、いつの時代よりも高く要求されることにもなる。こうした矛盾は、いっそう子どもの役割学習に難しい問題をもたらすと推測できる。

　上述のように、近代職業の確立、学校制度の整備と普及につれて、子どもの

第5章　親子関係の変遷：親中心から子ども中心へ

社会化の課題も大きく変わった。学校で獲得した知識、技能、学歴は、一人前の大人として認められる必要不可欠の条件となったため、子どもの社会化の重要な内容にもなる。家庭もおのずと学校の下請けの機関となり、子どもの勉学を促進する役割を引き受けるようになる。また、こうした知識、技能、学歴への重視は、いずれの階層の家庭においても共通するようになり、子どもの性別を問わず、一定の学歴を与えようとするようになるのである。

註（第5章）

[1] 二十四孝とは、元の時代に古今に名の知られた孝行者24人を取り上げ、郭居敬という人がまとめて発表したものと伝えられる。こうした書物が民間に流布することによって、そこに取り上げられたものを庶民の間に親孝行の模範として広く認識させた。（近世文学書誌研究会編『大倭二十四孝』勉誠社、1973年）。

[2] 加地伸行、前掲書、2-12頁。

[3] 一見真理子「中国における子ども、子ども観、子どもの権利」『比較教育学研究』（通号19）、1993年、171-177頁。

[4] 女性の纏足は、中国では長い歴史を持つ。纏足は宋代に始まり、清代に全盛期を迎えた。しかし、纏足地域が拡大し広く浸透した時期でも、地域により普及度は異なっていた。とくに注目すべきは、纏足があらゆる階層の女子の間で行われたものではないことである。高洪興(1995)によれば、社会階層間に纏足の普及度の差異が存在する。つまり、纏足は文人、紳士など上流階層の家庭に片寄って見られる風習であり、行動の不便さ、労働の障害となることから、労働者層の女性には比較的少ない。（高洪興『纏足史』上海文芸出版社、1995年、30-37頁）。

[5] 三従とは嫁ぐ前には父兄に従い、嫁いでは夫に従い、夫が死して後は子に従うことを指す。

[6] フィリップ・アリエス著、杉山光信，杉山恵美子訳『「子供」の誕生：アンシャン・レジーム期の子供と家族生活』みすず書房、1980年、35-50頁。

[7] 人口転換（人口革命）demographic transition 学説は、人口理論としてもっとも基本的な学説であり、どのような社会においても、その発展（工業化、近代化）とともに人口動態（出生・死亡率）が高率から低率へと変化するという経験則である。また、人口転換の開始、展開の社会的要因および社会によるその変異を研究することが、人口理論研究の重要な課題である。（速水融著『歴史人口学の世界』岩波書店、1997年、26-28頁）。

[8] 近代が家族にもたらした変化については、アリエス（Aries 訳書 1980）、ショーター（Shorter 訳書 1987）ら西欧の家族史研究によって明らかにされた。
アリエス(1960)は、絵画などから、子ども期が近代になってから誕生したと指摘する。即ち、現代においては、人間は大人になるまで長い子ども期を通過しなければならないにかかわらず、ヨーロッパの中世においては、子供は「小さな大人」でしかなく、すぐに大人社会に入っていた。

こうした子ども観の変化と、公教育の普及によって、現代社会の子どもは、家族と学校という私的および公的教育機関に長く隔離されて、社会の中から排除されて存在することにもなった。このような変化は家族機能の変化ももたらす（アリエス、前掲書、35-50 頁：ショーター著、田中俊宏［ほか］訳『近代家族の形成』昭和堂、1987 年、238-246 頁）

[9] 山田昌弘『近代家族のゆくえ：家族と愛情のパラドックス』新耀社、1994 年、65-77 頁。

[10] 山村賢明『家庭教育』放送大学教育振興会、1985 年、13-14 頁。

[11] 佐藤忠男・山村賢明『児童の理解　現代社会と子ども』、東洋館出版、1970 年、9-22 頁。

[12] 国分久子は他の国で求めている理想的性格に比較して、日本伝統社会でも、現代社会でも、理想とする性格特性は、従順、自己抑制、作法厳守などと指摘する。（国分久子「日本における理想的性格」佐藤忠男・山村賢明『児童の理解　現代社会と子ども』東洋館出版、1970 年、66 頁）。

第6章　一人っ子の「溺愛」と「近代社会」の子ども中心主義

　本章は、親子関係、子ども像の変遷に注目し、今日の子どもが受けているしつけの内容について検討する。同世代の子どもを対象とする先行の国際比較調査と、親世代と子世代のしつけの異同に着目する現地調査を通して、今日の中国都市部の子どもたちが果たして溺愛されている「小皇帝」であるのかを問い、しつけと日常生活の実態を明らかにする。

　伝統中国社会に比べると、従順から友愛の親子関係への変容がみられること、労働、しつけを軽んじて勉強を重んずることが、今日の都市家族における子どもの社会化の特徴であることを指摘し、また、このような変化によって、子どもたちが溺愛と受難の狭間におかれていることを明らかにする。

第1節　国家の「小主人」から溺愛される「小皇帝」へ

　中国伝統社会では、子どもは親の所有物に他ならなかった。子どものこうした境遇は伝統中国社会に限らず、前近代の欧米諸国にも見られる。しかし、工業化、近代化に伴って、子どもが保護、配慮の対象となり、子どもに愛情を注がない、子どもに教育の機会を提供しない親は、社会からサンクションをうけるようになった。このような変化は中国でも見られるが、欧米よりもかなり遅れた。1919年の「五・四新文化運動」は中国社会の近代化の幕開けであったが、子どもが小さな大人ではなく個人であるという思想は、一部の知識人の間に広がっただけである。民衆の間で子どもへの意識が大きく変化するのは、1949年中華人民共和国成立以後であろう。

　あらゆる労働人民の解放、民衆の平等権利の獲得を国家のイデオロギーとする1949年以後の中国は、子どもが新中国の「小主人」というスローガンも高く掲げる。また、当時の政府は、ソビエト区・解放区の子どもを新中国の望ましい子ども像とした。

本節では、現代社会における子どもの社会化を検討した結果を踏まえながら、1949 年以後の中国都市部における親子関係の変化と子どもの社会化を考察する。

1.1　新中国の期待される子ども像

　伝統中国社会の子どもに比べると、新中国の子ども像のモデルにもなったソビエト区・解放区の子どもは、以下の特徴をもっている。

　まず一つは、男尊女卑から男女平等へと大きく変わった社会規範によって、かつての伝統社会で見られる男児と女児のしつけの差が縮小したことである。もう一つは、多くの一般庶民の子どもも学校に通えるようになったことである。蒋介石政府の統治下にあった地区での就学率は 20％前後であったのに対し、ソビエト区の子どもの就学率は 65％に達した [1]。これは従来の上層社会の男児のみならず、庶民の子どもも勉強すべきだという観念が広がってきたことを表している。

　さらに、もう一つの変化は、子どもが親に従属するものではなくなり、親と平等な個人になったことである。例えば、多くの子どもたちが「児童団」という厳格な規律をもった集団に組織され、見張り、アヘン吸飲やばくちの検挙、紅軍拡大の宣伝など、大人並のことを任せられたこと、また、学校で識字の学習が終わってから、家で親に読み方や新思想を教えたりすることなどは、子どもが親と対等な個人であることを表す [2]。

　さらに、1949 年以後の子ども像を知るために、新中国の期待される人間像の原像ともいえる劉胡蘭（女性）を紹介する。

　　「劉胡蘭は山西省文水県の人である。1945 年劉胡蘭が 13 歳の時、村は八路軍に解放された。劉胡蘭はその後婦人幹部として農民の先頭に立った。1946 年冬、八路軍が村を移動したため、翌年、村は国民党軍に包囲された。国民党軍は村人を集め共産党がりをしようとした。劉胡蘭も連行されて訊問されたが、屈服せず「死を恐れるなら共産党に入らない！」と叫んだた

第6章　一人っ子の「溺愛」と「近代社会」の子ども中心主義

め、村人の目の前で押し切り（わらを切る道具）を使って殺された。わず
か15歳であった。後に毛沢東は「偉大なる生、光栄ある死」という献辞
を書いて彼女を記念した。新しい精神—英雄的な献身性、自己犠牲の精神
といったものを彼女が体現している。劉胡蘭、児童団といった子どもたち
は、社会主義中国の成立と、そこに新たに育ったであろう人間像を先駆的
に体現していたということができる」[3]。

　国家の「小主人」になった子どもたちが、大人に保護、配慮される対象になっ
たというより、むしろ大人と同様に国家を防衛する責任を有し、国家のために
死を恐れないことを要求されることが、劉胡蘭という新中国の人間像から読み
とれる。
　性別を問わず学習する権利を獲得し、大人と同様の仕事ができることが、子
どもの社会地位の上昇を表すとはいえ、国家のために生命を犠牲にすることを
新中国の子ども像に盛り込むことで、結果的に、新中国の子ども像は、子ども
が「小さな大人ではなく、配慮・保護を払うべき対象」であるという近代社会
の子ども像とはかけ離れたものとなった。さらに、国家観念の介入により、子
どもは親に従属するものから国家に服従するものとなった。

1.2　1949年－1970年代末期における子ども像

　1949年から1970年代の末期までの子ども観は、解放区の頃の子ども観を
受け継いでいる。1949年の中華人民共和国成立に先立って開かれた中国人民
政治協商会議では、建国の方針を決めた「共同綱領」が採択された。その第
42条には「祖国を愛し、人民を愛し、労働を愛し、公共財産を愛護すること」
と述べられている。この「五つの愛」を身につけた人間、これが建国当初考え
られた新しい社会の人間像であった。即ち、当時の社会では、国家への貢献を
賞賛しており、親子関係より、むしろ国家の利益が何より至上であるという社
会主義国家の規範が、普遍的なものとして人々に受け入れられたのである。
　ところで、新中国における子どもが独立の個人として見なされる一方、親の

97

所属する階層によって差別を受ける事実もあった。中国には「成分」という言葉がある。多くの中国人は1949年から少なくとも1970年代末期までに「成分」によって昇進、進学、結婚、入党などさまざまな面で差別を受けた。「成分」とは、解放の時点でのその人の階級や職業によって決定されるもので、たとえば解放の時に貧農であれば「成分」は貧農、地主であれば「成分」は地主である。特によい「成分」は、労働者、貧農、下層中農、解放軍兵士、革命幹部で、これを「紅五類」という。社会主義建設の核心になる信頼できる人々というわけである。逆に悪い成分は、地主、富農、反革命分子、悪質分子で、後の文化大革命中にはこれに右派分子を加えて五つが「黒五類」として賤しまれた。家族の誰かが「黒五類」であれば、その家族の全員がひどい扱いを受けたのである[4]。即ち、1949年から1970年代末期まで、子どもは独立の人格を有するものだ、その権利を尊重すべきだという理念やスローガンがあったにもかかわらず、個人ではなく、家族が一つの単位として評価される社会規範が依然として存在している。さらに、この時期に新中国や共産党、人民への忠実を示すために、自分の「成分」のよくない家族を批判し、家族と絶縁するに至った人も少なくなかった。また、政治に対する認識の違いという原因で、夫婦の離婚、親子の対立にまで発展するという現象も当時は珍しくなかった。極端な例を挙げれば、文革期には、子が親の封建的考えを密告したり、衆人の前で親を殴打することもあった。また、子どもが望んでいる親の像、親が望んでいる子ども像とは、国へ大いに貢献できる人間である。たとえば、子どもの結婚に「毛沢東の思想に忠実な相手でありさえすれば、親は何にも口出しをすることはない」[5]といったことは、その時代において何ら珍しいことではなかった。

　このように家族内の人間関係まで政治化したことは、当然、親子関係、子どもの社会化にも影響を及ぼした。伝統社会の親子関係が一変し、親への敬愛、従順から、親の批判までも行われるようになった。だが、上述のような親子の対立、衆人の前で親を殴るという信じがたい事実は、当時の厳しい社会環境によって生み出された子どもの「過剰社会化」[6]によると思われる。したがって、

第6章　一人っ子の「溺愛」と「近代社会」の子ども中心主義

伝統社会における不平等な親子関係が、1949年以後、平等、対等になったとは言えない。

　さらに、上述のような親子関係の変化は過剰社会化によるといっても、以下のような疑問が残る。社会主義制度を取った新中国は、すべての権利は大衆に属し、国民こそが国家の主人公であるという理念の上に建てられた国家であり、子どもは独立の個人であり、その権利を尊重すべきだという子ども観をあげていたにもかかわらず、なぜ、家族、親の「成分」で子どもを判断し、良くない「成分」であれば、子どもをその家族や親と対立させ、絶縁することまでを要求するのだろうか。それは非常に矛盾していることではないか。

　この矛盾については、加地伸行（1994）の見解を参考にしながら分析する。加地は、上述のような親子の対立、親への批判と暴力が伝統中国の親子関係の破綻の印ではないと指摘する。その理由として以下のことを挙げている。まず、親を批判したり、衆人の前で親を殴打したりする行為は、中国伝統の親子関係に反する行為であるが、それは単なる保身のために文革に迎合する浅薄な行為である。さらに、このような行為を支えているのは、実は伝統社会の親子関係の規範、親への孝行と類似の思想、即ち、神化した毛沢東、共産党への絶対的な忠誠心である[7]。言い換えれば、かつて、親のために子を犠牲にしたり、家全体の利益のために個人の権利を犠牲にしたりしたが、1949年から1970年代末期までに、国家が家制度に取って代わり、国家のために一個人の権利を無視することを正当化し、こうした価値観が民衆の行動規範まで規制したと考えられる。政治的な原因から、親を批判したり、親と絶縁したり、親に暴力さえ振ったりするといった行為は、子どもが親と対等かつ独立した個人になったと容易に受けとめることができる。しかし、「成分」という親と子を一体化する制度の存在によって、実質的には親と子との連帯感を強めたとも言えよう。さらに重要なのは、かつて親、家全体に向けた「忠」、「孝」が毛沢東、共産党、また自分の属する「単位」、機関に向けられるようになった。それらがかつての家父長という役目を担ったからである。したがって、基本的には伝統中

99

国の親への孝を中心とする親子関係は根本から大きな変化が起こったとは言えない、むしろ、1949年から1970年代末期まで、依然として伝統的な親子関係が続いていると言えよう。

このように、1949年以後の子どもの生活状況、就学率などを鑑みると、子どもの生育環境は著しく改善されたと言えるが、国家観念の介入によって、子どもは独立した個人として尊重されているとは言いがたい。

1.3　1980年以後の親子関係と子ども——溺愛と受難の狭間に

1979年の人口抑制政策に伴って、誕生した一人っ子世代の出現により、現代都市部における親子関係が問題視されるようになったが、批判される際に持ち出されるレトリックは、過保護、溺愛、自己中心的な「小皇帝」などというものである。

図6-1のような一人っ子家族の親子関係を揶揄するこの漫画説明[8]は、今日の民衆が持っている子ども像、親子関係のイメージをよく描き出している。

しかし、一方で、中国全土に大きなショックを与えた青海省の「夏斐事件」など、親が子どもを折檻して死に至らしめた事件もある。1987年末頃、当時9歳であった小学生の夏斐は、期末試験で親が期待するほどの成績を修めなかったことで、母親に殴られ死亡した[9]。また、1989年の初めには、類似の事件が四川省で起こった。父親の黄宗林は、すべての教科において98点以上の点数を取ることを7歳の息子黄強に要求していた。しかし、黄強は父親の話を聞かず、外で遊んでばかりいたため、父親は黄強を部屋に連れ戻して殴り、ドアの横木に黄強の首をひもで吊し上げ、死亡させた[10]。もちろんこのような事件は頻繁に起きているわけではないが、成績の不良を理由に親に殴られたり、折檻されたりという経験のある子どもは少なくない[11]ことが、多くの調査を通してわかる。

漫画に描かれたように、親は下僕のように子どもの世話をする反面、期待に応えない子どもを折檻することもある。親に厳しく教育される子ども像と、親に甘やかされた子ども像は、一見矛盾しているように見えるが、中国の親子関

第6章 一人っ子の「溺愛」と「近代社会」の子ども中心主義

図6-1 漫画にみられる一人っ子家族の親子関係漫画例 [8]

係の実態をよく表すものでもある。

　では、なぜ親は一貫した教育態度ではなく、二つの一見、相反する態度をとるのであろうか。このような事象の背後には多くの要因が潜んでいるが、その一つの要因として、中国の親子関係によく強調される親と子の一体感が挙げられる。儒教の思想では、子どもは親の血を分け与えたものであり、親の分身であるために、子どもは独立した個人として認められず、親の期待に応えるように勤めるものとして社会化される。例えば、親に何かを要求される前に、親の意志を察知して行動するのが、親に対する子のあるべき姿であった。その反面、もし親の意志に背くようなことをすれば罰せられた。つまり、儒教における親と子の一体感は、あくまでも親中心の価値規範である。現代中国社会における親子関係の一体感は、儒教時代のものと全く同様ではないが、子が親の分身、親に従うものなど、特徴的なものが依然として継承されていると考えられる。上述の価値規範に則ると、期待された成績に達していない子どもを折檻する親の行為が容易に理解できる。その一方で、子どもを甘やかすような親のしつけ方は、中国都市社会に浸透しつつある子どもは可愛がられる対象、愛情を注がれる対象という近代社会の子ども観の影響によるものであり、子どもを構いすぎる親の教育姿勢は、子どもの自立、独立が親中心の価値規範と衝突しているため、いまだ多くの家庭のしつけに盛り込まれていないと解釈すれば理解できる。即ち、一見矛盾して見える親のしつけの態度は、中国の親子関係が伝統から近代へ脱皮したことによるものと考えられる。換言すれば、こうしたしつけは、親への従順のみ強調する伝統社会の行為規範を引き継ぎながら、子どもが配慮・保護されるべきものという近代の親子関係に変容しつつある真っ只中に生じているものであると推測できよう。

第2節　中国都市部における親子関係と子どものしつけの実態

2.1　「溺愛」の考察基準──社会化の分析枠組から

　これまでの中国児童に関する先行研究では、親の子に対する「溺愛」をめぐっ

第6章　一人っ子の「溺愛」と「近代社会」の子ども中心主義

て多くの議論が展開されてきたが、「溺愛」という語を世間で用いられるのと
同様に慣用的に使用して、溺愛現象に言及する研究が多くを占める。ところが、
溺愛の考察基準を明確化しないままで、一般的に、親の甘やかしによって子ど
もの自己中心性を助長し、集団生活に要請される協調性、自律性が育てられな
いという溺愛の自明性に捉われると、親と子の間に行われる社会化の実態の解
明が困難となる。そこで、溺愛の考察基準の明確化を試みる。

　溺愛とは、「むやみにかわいがること」(『広辞苑第5版』)、「子どもに対する
愛情が過度な親の態度に付けられる名称である。盲目的な愛情を注ぎ、子ども
への愛に溺れるという文字どおりの語である」(『児童学事典』)[12] とされる。
この定義はわれわれが日常、「溺愛」という行為ないし作用に対して抱いてい
る一般的理解と一致しており、実体としてのしつけの形態もほとんど間違いな
く言い当てている。

　さらに、『児童学事典』では、「溺愛」の内容とそれによるしわよせについて、
親と子の密接な関係と、子どもを過剰に保護することによって、子どもの独立
心が育たず、友人関係が薄いという非社会的パーソナリティが形成されること
と、子どもの要求に一方的に従い、子どものわがままを許容する親の態度によっ
て、強調性、自己統制力が養われず、自己中心的になりがちで、反社会的な傾
向が生ずるおそれがあると指摘されている [13]。即ち、溺愛によって子どもの
社会への適応を妨害し、親子関係の過度な密着、友人関係の希薄、自己統制力
の欠如などという、その該当社会に要請される役割に見合う構えを身につけに
くいという結果をもたらす。言い換えれば、子どもを一人前の社会人に仕上げ
るために必要な人間関係的能力、規範への尊重、適切な役割の体得などといっ
たことが、溺愛というしつけ方を通しては習得できかねる。

　ところで、これまでの中国一人っ子研究の多くは、溺愛を社会生活への不適
応をもたらすという自明のものとして、きょうだい数、親の生活史、祖父母の
養育態度に原因を追及し、あるべき家庭教育、あるべき親子関係を提示するな
どの処方箋を与える。もちろん、子を甘やかすのは個々の家庭における親のし

103

つけの態度である。しかしながら、しつけはしつけ手による意図的社会化であるという機能主義的社会化論の観点からすれば、しつけや社会化を規制するのは社会全体であり、社会の意志こそが社会化エージェントを動かす。そうすると、中国の一人っ子に関する溺愛現象は、きょうだい数、親の生活史というミクロ的な要因だけに注目すると、その要因を解明することが困難になる。つまり、しつけも社会化もその社会共有的パターンに準拠して行われるわけであり、個々の家庭の個別な意図による変容はあるにしても、基本的にはその社会自体のしつけ理念、価値規範によって左右されるのである。よって、子どもをいかにしつけていくかは、社会が要請する人間像を手本にしなければならない。さらに、社会化に関して共通に認識されているのは、「個人が該当集団の容認する社会的行動を習得することによって、集団への適応を学習する過程」[14] であるために、子どもの社会化にとって、その社会体系に許容される役割の遂行、役割に見合った必要な構えの習得が必要とされている。

　したがって、本研究では、溺愛を基本的に社会化エージェントとしての親（大人）がその社会の価値規範に即して行うしつけの一形態として考察する。またそのしつけの最終的かつ集積的な目的は、子どもを一人前の社会人に仕上げることであるために、子どもの社会化という視角からアプローチをする。ただし、本研究は、社会の維持、存続のための社会への適応という観点のみならず、一個人としての子どもがどのように、その社会の文化、規範を学習しているのかという観点にも立つ。

　本研究は、中国都市部の児童の受けている社会化またはしつけの考察を通して、親が子への「溺愛」の実態、およびその社会的要因を明らかにするために、前述の大人になる必要な条件、①一定の知識・技能、②人間関係的能力、③社会規範の尊重、④引き受けた特定の役割に集中する態度を合わせて、考察基準を設ける。さらに、風笑天（1992、1993）の「溺愛」をいくつかの考察項目に具体化する研究方法を取り入れる。たとえば、風笑天は（1）子どもの独立の生活能力を培うことに注意を払わないこと、（2）子どもの労働習慣を培う

第 6 章　一人っ子の「溺愛」と「近代社会」の子ども中心主義

ことに注意を払わないこと、(3) 子どもの要求に妥協しすぎること、(4) 子どもの物質的な要求をできるだけ満足させること [15] などいくつかの考察項目を設定して、親の養育態度を検証する。

2.2　親子関係と子どもの実態――先行の国際比較調査から

2.2.1　良好な親子関係

①父も母も参与の親子間の会話

　日本の保護者（1,371 名）と中国の保護者（1,239 名）を対象とする 2001 年の調査資料 [16] によれば、子どもと「よく話すほう」の割合は、日本と中国の親それぞれ 56.7%、40.4% である。「子どもとあまり話さないほうだ」と答えた中国の親は 11.6% なのに対し、日本は 2.9% である。このように、日本の親のほうが子どもと多く話していることがわかる。しかし、回答者の性別に注目すれば、中国の場合は、父親と母親の回答率がほぼバランスを保っているのに対し、日本の場合は、完全に母親に偏っている（内訳：日本の場合、父親と母親の比率はそれぞれ 8.9%、90.4% であるが、中国の父親と母親の比率はそれぞれ 42.8%、52.1% である）[17]。つまり、中国の子どもとコミュニケーションを行っているのは、母親だけでなく父親もであることがわかる。こうした結果は、育児形態に関する調査結果（第 4 章第．3 節を参照）、育児における父母の共同参加の状況と一致している。

　さらに、保護者サイドだけではなく、子ども対象の調査を通して、親子間の会話の様子も見てみよう。東京、ハルビン、サクラメント、ストックホルムの四都市の子どもを対象とする 1992 年の調査資料 [18] では、「昼寝」、「体育時間」、「放課後友だちと遊ぶとき」などの項目を通して、「一日の楽しさ」を尋ねた。「夕食後父母と話すとき」をとってみると、ハルビンでは 41.9% で、他の国よりも高い肯定率がみられる。次いで東京の 26.2%、サクラメントの 23.1%、最も低いのはストックホルムの 20.6% である。このように、子どもサイドから見れば、ハルビンの子どもがもっとも親との会話を楽しんでいることがわかる。

②親の過度な心配

　子ども対象の調査（1992 年）[19] においては、親がどのくらい心配してくれるのかを考察するために、「あなたが友だちとけんかをして元気がないとき」、「食欲がないとき」、「帰りが遅いとき」、「風邪をひいて熱が出たとき」という四つの場面を通して、それぞれ「とても心配する」、「かなり心配する」、「あまり心配しない」、「全く心配しない」という四パターンを設定し子どもにたずねた。結果、どの項目もハルビン市の子どもは親から大変心配されていることがわかる。例えば、四つの場面の中で親が最も心配する項目「熱が出たとき」をとってみると、ハルビンでは 83％と極めて高い数字がみられ、次いで東京 42％、サクラメント 35％、ストックホルム 17％である。上述のデータから見ると、ハルビンの子どもがもっとも親に心配されていると感じていることが分かるが、他の都市より極めて高い割合であるから、子どもを心配しすぎるようにも見える。

③親の老後・介護は子の責任

　高校生対象の 1996 年の国際比較調査 [20] では、「仮に、あなたの親が高齢になって（70 才以上と考えてください）健康状態が悪く日常生活をいくらか助けてもらわねばならないとします」という質問項目に対して、「どんなことをしてでも親の面倒をみたい」を選択した中国の子どもは 66.2％である。それに対して日本、アメリカはそれぞれ 15.8％、46.4％である。筆者の中国三都市の小学校四、五年生を対象とする 2001 年の育児形態に関する調査結果は上述のデータと一致しており、9 割以上の子どもが、「親の老後の面倒を見る」を選択した。ここから、今日の中国都市部の子どもは、依然として、親の介護、老後の面倒が、子どもの責任だと認識していることが伺える。ただし、このことは、他国に比べ、中国の福祉制度、施設が充分整備されていないこととの関連性を考慮する必要がある。

2.2.2　人間関係的能力——独立性・自律性・協調性

　日本、アメリカ、中国の比較調査の「親友の人数の変化（男女別）」[21] をみ

　　　　　　　　　　　　　　　　　第6章　一人っ子の「溺愛」と「近代社会」の子ども中心主義

ると、1990年においては、日本（男子71%、女子62.9%）とアメリカ（男子65.1%、女子61.3%）は、6割以上の子どもが友人4人以上と答えた。それに対し、中国の子どもは、34.5%の男子と29.2%の女子が友人4人以上と答えた。ところが12年後の2002年のデータでは、「親友数4人以上」の中国の子どもの率は、日本、アメリカより高い（内訳：日本（男子61.9%、女子41.7%）；アメリカ（男子61.3%、女子69.5%）；中国（男子72.7%、女子64.3%））。1990年に調査対象になった中国の中学生は、1979年の人口抑制政策の影響を受けておらず、ほとんどきょうだいがいる世代であるが、2002年の中学生はほとんど一人っ子である。1990年の三カ国のきょうだい数に焦点を当てると、さほど差が見られない（内訳：一人っ子の割合、日本9.0%、米国9.3%、中国28.5%；2人きょうだい、日本53.0%、米国38.5%、中国45.2%、3人、4人きょうだいの割合もさほど格差がない）。ところが、2002年の子どものきょうだい数をみると、日米は12年前とさほど変わらないのに対し、中国は子どものほぼ9割が一人っ子である。このようなきょうだい数の変化が、中国の子どもの親友数の増加と大きくかかわっていると考えられる。

　また、友人数のほかに、友人が自分にとってどのような存在であるのか、友人にどういうものを求めているのかを考察するため、表6-1 [22] を見る。
さらに、社会活動への参加を見ると、中国の5割以上の中学生・高校生がボランティア活動に参加していることが分かる。「あなたはボランティア活動に参加していますか」という質問項目に対して、「している」と答えたものの高い順に並べると、それぞれ、中国（中学生58.3%、高校生57.8%）、米国（中学生28.9%、高校生35.5%）、韓国（中学生28.2%、高校生13.6%）、日本（中学生14.5%、高校生4.8%）である [23]。

表 6-1　友人関係観（男女別）　　　　　　　「よく当てはまる」％

友人関係観	日本		アメリカ		中国	
	男子	女子	男子	女子	男子	女子
お互いに相手に甘えすぎない	14.3	18.8	7.5	5.2	15.5	10.1
自分を犠牲にしても相手に尽くす	7.2	7.8	30.1	42.1	1.7	31.3
お互いのプライバシーに立ち入らないこと	14.6	14.6	49	62.1	35.9	27.8
お互いに心を打ち明けあう	25.1	43.9	27.2	56.1	35.9	44
お互いの約束は決して破らない	24	36.8	39.1	67	46.1	46.3
相手の考えていることに気を使う	24.8	36.1	28.8	50.9	29.1	36.2
いつもお互いに連絡をとっている	13.2	25.8	45.9	70	27.2	34.5
一緒の時間を楽しく過ごす	58.9	75.8	71.9	87.1	56.3	59.9

出典：『中学生の生活と意識に関する調査報告書　日本・米国・中国の３カ国の比較』日本青少
　　　年研究所、2002 年、41 頁の表「友人関係観」を引用。

　この５割以上の高い数字から、中国都市部の子どもが社会活動に積極的に参
加していることがわかる。ただし、ボランティア活動は中国の教育の一環となっ
ていることにより、他の国より大きく上回っていることも考慮する必要があろ
う。

２．２．３　権威・規範への認識

①子どもの生活全般における綿密かつ厳格なしつけ

　日中の保護者対象の調査[24]では、「そのお子さんに、ご家庭で次のようなルー
ルを決めていますか」の回答項目には、「就寝時刻」、「テレビ視聴時間」、「門限」、
「勉強時間」、「友達との遊び時間」、「ゲーム、遊びの時間」、「その他」があり、
日本は最も多いのが「門限」で、５割を超えている。次いで「就寝時刻」が４
割強となっている。それに対し、中国で最も多いのは「就寝時刻」で、６割近
くを占める。次いで、「テレビ視聴時間」、「勉強時間」が５割弱である。しか
し、日本の「テレビ視聴時間」、「勉強時間」はそれぞれ 12.8％と 9.6％であり、
中国に比べるとかなり低いといえる。このように、日本より中国の親のほうが
子どもの勉強に関心が高く、勉強に対して厳しいしつけ態度を取っていること
がうかがえる。

　また、子どもに決めたルール（学年別）の表 6-2 [25] を見てみると、日本の
保護者より、多くの中国の保護者は、子どもに命令や禁止を出しており、子ど

108

第 6 章　一人っ子の「溺愛」と「近代社会」の子ども中心主義

もの学年が上がれば上がるほど、その格差が顕著である。さらに、詳しく見れば、高校生になると、日本の場合は「門限」を除いて、実施率がいずれも 1 割にも満たない。それに対して、中国の親は子どもに勉強以外の行動もかなり厳しく制限していることが分かる。

表 6-2　子どもによく言うこと

子どもによく言うこと（学年別） 「よく言うほう」の比率	小学生		中学生		高校生	
	日本	中国	日本	中国	日本	中国
1．宿題をしたか	66.8	68.7	26.0	59.0	6.1	34.1
2．早く寝なさい	57.5	59.2	35.0	66.9	18.3	60.1
3．テレビを見るのをやめなさい	12.7	54.2	12.7	59.9	3.5	48.7
4．ゲームを止めなさい	20.0	30.2	15.2	31.2	2.6	21.3
5．勉強しなさい	24.6	52.2	30.1	47.3	9.3	42.3
6．友達と仲良くしなさい	24.7	42.3	15.0	41.6	8.7	27.1
7．先生の言うことをよく聞きなさい	22.7	65.5	17.9	61.8	5.4	41.1
8．親の言うことをよく聞きなさい	23.0	47.5	16.2	44.5	8.3	35.0
9．約束をちゃんと守りなさい	46.9	48.2	36.8	42.9	26.0	38.5
10．礼儀正しくしなさい	29.3	64.4	27.9	62.1	22.4	55.7
11．人の真似をしてはいけない	7.4+25.7	22.8	9.6+23.5	24.6	4.5+19.2	15.5

※「11」の日本の数値は「よく言うほう」＋「たまに言うほう」

　子どもがルールに違反した時に、「ルールを守らなかったときの罰を決めているか（学年別）」[26] をみると、日本と中国の差はあまりない。「はっきり決めている」と「だいたい決めている」という者がかなり少数で（内訳：日本 2.8%、5.9%；中国 3.8%、8.3%）、大多数は「決めていないが、叱ったり、説教したりする」程度である。しかし、日本では学年による差がそれほど大きくなかったのに対し、中国では「決めている」派が学年の上昇に従い少なくなる。一方、中国だけをみると、その時々で「叱ったり、説教したりする」派は、小学生で 5 割台となり、中学生や高校生になると 7 割台に達した。このように、中国の保護者たちは、子どもの成長に従って子どもを管理する目が厳しくなることが

109

伺える。

②子どもの要求への対応——妥協しない親の対応

　日中の保護者を対象とする国際比較調査では、「子どもに流行のものを買ってほしいと頼まれた時の対応」[27] の項目をみると、日中とも最も多かったのは「よく子どもと話し合った上で決める」で、日本4割強、中国3割強と、子どもを尊重する態度がみられた。全体的には、「買う」派の合計は日本と中国で差異が見られないが、対応の仕方にはかなり違いがある。日本の親の対応は主に「家事の手伝いや誕生日の時などと、条件を出して買う」（30.1％）と、「よく子供と話し合った上で決める」（41.9％）に集中している。それに比べると、中国の親の対応は、「よく子供と話し合った上で決める」（31.2％）、「必要でないことをわからせて、買わない」（14.4％）、「よい成績を取れば買ってやると約束する」（11.5％）に集中している。興味深いことに、子どもの要求に対応する場合、中国の親は子どもの勉強を重視する姿勢が見られる。それとは対照的に、日本では子どもの要求と勉強を結びつける親はわずか1.9％である。また、「必要でないことを分からせて買わない」という回答では、中国の14.4％の肯定率に対して、日本はかなり下がり5.6％である。さらに、「人の真似をしないようにと説得して、買わない」（日本2.3％、中国5.8％）という親の対応を併せて見ると、日本の子どもに比べ、中国の子どもの要求は、親にすんなりと受け入れてもらっていないことがわかる。

③子どもの意見の優先度

　一方、親の意見と合わないときに、子どもの意見がどれぐらい優先されているのかをみると、表の6-3「学校へどんな服を着ていくのか」では、五カ国では、中国の子どもの意見がもっとも親に優先されないことがわかる。

第6章　一人っ子の「溺愛」と「近代社会」の子ども中心主義

表6-3　親子の意見が合わないとき、子どもの意見が優先される割合（%）

	東京	上海	ソウル	ロンドン	ニューヨーク
休みの日の過ごし方	47.3	34.7	28.5	25	21.8
どんなテレビを買うか	11.6	8.2	10.7	13.9	18.4
どんなスニーカーを買うか	77.7	62	73.1	79	81.5
学校へどんな服を着ていくか	73.6	46.2	74.4	81.5	85

出典資料：第4回国際比較調査「家族の中の子どもたち」。モノグラフ・小学生ナウ14(4)、福武書店教育研究所、1994。

　また、表6-3から、欧米とアジアの異なるしつけ観が読みとれる。ロンドン、ニューヨークでは、「どんなスニーカーを買うか」、「学校へどんな服を着ていくか」といったような子どものみに関わることについては、子ども自身の決定に委ねられている割合が高い。「休みの日の過ごし方」あるいは「どんなテレビを買うか」といった家族全体にかかわる決定事項については親によって決定されている。一方、東京、上海、ソウルでは、ちょうどその逆となり、とくに上海の場合が顕著である。このように、上海の子どもはもっとも親に干渉されていることがわかる。

④親は尊敬、従うべき人

　日本・米国・中国の三カ国の比較調査 [28] の中で、学校の先生、父親、母親、親友などから「尊敬できる人」、「従うべき人」を選択する項目においては、日本、米国の子どもに比べると、中国の子どもは、もっとも親を尊敬し、親に従っていることがわかる（内訳：父親は尊敬できる人、日本31.0%、米国46.5%、中国72.8%；父親は従うべき人、日本36.2%、米国39.5%、中国67.8%）。それと同時に、「何でも打ち明けられる人」、「ふざけられる人」の項目においては、日米の子どもより、中国の子どものほうが親に打ち明けられること、親とふざけあっていることが分かる（内訳：父親に何でも打ち明けられる、日本3.2%、米国19.5%、中国18.1%；父親はふざけられる人、日本3.5%、米国16.8%、中国32.6%）。

　このように、3カ国の比較から、中国の子どもは、もっとも親は尊敬すべき、

111

従うべき人と理解していると同時に、親に何でも打ち明け、親を信頼している
様子も伺える。

２.２.４　一定の知識・技能

①労働のしつけ

　日中の保護者を対象とする調査をみると、「子供に家の手伝いをさせますか」
(学年別)[29] の質問項目のうち、「内容を決めていないが、必要に応じてよく
手伝いをさせる」の回答項目では、日本のほうがやや高かったが、両方とも
30％台である。また、「決まった手伝いではないが時々させることもある」の
は、中国の方がやや高かったが、いずれも 40％台である。両項目では日中で
相違があまり見られないが、「いつもきちんと決まった内容の手伝いをさせて
いる」という回答項目では、日本、中国とともに割合は高くないものの、日本
より中国の方がさらに 7 ％ほど低い（内訳：日本 15.6％、中国 8.1％）。また
「手伝いはほとんどさせていない」の回答項目をみると、日本は 6.3％なのに
対し、中国はかなり高い割合で、17.5％である。このように、中国の子どもは、
日本の子どもに比べ、あまり家の手伝いをしない印象をうける。

　次に、保護者の視点からではなく、子ども対象の調査（表 6-4 を参照）[30]
を見てみると、親対象の調査結果と異なり、「夕食の手伝い」を除いて、中国
ハルビン市の子どもは、日本東京の子どもより、すべて高い割合を示している。

表 6-4　家事の手伝い（毎日する割合）（％）

	東京	ハルビン	サクラメント	ストックホルム	オークランド	バンコク	ソウル	タイペイ
洗濯	1.7	**3.5**	6.5	1.0	4.4	**9.7**	3.2	2.1
夕食の買い物	2.4	**6.4**	7.1	2.4	7.3	8.5	**10.2**	8.9
庭や玄関の掃除	2.7	**6.0**	3.6	1.3	3.2	**11.3**	——	——
部屋の掃除	4.3	**17.8**	19.3	4.5	19.3	22.0	**30.3**	11.0
皿洗い	5.0	**18.6**	13.4	4.3	**31.0**	28.1	7.5	5.8
夕食の手伝い	6.4	**4.5**	**15.8**	2.7	13.7	7.6	6.6	7.6

——＝質問項目なし　　各項目の最高値と最小値はそれぞれ●と□で表示。

第 6 章　一人っ子の「溺愛」と「近代社会」の子ども中心主義

また、他の都市に比べても、ハルビンの子どもは家事の手伝いをよくすること
がわかる。

このように、子ども対象の調査によると、中国ハルビン市の子どもはよく家
事手伝いをするという印象をうける。

②お稽古事や学校での勉強

まず、保護者対象の「学校の他に学習していること」[31] の調査によれば、全
体の回答項目においては、日本の子どもは学年が上がっても、スポーツ、音楽
などをよくしていることがわかる。ところが、「家庭教師について学ぶ、ある
いは学習塾へ行っている」では、日本の中学生を除けば、すべて中国の子ども
が高い割合を示す（内訳：小学生：日本 17.7％、中国 20.9％；中学生：日本
42.6％、中国 21.5％；高校生：日本 14.7％、中国 30.9％）ことから、中国
の子どもは放課後も学力の向上のために努力していることがわかる。

一方、子ども対象の調査によれば、中国の子どもは休日でもよく勉強してい
ることがわかる。「あなたは休日にはどんなことをしていますか？」をみると、
「勉強」、または「学校の勉強以外の読書」の回答項目は、中国が極めて高い割
合を示す（内訳：中学生：日本 36.9％、米国 19.3％、中国 80.2％；高校生：
日本 25.5％、米国 23.4％、中国 65.9％）[32]。

興味深いことに、もっとも子どもを心配する中国の親は、子どもの勉強にか
かわることなら、全く違う態度を示すことである。

図 6-2 [33] のように、子どもが体調の悪い時、親が子どもを登校させるかど
うかの結果は、中国の親が、子どもの勉強を重要視している態度を明白に表し
ている。また、欧米よりもアジアのほうに「頑張って学校へ行きなさい」とい
う傾向が見られる、こうした傾向は中国の親にもっとも顕著に現れている。即
ち、休んだ方がよいの割合は極めて低いが、「がんばって学校にいきなさい」、「で
きれば行った方がいい」の割合は非常に高い。この結果から、中国の親は子ど
もの健康をあまり顧みず、冷たい印象をうける。この結果は、前述の「②親の
過度な心配」データによる、他の国に比べ、中国の子どもが非常に親に心配し

113

てもらっているという結果と非常に対照的である。

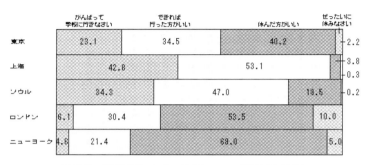

図6-2　体調が悪いとき、登校について親は何と言うか

　このように、中国の親は子どもの健康、生活に細心の注意を払うが、勉強に関することになると、厳しい態度をとっていることがうかがえる。
　以上の国際比較の先行調査を通してみると、現代中国の子どもは、中国の一人っ子に関する先行研究から見い出した親、祖父母に甘やかされたがゆえに、わがまま、自己中心的な子ども像と一致しない。むしろ、他国の子どもに比べると、中国の子どもは親の老後・介護を自分の責任とし、また、親を尊敬して従っている。さらに、中国の子どもは何でもやり放題などころか、他国に比べ、成長後も親に厳しく管理されていると言える。とくに、子どもの勉強において、親は非常に厳格な態度を取ることは顕著である。

2.3　親子関係と子どものしつけ——現地調査から

　先行調査は同世代の子ども及び同世代の子どもの保護者を対象とするため、今日の中国児童を考察する横軸になる。それに対し、筆者のおこなった現地調査の特徴は、同世代の子どもを対象とするのみならず、親の幼少年期、受けたしつけなども調査の項目にいれたことである。具体的には、親に自分の子どもの養育について回答してもらうと同時に、自分の幼少期にどのようにしつけられたかを回答してもらった。回想方式で親の幼少年期に経験した親子関係、し

つけに関する情報を答えてもらうことによって、時間の経過の中でデータを追うことを試みる。これはいわゆる時系列調査[34]の手法である。こうした現地調査は中国都市部の子どもを考察する縦軸になり、親子関係、しつけの変容から、今日の中国児童の実態を明らかにすることを試みる。

2.3.1　現地調査の概要

　2002年9月、中国東北地方に位置する吉林省長春市及び黒龍省ハルビン市[35]の小学生とその保護者を対象にアンケート調査を行った。それぞれの地方教育委員会を通じて、200部ずつ計400部のアンケート用紙を小学生に配り、回答後すぐに担任の教師に提出するという形式で回収した。また、保護者用質問調査用紙も小学生に配り、自宅で記入後、担任に提出してもらった。なお、小学生の調査票の回収率は97.4％であったが、保護者は75％であった。調査対象の小学生は長春市の二校（196名）とハルビン市の二校（178名）の計376名（地域不明の2名を含む）である。調査対象の保護者はハルビン市146人、長春市155人、計305人（地域不明の4名を含む）である。

　保護者を対象とした調査には、①年齢、学歴、職業を含む社会的属性（表6-5を参照）、②幼少年時の親の教育態度、しつけ内容、塾・習い事、③親として、子どもに最も注意を払うこと、④子どもへの学歴期待と、普段の子どもの勉強への関わりかた、⑤家族のうち誰の消費が最も大きいか、などの項目を設定した。子どもを対象とした調査には、①きょうだいの有無、②塾・習いに通って

表6-5　親の学歴と年齢

項　　　目		高校以下		高校		大学		大学以上		合計	
		回答数	%	回答数	%	回答数	%	回答数	%	回答数	%
誕生年	1960年以前	5	12.2	7	5.7	5	4.5	1	6.7	18	6.2
	1960〜65年	12	29.27	54	44.3	48	43.2	9	60.0	123	42.6
	1966〜70年	18	43.9	57	46.7	57	51.4	5	33.3	137	47.4
	1970年以後	6	14.63	4	3.3	1	0.9	—	—	11	3.8
	合計	41	—	122	—	111	—	15	—	289	—

いるか、親が勉強を指導するか、③どんなことで親に叱られるか、④どんな子どもが良い子と言われるか、などの項目を設定した。

　さらに、2004年9月、黒龍江省ハルビン市で12名の小学生の保護者と12名の子ども、およびに吉林省長春市で小学生の保護者6名と6名の子どもに対して、インタビュー調査を行った。それぞれの地方教育委員会を通じて、その市における小学校の教育水準、地域状況、保護者の収入・職業・学歴状況などを考慮して、ハルビン市二校、長春市一校を選択した。J小学校はハルビン市の中心に位置する当市のエリート小学校であり、Y小学校は長春市の北に位置し、教育水準は中の上に当たる小学校である。また、T小学校はハルビン市北西の貧困地区に位置する。また、各小学校の校長、クラスの担任を通じて、生徒の成績の上位、中位、下位の者を各小学校からそれぞれ2名ずつ合計18名

表6-6　子ども対象のプロフィール

対象	調査対象のプロフィール（年齢は調査当時）		
	年齢・性別	所属学校・学年	家 族 状 況
児童ⓐ	12歳（女）	ハルビン市T小学校5年	父方祖父母・父親・母親・生徒
児童ⓑ	11歳（男）	ハルビン市T小学校4年	父親・母親・生徒・従兄弟・親戚の兄
児童ⓒ	11歳（男）	長春市Y小学校4年	父親・母親・生徒
児童ⓓ	12歳（女）	ハルビン市J小学校5年	父親・母親・生徒
児童ⓔ	12歳（女）	ハルビン市J小学校5年	父親・母親・生徒
児童ⓕ	11歳（男）	長春市Y小学校4年	父親・母親・生徒

表6-7　保護者対象の調査プロフィール

調査対象のプロフィール（年齢は調査当時）					
対象	年齢・性別	職業	生徒との関係	所属学校・学年	生徒の実際の住居状況
保護者①	37歳（女）	失業中	母親	ハルビン市T小学校・5年	父親・母親・生徒
保護者②	35歳（男）	政府幹部	父親	長春市Y小学校・3年	父親・母親・生徒
保護者③	34歳（男）	失業中	父親	ハルビン市T小学校・4年	父親・母親・生徒・従兄弟・親戚の兄
保護者④	38歳（女）	会社員	父親	ハルビン市T小学校・4年	父親・生徒（母親が海外）
保護者⑤	67歳（男）	退職	父方祖父	ハルビン市J小学校3年	父方祖父母・父親・母親・生徒
保護者⑥	39歳（男）	運転手	父親	—	父親・母親・生徒
保護者⑦	33歳（女）	教師	母親	—	父親・母親・生徒
保護者⑧	37歳（女）	会社員	母親	長春市Y小学校4年	父親・母親・生徒
保護者⑨	63歳（女）	退職	母方祖母	長春市Y小学校4年	母方祖父母・生徒
保護者⑩	34歳（女）	自営業	母親	ハルビン市T小学校・5年	父親・母親・生徒
保護者⑪	65歳（女）	退職	父方祖母	ハルビン市T小学校・5年	父方祖父母・父親・母親・生徒

116

第 6 章 一人っ子の「溺愛」と「近代社会」の子ども中心主義

を選出してもらい、同時に、保護者の収入、学歴などにより、生活環境を裕福、中間、貧困に区分し、2 名ずつ合計 18 名を選出してもらった。ただし、ここでは、内容との関係から、6 名の子どもと 11 名の保護者の事例を取り上げることにする（調査対象者のプロフィールを参照）。

2.3.2 親子関係と子どもの実態――質問紙による調査から

(1) 親子関係

　子ども対象の調査を見てみると、「ご両親はあなたの親友の名前を言えますか」に対して82.3％の肯定率を示している。「ご両親はあなたの誕生日を覚えていると思いますか」に対して、98％の子どもが「はい」と答えたが、「あなたは親の誕生日を覚えていますか」の肯定率はかなり下がり、47.1％の子どもしか親の誕生日を知らないことがわかる。ところが、「あなたは親の親友の名前を言えますか」の肯定率は高く、89％の子どもが親の親友の名前を言えることが分かる。

　「あなたは嫌なことがあったら、ご両親に言う前に察知されますか」の質問項目をみると、86.3％の子どもが「はい」と答えた。「あなたがどう考えているのかをご両親はよく知っていると思いますか」の肯定率は64.4％と低下したものの、6 割強の子どもは、親が自分のことを理解していると考えている。「あなたは学校や友達のことをよく親に言いますか」の回答をみると、「いつも」、「たまに」、「全然」の選択率はそれぞれ、50.1％、36.7％、13.2％であることから、5 割強の子どもは親とよく会話していることがわかる。

　一方、保護者対象の調査を見ると、「子どもの頃、ご両親はあなたの親友の名前を言えましたか」の肯定率は67％であり、今の子どもよりほぼ 2 割程度の差が存在していることから、今の親は比較的子どもに目を配っていることが伺える。さらに、「子どもの頃、あなたが嫌なことがあって落ち込んでいる時に、ご両親はあなたが言う前に察知しましたか」の回答を見ると、51％の人が「はい」と答えているが、今の子どもに比べ30％ほど低いことから、20 〜 30 年前より、今の子どもの親のほうが子どもに注意を払っていることが伺える。

117

2001 年の現地調査では、「あなたは祖父母の老後をあなたの親がみるべきだと思いますか」と「あなたは親の老後を自分が見るべきだと思いますか」の項目の肯定率は、それぞれ 98％という高い割合を示す。即ち、親の老後、介護は子の責任という中国伝統的な規範に対しては、今日の子どもにも肯定な態度で受け継がれていることがわかる。

　このように、現地調査を通して、今日中国都市部の子どもと親は、互いのことをよく話し、互いに理解し合っているということが伺える。この結果は国際比較調査とほぼ一致している。なお、親の幼少期に比べると、現時点の子どもはより親に目を配ってもらって、より緊密な親子関係を持っていることがわかる。

(2) 権威・規範への認識
①権威・規範への認識──親のしつけから

　子ども対象の質問項目「どんな時に親に叱られますか」を見ると、もっとも高い割合を示しているのは「嘘をついた時」（41.2％）で、次いで「試験の成績が悪かった時」（32.4％）、「礼儀正しくない、言葉遣いの悪い時」（22.6％）となっている。一方、親の幼少期にもっとも高い割合を示したのは、「試験の成績が悪かった時」（32.5％）であり、次いで「嘘をついた時」（19％）、「礼儀正しくない、言葉遣いの悪い時」（17％）である。

　親と子世代における「家事を手伝わない時」の項目に注目すると、親の幼少期では 16.1％であったのが、今の子どもわずかに 4.3％と大きな差異が見られた。さらに、「時間通りに帰らない時」、「勉強、稽古を真面目にやらない時」の項目における親の幼少期と今の子どもの肯定率は 10％前後の格差がある。これらの結果から、親の幼少期に比べると、今の子どものほうが、親に厳しくしつけられている印象をうける。さらに、親の幼少期と今の子どもとでは、受けるしつけの内容、しつけの重点が移り変わっていることと、今の親は子どもに多くの面で目を配っていることが伺える。

第 6 章　一人っ子の「溺愛」と「近代社会」の子ども中心主義

表 6-8

どんな時に親に恕られますか	親		子ども	
	人数	%	人数	%
礼儀正しくない、言葉遣いの悪い時	52	17	85	22.6
嘘をついた時	58	19	155	41.2
家事を手伝わない時	49	**16.1**	16	**4.3**
試験の成績が悪かった時	99	32.5	122	32.4
悪戯の時	14	4.6	23	6.1
勉強稽古を真面目にやらない時	15	4.9	55	14.6
友だちと喧嘩の時	28	9.2	24	6.4
物を壊した時	24	7.9	12	3.2
時間通り帰らない時	22	2.3	52	13.8
食事の前に手を洗わない時	7	2.3	23	6.1
その他	–	–	6	1.6
不明	29	9.5	22	5.9
非該当	0	0	0	–
サンプル数	305	–	376	–

②親の地位と子の意見への重視――子どものサイドから

　表 6-9「家族の中で誰の地位が高く、家の中心人物だと思いますか」では、親の幼少期に比べ、今の子どものほうが「私」の割合が高いが、依然として「父親」の地位がもっとも高く、次いで「母親」となっている。このことから、今の子どもは親の幼少期と同じく、母親より父親のほうが家族の中心人物だと思っていることがわかる。ただし、親の幼少期よりも、今の母親の地位は 10 ポイント以上高くなり、父親の地位に近づいている。

　さらに、「誰を尊敬していますか」をみると、42.8％の子どもが「先生」を尊敬しており、次いで「母親」（30.1％）で、「父親」（29.5％）となっている。この結果から、今の子どもは、「師を尊ぶ」という伝統的な尊敬意識をもっており、また、父親と母親をほぼ同等に尊敬していることが伺える。

　一方、子どもの発言は親にどれくらい重視されているのだろうか。表 6-10「服選び、塾、習い事を決める時に、あなたの意見を重視しますか」を見ると、16.8％の子どもが「親が決めるが、わりと私の意見を重視する」、35.4％の子

119

どもが「私は決める」と答えたのに対し、「私と相談するが、あまり私の意見を重視しない」と「ぜんぜん私の意見を重視しない」と答えた子どもも多く（計45.8％）、子どもの意見を重視するのと重視しない割合はほぼ1：1という結果が出た。

表 6-9　「家族の中で誰の地位が高く、家の中心人物だと思いますか」

家に誰の地位が高い、ないし誰が中心事物だと思いますか				
カテゴリ	親の幼少期頃		子ども	
	人数	％	人数	％
私	9	3	48	12.8
父親	156	51.1	141	37.5
母親	48	**15.7**	107	**28.5**
父方祖父	41	13.4	42	11.2
父方祖母	22	7.2	24	6.4
母方祖父	1	0.3	19	5.1
母方祖母	15	4.9	22	5.9
きょうだいの誰か	4	1.2	－	－
その他	2	0.7	13	3.5
不明	7	2.3	5	1.3
非該当	0	－		
サンプル数	305		376	

表 6-10　子どもの意志は重視されるか

服、塾を選ぶ時、貴方の意見を重視しますか	子ども	
質問項目	人数	％
両親が決めるが、わりと私の意見を重視する	63	16.8
私は決める	133	35.4
私と相談するが、あまり私の意見を重視しない	154	**41**
全然私の意見を重視しない	18	4.8
その他	3	0.8
不明	5	1.3
非該当		－
サンプル数	376	－

　ただし、「家族と一緒にテレビを見るとき、誰を中心としてチャンネルを決めるか」を見ると、決める人の順序は子ども30.9％（116人）、父親30.3％（114人）、母親20.2％（76人）であることから、子どもの意志をある程度、尊重

第 6 章　一人っ子の「溺愛」と「近代社会」の子ども中心主義

していることがわかる。また、塾に通う理由をみると、親の意志により塾に通う子どもが20.7％、自分自身が行きたいからという理由で塾に通う子どもが60.4％であることから、親が子どもに干渉しすぎるという傾向は、この二つの項目からは見い出すことができない。

　このように、親の幼少期に比べると、今の子どもは、親に、より全面的、より厳格的にしつけられているが、家事手伝いに対してはさほど厳格ではないという印象をうける。また、家における子どもの地位、発言からみると、現時点の子どものほうが、民主的、自由に育てられているようにみえる。とりわけ、親の幼少期には、父親の地位は圧倒的に高かったが、今は母親の地位が上昇し、父親とほぼ変わらないことがわかる。

(3) 一定の知識と技能

①労働におけるしつけ態度

　子ども対象の調査によれば、44.9％の子どもが親に家事手伝いを要求されているが、55.1％の子どもは要求されていない。保護者対象の調査でもほぼ同じ結果が出たことから（「はい」44.4％、「いいえ」54.5％）、親の幼少期の状況と今の子どもの状況はほぼ同様であることがわかる。また、子ども対象の調査、「あなたは家事手伝いをしますか」という項目をみると、「よく、あまり、時々、全然」の回答がそれぞれ38.3％、15.7％、40.4％、4.3％であり、現在の子どもの半数以上が親に家事などの労働を要求されておらず、実際に、6割強の子どもがあまり、あるいは、ほとんど家事手伝いをしていないことが分かる。

　また、「どんな時に、親に叱られますか」という質問に対し、「家事を手伝わない時」という回答の割合をみると、親の幼少期で16.1％であったのに対して、今の子どもの場合、4.3％とかなり低くなっていることが分かる。

　さらに、「あなたの親は以下のどれを一番気にかけると思いますか」をみると、労働と回答したのは全体でわずか4.7％であり、男女別にみると、女子が3.8％と非常に低い数値を示す。このことから、今の親は子どもの労働習慣に重点を

121

置かないことがうかがえる。

表 6-11　親が最も気にかけることについて

上段:実数下段:横%		合計	あなたの親は以下のどれに一番気にかけると思いますか								
			勉強	健康	交友	労働	誠実さ	生活習慣	社会ルール	礼儀正しさ	その他
全体		359	260	122	33	17	89	33	11	54	4
		100	72.4	34	9.2	4.7	24.8	9.2	3.1	15	1.1
性別	男	200	142	70	19	11	44	18	6	30	4
		100	71	35	9.5	5.5	22	9	3	15	2
	女	159	118	52	14	6	45	15	5	24	−
		100	74.2	32.7	8.8	3.8	28.3	9.4	3.1	15.1	−

②勉強・稽古についてのしつけ態度

　「親はよくあなたの勉強を指導しますか」の質問項目を見ると、「毎日」を選択した子どもが5割強であるのに対して、「あまり」を選択した子どもは1割にも満たなかった。親の幼少期と比べると、ほぼ正反対の割合となっていることから、今の親たちは二十年前の親より子どもの勉強に力を入れている様子が伺える。

カテゴリ	親の幼少期頃		現時点の子ども	
	人数	%	人数	%
毎日	55	18	202	53.7
時々	97	31.8	117	31.1
あまり	129	42.3	25	6.6
全然	18	5.9	15	4
不明	6	2	17	4.5
非該当	0	0	0	0
サンプル数	305	100	376	100

図 6-12　親はよくあなたの勉強を指導しますか

　この結果や表6-8の結果をみると、「成績の悪かった時」と答えた割合は、親の幼少期と今の子どもでほぼ同じである。さらに、「勉強・稽古事を真面目にやらない時」の両者の割合をみると、それぞれ4.9％、14.6％であることから、現時点の子どもは、20～30年前の子どもよりも、親から勉強、稽古事に対して干渉を受けることが多いことが伺える。

第6章　一人っ子の「溺愛」と「近代社会」の子ども中心主義

2.3.3　親子関係と子どもの実態──聞き取り調査から

(1) 親としての意識の変化

　保護者①は、五年生の息子の成長とその成長に伴って自分の感じたことを次のように語っている。

　　「息子が小学校に上がってから、勉強のことを厳しく言うようになり、ちょっとでも成績が悪くなるとすぐ叱っていました。当初は、息子と私との関係もかなりの緊張状態に陥りました。二年前から教育や育児などの本を読み始め、私の息子に対する態度も変わりました。子どもを叱りっぱなしではよくないことが分かったので、今は、息子が少しでも進歩したら、意識してすぐ誉めるようにしています。それで、今では息子と何でも話すようになりました。……今日、学校で何があったとか、友達と喧嘩したとか、勉強がどこでつまずいているかもよく話してくれます。……でも、時々誉めすぎて、息子に見破れたこともありました。」

　保護者①の例に見られるように、親が一方的に子どもに要求するやり方を反省し、子どもの気持ちを理解するようつとめている様子から、子どもの従順ばかりを強調する伝統的な親子関係は消えつつあることが伺える。それは、保護者②の語りの中からも読み取れる。

　　「自分からやりたいと思ってこそやる気というのは出てくるものです。だから子どもを厳しく管理したりはしません。……私が子どもの頃も親に自分の意思を尊重してもらったし、……小学校の時に引越しのために転校したのですが、どうしても前の学校の友達が忘れられず、前の学校に戻りたいと何度か親に言ったら許してくれました。大学の進学先も自分で決めましたし、だから子どもも自分のやりたいことをやればいい。私はたぶん反対しません。」

　保護者①と保護者②のように、多くの親が「子どもの意思を尊重する」と語っている。ところが、ほとんどの親は、「どんな時、子どもを誉めますか」の問いに対して、「言うことを聞く時」、「勉強がよくできる時」、「物分かりがよい時」

123

等を挙げる。このように、子どもの気持ちを理解しようという意識を持ってはいるものの、実際の親子関係においては、依然として、親に従う子はよい子という規範が機能していることが伺える。

（2）生活環境の変化と子どもの自律の促し

子どもの身辺自立、家事手伝いと親の幼少期の状況に関する例として３つの事例をあげる。保護者③は、四年生の息子について以下のように語る。

「朝はだいたい私か子どもの母親が息子を起こします。……小学校に上がってからはずっと学校に送り迎えをしています。学校は遠くないですが、今は昔ほど安全ではないですからね。とくに車が多いですし。……普段は、家事手伝いを要求しません。でも、学校の宿題で、毎週水曜日は家事をする日ですから、息子はその日には手伝います。それ以外はほとんどしないですね。……私は農村生まれ育ちですから、家事はもちろん畑仕事もけっこうしましたよ。……息子は学校が終わったら、さらに塾へ数学、英語を勉強しに行かなければならないから、そんなに家事をする時間がないし、家には大してするべきこともありません。……子どもの身辺自立はもちろん大事ですから、時々そうさせますが、しない時でも特に厳しく言いません。でも、息子は、自分のハンカチや靴下を自分で洗っています。」

保護者④、保護者⑤は、子どもに家事などをさせない理由は今の子どもをとりまく環境の変化にあると語る。

保護者④は次のように述べている。

「今の学校は宿題が多くて、子どもが家事をする暇がないんです。……私たちが小さい時は、今のようなガスコンロがなかったから、煤、柴などで火を焚き、両親が帰ってくるまでに御飯を作りました。今は皆ガスを使ったり、外食したりして、子どもに作ってもらうこと自体、必要でなくなっていますからね。」

保護者⑤も次のように語っている。

「今の家事は昔ほど大変ではないし、大人もそんなにしていないですから

第6章　一人っ子の「溺愛」と「近代社会」の子ども中心主義

ね。子どもは時間があるなら、勉強したり、休んだりすればいいんですよ。」

保護者⑥は自分の幼少期と自分の子どもの現在を以下のように語る。

「子どもの頃は親が共働きでしたし、勉強もあまり重視されていなかった時代ですから、学校が終わったら、家に帰ってすぐ宿題と家事をしていましたね。13、14歳の頃にはもう家事が全部できたんですよ。……家事、宿題が終わったら、家の近くの子どもと遊んだり、喧嘩したりするんですよ。……今は子どもにほとんど家事をさせません。今の子どもは勉強が大変ですから。先日は、靴下を洗ってねと私に頼んできたものだから、それくらい自分でやりなさいと娘に言ったんですが、私が寝る前に洗面所のミラーにメモが貼り付けてあるのを見つけたんですよ。そのメモには『この靴下を洗ってくれないと、明日、素足で学校へ行くかも』と。メモの最後に『パパ愛してるよ』と書いてあるんです。娘がかわいくてね。」

保護者⑦は以下のように自分の幼少期と自分の息子について語る。

「私は長女で、下にはまだ弟が二人います。農村に生まれ育ったのですが、畑のことはやったことがないです。両親とも農民ではなく、父親は町の職人で、母親は教師でしたから。でも、家事手伝いはしましたよ。親に言われたわけではないけれど、けっこうしました。私の小さい時は、本当に親に心配をかけることがなかったと思います。勉強も、家事も。私は教師ですから、労働の習慣を培うことがどれだけ重要か理解しています。自分の生徒にもよくそう教育しています。でも、自分の子どもにはあまりそうさせないですね。この間も、学校の中庭の掃除当番で、息子が早く朝起きていましてね、私は息子に『他の子どももいるんだからそんなに早く行かなくてもいいわよ』と言いました。やはり、どうしても自分の子になると、厳しくしつけることができなくなるのですね。」

このように、親は、身の周りの世話、ある程度の労働習慣を子どもに身につけてほしいと希望しているが、実際にやらなくても厳しくしつけてはいない。また、今の子どもに家事手伝いなどを要求しないのは、生活環境の改善、子ど

125

もの勉強時間の延長等、時代の変化に伴うものであることは、親の語りから読み取れる。

（3）友だち関係から学ぶ人との付き合いかた

インタビュー調査では、ほとんどの子どもにとって楽しいことは友人と遊ぶことであり、悲しいことは友人と喧嘩することと語っている。

児童ⓐは級長[(36)]になったことで友人関係がうまく行かず悲しかったことを次のように語る。

「今までで一番悲しかったことは、友達が私を無視して、一緒に遊んでくれなかったこと。……私は先生に任命されて級長になったけど、他のクラスメートとうまく付き合うことができなくて、友達が皆離れていった。ある日、○○さんと○○さんが、一緒に遊ぼうって私に声をかけてくれて、あの時は、嬉しかった。でも、ちょっと寂しくも感じた。」

また、児童ⓑは、友人との付き合い方、自分の友人観を次のように語る。

「今までで一番悲しかったことは、お父さんが、友達と一緒に遊ぶことを許してくれなかったこと。……僕がもし友達と喧嘩したら、僕からその友達に声をかけないで、自然の流れに任せると思う。本当の友達だったらまた自然に仲直りできるけど、そうじゃなかったら、声をかけてもお願いしても意味がないと思う。」

このように、友人との付き合いは、子どもの日常生活において、悲しんだり、喜んだりする種であり、友人との仲直りを通して、人との付き合い方を学んでいることが伺える。

（4）権威と規範への認識

子ども対象のインタビュー調査では、ほとんどの子どもが教師、父親、母親、祖父母などを尊敬し、大きくなったら先生になりたい、または、父親のような人になりたいと語る。事例として、児童ⓒ、児童ⓓ、児童ⓐを紹介する。

児童ⓒは自分のクラス担任に憧れて、大きくなったら小学校の先生になりたいと考えており[37]、尊敬している人は担任と、かつて軍隊で服役した経験の

ある父親だと語る。

また、児童ⓓは、両親が大学教師であり、いつも遅くまで研究をしていることから、両親を尊敬し、自分も努力しないといけない、と述べている。

児童ⓐは、病気がちの祖父について次のように語る。

「おじいちゃんは目と心臓がよくないから、よく病院へ行くの。だから、おじいちゃんは家族の『パンダ』（大切にしなくてはならない人の意味）なの。……テレビのチャンネルはおじいちゃんが優先。だっておじいちゃんは体がよくないんだもの。おじいちゃんが何かを見たかったら、私は全然文句を言わないで譲るよ。家では何でもおじいちゃんが一番。でも、美味しい食べ物があったら私にまず譲ってくれる……おじいちゃんは家のリーダーではないの。おじいちゃんはおばあちゃんの言うことをよく聞くよ。おばあちゃんが家のリーダーなの。私のパパとママもよくおばあちゃんの話を聞く。」

このように、子どもたちは、年長者、先生、親を尊敬しており、また尊敬している人のようになりたいと思っている子が多いことがわかる。

(5) 勉強・稽古についてのしつけ態度

①勉強・稽古に忙しい子どもたち

2002 年と 2004 年のインタビュー調査では、ほぼ全員の保護者と子どもが、放課後、英語、数学、および音楽、水泳などを習いにいくことがわかる。ここでは、児童２人、保護者２人の事例を挙げる。

児童ⓔは、お母さんに勧められ、週一回絵画を習いに行っており、また自分自身が英語をもっと勉強したいため、週二回塾に通っている（中国都市部では、小学校一年生から英語を必修科目にしている）。児童ⓔの絵画と英語の勉強は、毎月およそ 300 ～ 400 人民元かかる（ハルビン市の平均月収は 800 人民元）が、勉強・稽古事にかかる費用は必需のものだと児童ⓔの親は述べていると言う。

児童ⓕは、英語と算数を習いに塾に通っている。児童ⓕは早く学校の勉強に追いつくために塾で習い始めたと語っている。児童ⓕはインタビュー調査をう

けて間もなく、「先生、このインタビューはどのくらい時間がかかる？四時半から塾があるから、塾の教科書を取りに家に戻らなくてはいけない」と言って、帰宅を急いでいる様子であった。

保護者⑥は、娘が小学校一年生になった頃から英語を習いに塾に通わせた。子どもにかけるお金は、夫婦の給料の約半分だが、子どもの将来のためには出費は惜しまない、私たちは学習環境に恵まれていなかったから、子どもにはしっかり勉強をさせたいと言う。さらに保護者⑥は次のように語る。

「今は皆、小さい頃から英語を勉強していますよ。娘と同じクラスの子はほぼ全員、学校以外で英語を勉強しています。とくにうちだけがやっていることじゃありません。うちの子もそうしないと遅れてしまいます。今の社会は、英語が分からないといい職にも就けないですし。……外国語をマスターして、将来、外資系企業とか外国語を使う職に就けば、今、私たちが苦労した甲斐もあるし。」

保護者⑧の娘は、英語と算数を習っており、月に約400人民元かかるという。「費用に困ることはありませんか」という問いに対して、以下のように答えた。

「費用にとくに困ることはありません。私と夫の給料を合わせれば、それくらいの負担はできます。ただ、子どもも大変だから、かわいそうだと思う時がよくあります。……でも、皆そうしていますから、うちの子だけ勉強しないで遅れてしまったら、追いつくのは大変ですし、これからも通わせます。」

このように、学校の授業が終わるとすぐ塾・習い事に行く子どもがほとんどである。親や子の語りから、他の子も皆、学校の勉強が終わったら塾に行ってさらに勉強するから、自分の子もそうしないと取り残されてしまうという親の焦りや、皆、塾へ行っているのだから、自分も塾に通うのはごく自然のことだという子どもの塾通いへの肯定意識が読み取れる。親たちは子どもの遊ぶ時間、ゆっくりする時間がないことを心配する一方で、子どもの将来のために、早いうちに勉強に力を入れさせようとしていることが伺える。

第6章　一人っ子の「溺愛」と「近代社会」の子ども中心主義

②祖父母は親よりも子どもの勉強に対して厳しい

　祖父母が孫たちの生活、学習に大いに関わっている事例がいくつかある。ここでは保護者2人と子ども2人の事例を取り上げる。

　保護者⑨は、次のように語る。

　　「孫は生まれてからずっと私の所にいます。娘夫婦はほとんど毎日私の所に来るし、時々泊まったりもしますよ。……孫の生活も勉強も、主に私が面倒をみます。今日も孫が塾へ行く日ですから、私は孫に付き添います[38]。娘夫婦は忙しいし、私ができる限り孫の面倒をみます。……勉強の指導はしますが、宿題をチェックするくらいです。……孫に手を上げたことはないですよ、でも、真面目に勉強しないと甘くはしません。時々叱りますが、大体は事の是非を教えます。」

　保護者⑨の例に見られるように、子どもの親以上に子どもの教育に関わっている祖母は、娘夫婦、孫のために自分が積極的にやるべきことだと考えている。しかし、子どもの親と祖父母の教育理念とが一致しているとは限らないため、時折、両者に齟齬が生じる。それは子どもの教育における義理の両親との意見の相違に悩む以下の保護者⑧の語りからも読み取れる。

　　「夫の両親と同居しています。……私と義理の両親は、やはり年齢差が原因で考え方が違います。私はわりと新しい観念を受容れやすいと思います。例えば、子どもの気持ちも理解する必要があるとか、子どもに自由に遊ぶ時間を与えるとかが子どもの成長によいと思っています。……子どもの教育については、時々（夫の両親と）意見の食い違いがあります。例えば、今通っている学校もそうですが、○○学校に行かせたかったのですが、祖父母は今の学校の方がよいというから、……家族間のよい関係を保つために私が折れましたが。……（祖父母は）孫を可愛がってくれますよ。子どもが欲しい食べ物やおもちゃをすぐ買ってくれます。でも、外で遊ばせないんです。遊んでばかりと勉強の妨げになるからと。学校の宿題が終わったら、まだ祖父母の出す宿題も待っているんですよ。そんなことをすると、

129

子どもは逆に勉強が嫌いになると言いたいんですが……」

　このように、子どもにゆとりを与えるべきだという若い親の主張と、勉強が第一だという祖父母の教育方針、という子どもの教育における親と祖父母の意見の違いに苦悩する母親の姿から、実際に教育される側の子どもの戸惑いも推測できる。

　では、子ども側は自分の祖父母と親とどう関わっているだろうか。

　児童ⓐは、次のように語る。

　　「お母さんは私と一緒に塾に行かない。お母さんは仕事が忙しいから、おばあちゃんと一緒に行く。……でも、お母さんはほとんど毎日勉強を指導してくれる。……おばあちゃんとおじいちゃんは私の勉強のことがあまり分からないから。」

　「お母さんとお父さんが、おばあちゃんやおじいちゃんの前であなたを叱ったら、おばあちゃんやおじいちゃんはあなたを庇ってくれますか」という問いに対して、児童ⓐは次のように答える。

　　「お母さんはおばあちゃん、おじいちゃんの前で私を叱らない。私を叱るのは、いつもお婆ちゃんとお爺ちゃんのいない時だし、……おばあちゃんとおじいちゃんは私を庇ってくれないし、勉強がよくできなかったら、私のことを叱るよ。」

　子どもの祖父母に対して、親は互いのよい関係を保つために配慮している様子が、児童ⓐの語りから読み取れる。また、子どもの生活に密接に関わっているのは祖父母であるが、実際は、主に親が子どもの勉強を指導することがわかる。それは児童ⓕの事例からも読み取れる。児童ⓕは、祖父母が早く勉強しなさいとか、テレビを見るのをやめて早く宿題をしなさい等とよく言うが、実際の勉強の指導はほとんど父親がすると語る。

　このように、子どもの親と祖父母は、子どもの教育における意見の違いが存在しているが、よい家族関係を保つために、互い配慮を配ったりしていることが分かる。また、祖父母は子どもの生活、親は子どもの勉強という役割分担が

みられる。

第3節　中国都市家族の親子関係の変容と子どものしつけの特徴

　先行の国際比較調査では、中国の子どもは親、祖父母に甘く育てられているがゆえに、わがままで何でもやり放題の「小皇帝」となっているという実態を見い出すことができなかった。それどころか、他国に比べ、中国の子どもは成長しても生活から勉強にわたるまで、事細かに親にしつけられている。

　その一方で、親と子を対象とする現地調査では、親の幼少期に比べ、今の親は子どもを周到に愛護しており、子どもの気持ちを意識的に理解しようと努力していることがわかる。だが、依然として「親の言うことを聞くこと」、「物分かりがよいこと」を子どもに要求している。とりわけ、親の幼少期に比べ、今の子どもは、身辺自立、家事手伝いなどの労働を親（大人）に要求されない傾向が強いが、勉強に関わることになると、親、とくに祖父母に厳しくしつけられることがわかる。

　本節では、上述の調査結果に基づき、中国の親子関係の特徴について検討した後、今日の中国都市部の子どもたちが果たして溺愛されている「小皇帝」であるのかを考察する。

3.1　親子関係の変容──伝統と現代の混在

　中国の親子関係に焦点を合わせると、調査結果から（1）子の世話を周到にみる親と、親の老後、介護が自分の責任と考える子、という頼りあい、助けあう親子関係、（2）親は子どもの気持ちを理解して尊重しようとする意識をもっているが、依然として親（大人）に従うことを求めている、という親子関係の特徴を見い出すことができた。

　とりわけ、国際比較調査から析出した中国の親子関係には、相反している面が見られる。中国の子どもにとって、親は尊敬すべき、服従すべき人である反面、何でも打ち明けられ、ふざけることもできる人としても認識している。また、親は、家族の休日の過ごし方においては子どもの意見を重視する一方、子ども

131

の学校へ行く時の服装には干渉している。なぜこのような矛盾にも見える接し方が共存しているのだろうか。この疑問を解くには、その社会ではどのような親子関係、しつけ理念が支持されているのかに注目しなければならない。なぜなら、親の養育態度はその社会自体のしつけ理念によるものであるからである。つまり、前述したように、親のしつけ方は、個々の家庭の個別な意図によるものでありながら、社会の規範、意志に規制されるものでもある（3.1 節参照）。したがって、上述の矛盾しているようにみえる親の子どもに対する接し方は、きょうだい数、親の生活史、祖父母の養育態度によるというよりも、全体社会の価値規範によるものであろう。

　第 2 節において、1949 年中華人民共和国成立直後、子どもは「国家の小主人」というスローガンが掲げられていたにもかかわらず、国家観念の介入によって、国家がかつての家父長に取って代わり子どもの従順を求めたと論じた。こうした社会の要請する人間像、子ども像は、少なくとも 1970 年代末期、文化大革命の終わった後もしばらく続いたと言える。このことから、1970 年代末期より一人っ子世代が出現したことから、親中心の親子関係が、突如、子中心の親子関係に変容したとは考えられない。1980 年代より近代化の道を歩み始めた中国の親子関係の状況は、伝統的な親子関係の特徴、例えば、子は親（大人）に従うものという規範を継承しながら、また、平等・友愛を強調する近代社会の親子関係の浸透により、変容しつつある。調査から見い出した中国の親子関係の相反している面は、こうした伝統の継承、近代への変容によるものと考えることができる。

3.2　子どもの実態——勉強を重んじて労働・身辺自立を軽んじる

　本章の溺愛の考察基準に基づき、先行の国際比較調査を通して、親子関係から子どもの友人関係、子どもの権威・規範への認識、家事手伝い、普段の勉強までを考察したが、それらからは溺愛されている「小皇帝」像を見い出せなかった。また、親世代、子世代のしつけの違いに着目した現地調査からも、親、祖父母に甘やかされ、何でもやり放題といった「小皇帝」像は見い出すことがで

きなかった。

ところが、子どものしつけに焦点を合わせると、調査結果から、（1）他国に比べても、親の幼少期に比べても、今日の中国の親は子どもの世話を周到にみており、身辺自立、家事手伝いなどをほとんど要求しない反面、子どもが熱心に勉強する姿勢を厳しく求めている、（2）祖父母は、親に比べ、子どもの学習にはより厳格で、子どもの身辺自立の育成には寛容である、というしつけの特徴を析出することできた。とくに、他国との比較の中で顕著になった中国のしつけの特徴と言えば、子どもが成長しても、学習に関わることになると親は厳しい態度を示すことである。このように、国際比較調査を通しても、現地調査を通しても、子どもの勉強は重んじているが、身辺自立・労働しつけは軽んじていることが、今日の中国都市部における子どものしつけの特徴として特徴づけられる。

しかし、こうした親のしつけ態度は、かつて官僚登用試験、科挙試験が行われた時代、上層男児の間にも見られる（本章の1.1節を参照）。そのため、先行研究のように、子どもの教育上の問題を子ども数の多寡、親の生活史、祖父母の教育態度などの原因にのみ帰結させることには問題が生じうる。というのは、親（大人）のしつけ態度は社会の意志の反映であり、しつけ理念はその社会共有のパターンに準拠しているからである。言い換えれば、多くの親が子どもの勉強に厳しく、子どもの身辺自立に甘いのは、その社会の制度、価値規範によるものと考えられる。つまり、その社会において、勉強・学歴が重視されているからこそ、親はそうしたしつけ態度をとることになると考えられる。2.2節で述べたように、近代学校制度の整備と近代職業の確立、とくに学校で取得した学歴が職業獲得の確実な手段となっているために、学校の勉強は子どもの社会化にとって重要な内容となっている。学校で取得した知識、技能、資格は、大人になる基準として重視されているからこそ、親は子どもの教育に強い関心を示し、厳格的な姿勢をとる。2.3節で取りあげた、成績が悪いということで親に折檻され、死に至った「夏斐事件」などがその例である。

では、なぜ近代化の道を歩み始めたばかりの中国都市部において、「勉強を重んじて、身辺自立・労働しつけを軽んじる」というしつけ方が他国より顕著であるのか。この点については、第8章において論じることにする。

まとめ

　本章では、先行の国際比較調査と現地調査を中心に、中国都市部の子どもが果たして溺愛されている「小皇帝」であるのかという点に着目し、親子関係と子どもの実態を考察した。その結果、今日の都市部の子どもは、親、祖父母に甘やかされ、わがままで、何でもやり放題の「小皇帝」像とは必ずしも一致しないということが明らかになった。また、中国都市社会の親子関係は、従順を強調する伝統的な親子関係から、親と子の平等・友愛にウェイトがおかれる近代の親子関係へ移行中であるため、現在には親子関係には一見矛盾するような現象が見られた。さらに、労働を軽んじて学問の習得を重んじるというかつての上層男児に対するしつけ方が、現在も、多くの家庭で見られることが分かった。特に、子どもが成長しても、勉強に関わることになると、親、祖父母は厳格な態度を示してしつけることが明らかとなった。

　溺愛される「小皇帝」が、決して子どもの平均像ではないということが、二種類の調査の分析結果から明らかになったが、なぜ本研究では先行研究と異なる結果を得たのであろうか。従来の研究においては、中国の一人っ子と非一人っ子の比較調査に基づいて、一人っ子は「問題児童」という観念に捉われがちであった上に、溺愛の考察基準を明確にしないまま、子どもの身辺自立、子どもをめぐる消費パターンばかりに注目してきた。そのため、国際比較による中国の子どもの位置づけや世代間のしつけの異同に着目せず、子どもをとりまく生活環境の変化に十分に注意が払われてこなかったことが大きな原因であると考えられる。本章では、親子関係、子どもの実態の考察を通して、中国都市部の子どもをより立体的に見ることができたと思われる。

第6章　一人っ子の「溺愛」と「近代社会」の子ども中心主義

註（第6章）

[1] 斉藤秋男・新島淳良『中国現代教育史』国土社、1962 年、154 頁。

[2] だが、はたして、子どもが親と平等な個人になったかどうかには一つの疑問が残る。というのは、社会規範の変化と同じように、子どもの地位の上昇は、社会の発展につれて徐々に現れてきたものであり、突如現れるものではないからである。そのため、上述のような変化は、国家の介入によるものとも考えられる。（斉藤秋男『世界教育史大系 4　中国教育史』講談社、1975 年、146-151 頁）。

[3] 加地伸行、前掲書、190 頁。

[4] 加地伸行、前掲書、194 頁。

[5] おかだれいこ「中国の親子関係を見て考えること」『児童心理』31（9）「1977.09」、1744-1749 頁。

[6] それぞれの個人の行動が社会によってほぼ一様になり、ある場合には、同じ社会や文化に属する人々の行動がほとんど同じものになってしまうことを指す。戦前の日本人は、軍国主義というイデオロギーの拘束と圧力の下で、礼儀作法をきっちり身につけている反面、社会のメンバーの行動を画一化し、一様化した過剰社会化も表れていた。（菊池章夫・斉藤耕二編『社会化の理論人間形成の心理学』有斐閣、1979 年、221 頁）。

[7] 加地伸行「儒教の虚像」に踊った文化大革命（中国に未来はあるか）『諸君』文芸春秋 26（8）1994 年、54-63 頁。

[8] 漫画 1、2、3 の出所は、それぞれ『文匯報』1991 年 12 月 6 日；『文匯報』1991 年 9 月 25 日；『文匯報』1991 年 8 月 16 日。筆者が参照したのは、牧野篤『民は衣食足りて　アジアの成長センター中国の人づくりと教育』総合行政出版、1995 年、62 頁の図 6-8。

[9] 中国『光明日報』1988 年 12 月 18 日。

[10] 中国『中国青年報』1989 年 3 月 1 日。

[11] 牧野篤、前掲書、58 頁。

[12] 品川不二郎「溺愛」松村康平、浅見千鶴子編『児童学事典』光生館、1972 年、125 頁。

[13] 同上、125 頁。

[14] Nimkoff,M.F.,"Socialization",in Could,J.&W.L.Kolb(eds.),A Dictionary of the Social Sciences,Free Press,1964,p.672.

[15] 風笑天「偏見与現実：独生子女教育問題的調査与分析」『社会学研究』1993 年、第 1 期、93 頁：風笑天、1992『独生子女－他們的家庭、教育和未来』社会科学文献出版社、122 頁。

[16] 日本青少年研究所『小学生・中学生・高校生の保護者による子どものしつけに関する調査』日本青少年研究所、2001 年、62 頁の表「問 8　あなたは、そのお子さんとよく会話していますか」を参照。

[17] 同上、61 頁。

[18] 福武書店教育研究所『第 3 回国際比較調査「都市社会の子どもたち」』モノグラフ小学生ナウ 12（4）。この調査は 1992 年 3 月から 6 月にかけて東京、ハルビン、サクラメント、ストックホルムの合計 3,446 名の小学校 5 年生を対象に行われた。

135

（http://www.crn.or.jp/LIBRARY/SYOU/VOL132/VOL132.HTM）

[19] 同上、図1「親が心配するか」を参照。

[20] 日本青少年研究所『高校生の親孝行に関する調査 日・米・中 国際比較 親子関係の在り方 親の介護について』日本青少年研究所、1996年、85頁。

[21] 1990年と2002年の「親友の人数」の変化を以下のデータを参考に作成した。(日本青少年研究所『日本・米国・中国 中学生の生活調査－未来予測－報告書』日本青少年研究所、1990年、30頁の「親友の人数」と、日本青少年研究所『中学生の生活と意識に関する調査報告書 日本・米国・中国の3カ国の比較』日本青少年研究所、2002年、31頁の「親友の数」（男女別）を参照。

[22] 日本青少年研究所（2002）、前掲書、41頁の表「友人関係観」を引用。

[23] 日本青少年研究所『中学生・高校生の21世紀の夢に関する調査－日本・米国・中国・韓国 国際比較－』日本青少年研究所、1999年、80頁。

[24] 日本青少年研究所（2001）、前掲書、66頁。

[25] 日本青少年研究所（2001）、前掲書、16頁の図3-2を引用。

[26] 日本青少年研究所（2001）、前掲書、66頁の問14を参照。

[27] 日本青少年研究所（2001）、前掲書、27頁の表3-7を引用。

[28] 日本青少年研究所（2000）、前掲書、77-79頁を参照。

[29] 日本青少年研究所（2000）、前掲書、65頁の問12を参照。

[30] 福武書店教育研究所、前掲書、表12を引用。
（http://www.crn.or.jp/LIBRARY/SYOU/VOL132/VOL132.HTM）

[31] 日本青少年研究所、2001年、前掲書、42頁の表「学校の他に学習していること（学年別）」を参照。

[32] 日本青少年研究所（2000）、前掲書、66頁の問11を引用する。

[33] 福武書店教育研究所『第4回国際比較調査「家族の中の子どもたち」』モノグラフ・小学生ナウ14（4）、福武書店教育研究所、1994年、表28「登校の強制」を引用。

[34] 時系列調査は、データそのものの時間的連続性を確保する調査である。このような調査は、各調査時点で年齢別の比較を可能にし、貴重な調査結果をもたらす。さらに、時系列調査をコーホートの視点を加えて分析することにより、意識の変化や傾向をより立体的にとらえ、生まれ育った共通の世代の傾向が浮かびあがらせる。中国の社会実証調査は1980年代から徐々に始まったため、このような従来の時系列データが得られない。そのため、今回の調査は、親の回顧によって時系列データの収集を試みる。

[35] 長春市は200年余りの歴史を持つ吉林省の省都であり、全国15の経済中心都市の一つで、人口は713.5万人（市区約283万人）。ハルビン市は北にロシアと国境を接する黒龍江省の省都で、大工業都市でもあり、人口は950万人（市区約350万人）。

[36] 中国の級長はほとんどが担任の任命によるものであり、クラスで最も成績が優秀で、教師の指示に従う者が選ばれる。級長は担任が不在の時、担任に代わって、皆に自習するよう指示を出したり、指示に従わない者の名前を担任に教える等の役割を果たす。

[37] インタビュー後、校長先生に馬さんが自分のクラス担任に憧れて先生になりたいことを話すと、校長先生は、馬君とその担任のエピソードを紹介した。二年前の新学期に、馬さんの担任が他の

第6章 一人っ子の「溺愛」と「近代社会」の子ども中心主義

クラスの担任になったことで非常にショックをうけた。何度か前の担任が戻ってきてほしいと校長先生に頼みにいっていた。

[38] 中国都市部では、小学生が塾・習い事へ行くのに親などが付き添うのは一般的である。

第7章　科挙の影響と都市家族の教育追求

第1節　科挙による「立身出世」と家族の教育機能

　官吏登用試験、科挙は1300年の歴史をもち、世界の中でもっとも古い試験制度とも言われる。さらに、科挙によって生み出された学問による「立身出世」という思想は、その長い歴史とともに、多くの中国民衆に受け入れられたのである。受験者を支援するために、家族・宗族制度まで整備されたことは、その好例である。一方、落第する書生が家族・親族にまで冷遇されることは、学問で身を立てるイデオロギーがあまねく受容された事例とも言えよう。

1.1　官吏登用制度と家族の教育機能

　科挙制度についての詳細な記述は省略するが、ここでは主に官吏登用制度の科挙から派生したイデオロギーが民衆に受け入れられ、伝統文化ともなり、さらに家族の教育行為に影響し規制している事実に注目する。

　中国伝統社会の価値規範として機能する儒教的社会イデオロギー[1]は、封建階層制の不平等、不公平を正当化すると同時に、社会的地位が個人の優秀さによって決定されるべきであるという原則をも支持する。このイデオロギー的二元性がより適切に解消されたのは高等文官試験制度の科挙である。この試験制度は社会移動に影響を及ぼしながら、「学問的成功とそれに続く官僚社会での地位はもはや必ずしも家族身分に左右されなかった」[2]という新しい社会現象をも引き起こした。科挙制度が実施されていた長い時代、立身出世の夢は試験合格の一点に集約されていた。同時に、「学問で身を立てる」、「純金の篋笥を遺贈しても、子孫にとっては基本的古典を教えるほどには価値がない」「将軍と大臣はもともと名門の出ではなかったのであり、野心ある者は高く持つべきである」という一連の諺や神話の教えの通りに、子が学問を通して身をたてることは親への最高の孝であり、親が子に学問を与えることは子への最高の親心であるというイデオロギーも下層階級にまで浸透していた[3]。

第 7 章　科挙の影響と都市家族の教育追求

　伝記資料を通じて、何炳棣は上述の儒教的イデオロギーが明清社会の下層社会、都会の職人や商人の下層階級にも浸透し、さらに女性にも影響を及ぼしたことを指摘している。ここで、いくつか代表的な事例を取り上げて、科挙で「立身出世」に達する儒教的イデオロギーが家族の教育行為まで影響し規制している事実をみる。

　陝西省の貧しい農民で、1529 年に進士になった勇敢な監察官・楊爵、上海近郊の小自作農で、1541 年の会試で第一等になった陸樹声、四川省の貧しい農民で、拾い集めた薪を売って家族が借金せずに暮らせるようにせねばならなかったが、若い頃、賢人になりたいと切望した 1628 年の進士・劉之綸、彼らの伝説は、唐代以後の儒教的社会イデオロギーの影響が田舎の貧民の間に浸透していたことを反映している。

　さらに、科挙が家族の教育行為に与えた影響については、「蘇州の屠潮は銀鉱山の坑夫だったが、家族の身分に大変革を起こしてくれるものと期待し、自分の貯金を全部使って、弟が学問に専念できるように」してやったという歴史の記載がが好例であろう。また、李柏（1630 － 1700）は清初の有名な学者であるが、若い頃に明朝の滅亡を悲しみ、外夷の満州族支配下で、どんな学位も官職も求めないことを決意した。しかし、未亡人である彼の母親は無理に試験を受験させた。さらに、李道南の母親は落ちぶれた塩商の未亡人だったが、臨終の床で息子に「貧乏でも勉強したほうがよい」といった。そこで、李道南は勉学に励み、1759 年に進士となった。

　科挙という何段階もの試験に合格し、官僚の地位に到達できる者はけっして多くない。また、科挙に合格するために、十何年、何十年の勉強生活を送れる人たちというのは、やはり裕福な階層に限られることから、貧しい下層の家族の教育機能に本当に影響を与えるものなのかという疑問が残る。ところが、明清時代の宗族の道徳的訓戒によく見られる「財富と名誉は移ろいやすく、人は自分の学問的努力と野心にしか頼れない」に象徴されるように、学問による「立身出世」というイデオロギーはかなり広く深く社会各層に及んでいたと言える

であろう。即ち、経済的な余裕のない家族の多くが科挙を通して出世を望めないにしても、前述の貧しい農家の子のように、学問で身を立てることを理想としているだろう。

社会イデオロギーがどの程度まで人の行為を規制しているのかを査定するのは非常に難しい作業である。だが、上述のように、階層を問わず、学問で身を立てることを理想としていることから、学問による「立身出世」のイデオロギーは家族の教育機能にも影響を及ぼしたことがうかがえる。

1.2 科挙時代における試験志願者支援の家族・宗族制度

隋唐から清末にかけて、科挙が社会移動の主要な経路として大いに機能し、社会移動と社会的変化に影響する点においては、科挙制度に匹敵するものはなかった。さらに、科挙は官僚を再生産する装置であるのみならず、科挙に合格し進士の身分あるいは学位を獲得することが人生の最高目標であるとする。このように一枚岩的な価値体系は、中国の伝統的な宗族制度とその機能にも影響を与えたのである。言い換えれば、家族・宗族制度の受験生に対する支援制度は、この価値体系を強固たるものに仕上げる効果を発揮したとも言えよう。

周知のように、伝統中国社会において、家族または合同家族 [4] は共通消費の単位を成しており、永久的な共有財産と福利規定を有する「共通血統集団」である。宋代の政治家、范仲淹の提唱した宗族制度の規範により、貧しい親族の扶養と救済が強調されてから、規則の手本として、同時代の人々や後の統治者、学者にあまねく迎え入れられた。さらに、彼の息子の一人が、宗族共通の教育と受験する親族への財政援助を盛り込んだ規定を追加したことから、宗族の福利事業の中で、教育のもつ重要性が広く認識されたことが伺える。たとえば、南宋及び元代を通じて財源に富む大きな宗族は、通例、宗族の義学のため、或いは親族の受験のための旅費の補助金を支給するために、土地の一部を恒常的な基本財産として取っておいたという事実がある [5]。また郷試・会試の受験に赴かなければならない者は、その経費の一部か全額を、宗族の共同金庫から支出してもらったり、第一の生員の学位を希望する若者は、現行の宗族制度

第7章　科挙の影響と都市家族の教育追求

の枠内で無料で勉強することを許されるか、あるいは他所で勉強する機会を与えられたりする事実もある[6]。

　もちろん全国の宗族制度が一様に十分な発達を遂げたわけではない。しかし、以上の事実から、科挙から派生した学問による「立身出世」のイデオロギーは、単なる個人の社会上昇の志向というよりも、むしろ個人の属している家族・宗族の役割が大きかったと言えるだろう。言い換えれば、科挙の影響をうけ、学習機会の提供から受験のための旅費の補助までを家族・宗族の果たすべき教育機能として宗族制度に盛り込んだことから、学問による「立身出世」は、民衆に広く受け入れられていたと言える。

1.3　「二重の競争原理」による教育追求の白熱化

　科挙という官吏登用制度は、人々の家族身分を問わず、個人の優秀さによって社会地位を取得できる制度である。それゆえ、科挙は個人の能力を大いに評価し、自分の属している階層を脱出しようとする人々に最も利益を与えるものであろう。そうすると、科挙という試験制度は、平等の権利や個人主義という近代的な理念をもたらすと容易に想定できる。しかし、なぜ、科挙時代における家族・宗族は、上昇移動の願望をもち、属している階層から脱出しようとする受験者を応援して、さらに、かれらのために、教育機会の提供から受験費用の支給まで制度化したのだろうか。それは、前述のような中国伝統社会の「己」と「群」の境界線が曖昧な序列構造と、この序列構造により生じた「二重の競争原理」と関係していると考えられる。「序列構造」という特徴を簡潔にいうと、「己」と「群」の境界が曖昧であり、一家毎に自己の地位を中心として周辺に範囲を形成するが、その範囲は固定的な団体ではなく、範疇なのである。さらにその範囲の大小は中心となる勢力の強弱によって決まり、伸縮能力を有する。

　上述のような序列構造の社会において、科挙に合格することは、「己」を強くすると同時に、「己」の周辺にある「群」の範囲を広くする働きも有している。言い換えれば、「己」と「群」の境界線が曖昧な中国伝統社会では、勢力のある「己」が現れれば、その家族・宗族の勢力範囲も広く伸びていくことを意味

141

するのである。そのため、科挙に合格することは、属している家族・宗族を脱出し、個人の社会地位のみ上昇移動するのではなく、その家族・宗族の社会地位が上昇することをも意味する。即ち、科挙合格の受益者は受験者のみならず、家族、宗族をはじめ、地域にまで及ぶ。したがって、受験者だけではなく、家族、親族も「科挙」という極めて高度な競争に巻き込まれる。さらに言うと、試験の合否が受験の本人のみならず、家族・宗族まで評価されるという「二重の競争原理」により、受験者のほかにいっそう多くの人びとを学問による「立身出世」に駆り立てるようにさせるのである。

　以下の事例を通して、この「二重の競争原理」のメカニズムが浮き彫りになるであろう。

　科挙が最もよく行われる宋代の封号(称号)には、使相の母と妻にそれぞれ「国太夫人」、「国夫人」、副使、節度使などの母に「郡太夫人」などの称号を与えた。即ち、子どもが合格し官職に就くと、その母親には政府から封号（称号）が与えられる。この制度は科挙の発展とともに強化されたことから、いっそう、「二重の競争原理」を強固たるものにしあげたのであろう。科挙以後の説話に登場する孝子もわが身を痛めて親の期待に応えるよりも、知力の勝負で親の期待に応えるようになったのは、子どもへの期待がもっぱら子どもの科挙合格に傾斜するようになったことを語っている。

　また、「地方誌」が科挙に合格した人々について記録するのと同時に、苦労して受験者の学習を支えた親、兄弟に関する記述もある。こうして文字に記録されることは、時を越えて人間の存在を確認する働きをもつことであるがゆえに、人々の教育熱を煽る最良の手段にもなる。また、宋代から始まった首席合格者の状元を衛兵で護送する慣行から、1400年を過ぎると間もなく、各地で坊門を建てて、挙人や進士になった地元出身の弟子を礼遇するのが社会的な習慣となり、やがて貢生 [7] ですらも旗竿を立てる権利を与えられた。このように、科挙をめぐるさまざまな祝賀活動と習慣は、庶民に科挙をより身近なものとして感じさせると同時に、人に見せびらかす効果も発揮することから、「己」

第 7 章　科挙の影響と都市家族の教育追求

とその家族の強大な勢力が多くの人々に公認され、勢力の範囲も広がり伸びていく。

　一方、科挙に落第した人々の境遇は全く異なる。よく知られている小説『儒林外史』で范進が挙人試験に合格する場面からは、科挙試験の成功と失敗によって、雲泥の差の境遇を受けることが伺える。

　　「貧乏な書生范進はなかなか及弟できず、40代後半を迎えた。范進は義父の肉屋の胡にひどく嫌われており、罵られたり殴られたりしていた。受験の旅費を借りに行くが、追い払われてしまった。突然合格の知らせが届けられ、喜びと驚きのあまり気が狂った范進は、『合格だ、合格だ』と叫びながら町を駆け回った。婿が合格したと聞き半信半疑で駆けつけた胡は、婿の有様を見てどうしたらいいか分からなくなってしまった。『顔を2、3発殴れば正気に戻る』と隣人に言われるが、今まで婿を殴ってきた胡もこの時ばかり参った。『そいつはご免だ。婿は婿だが、今の婿はもう挙人様になった。挙人様は天下の文魁星にあたる。文魁星を殴ったら十八階の地獄に落ちるぞ』[8]と胡は断った。」

　さらに、科挙は人の着る服の様式まで影響した。自分の地位にふさわしい服装をしなければならないことにより、羞恥心を覚えさせ、学問に奮う次の記述をみよう。

　　「貴賤の相形われ、慚惶交ごも至る。是を以て父其の子を戒め、妻その夫を勉し、人々勤学し、以て自ら功名に奮う。故に新城の文藻、芳を胎み、衣冠接武、号して宇内の名家となす。」[9]

　このように、試験の合否結果により、服装、装飾品の様式や親族の書生に対する態度まで変化する科挙制度は、血縁関係の権威を再編する役割を果たしていた。同様に、合格者の有無、多寡によって、家族、宗族は地域社会の権威の範囲も変わってくるのである。

　ここではもう一つの事例を挙げて、科挙制度の地域社会への影響をみる。

　　「清末の安徽省の王維成という人が学校の登録試験に合格し『生員』となっ

143

た日、彼の長兄は姉の嫁ぎ先へ駆けつけ、息も切れ切れに朗報を知らせた。翌日長兄が帰る途中、数年前土地取引で自分と父を騙した男と出くわした。その男は平身して御辞儀をしながら祝辞を述べたところ、王維成の長兄はその男をしばらく睨み付け、誇りと皮肉をこめてこう言った。『ありがとう、旦那様』。」[10]

　このように、科挙を受ける資格の「生員」を得るだけでも、地域社会ではすぐに噂になり、悪党にさえ頭を下げさせる威力を持っていたことが分かる。科挙に受かれば、政府高官になれ、それにより利益を受ける者は本人の他、家族、親類、そして地域社会にまで広がる。したがって、家族、宗族が教育の重要性を十分に認識して、貧しい書生を援助する制度まで備えていたのだと考えられる。こうした制度の確立と整備は、受験生の上昇移動の願望を応援するより、むしろ、一族の繁栄と隆盛を目的としている。

　また、教育追求の白熱化は、科挙時代における価値規範と目標体系とも関係している。中国伝統社会では、とくに明清代の社会で唯一の究極の地位目標は、学者または官吏として成功することによってのみ達成できた。このような価値規範は上層階級に特有のものだけではなく、封号の授与、状元を護送する慣行、服装の規定、祝賀活動によって、下層の人々にとっても身近なものになる[11]。さらに、「科挙制度は血縁関係の権威を再編成する役割を果たしていた」ほど、民衆の生活に浸透していた[12]。科挙をめざす書生が家族、親族などに期待されると同時に、その圧力も受け、成功と失敗によって、厚遇と冷遇というまったく正反対の扱いをうけることから、羨望、屈辱、憤慨、挫折といった複雑な感情が駆り立てられ、教育追求の白熱化を招いたのであろう。

第2節　家族の教育機能における学歴取得の意味

2.1　社会化の特質：幼少期から学問への専念

　既に述べたように、伝統中国社会において、勉強、文字文化に触れることは、上層の男児の専有物であった。こうした事象は前近代の東洋西洋を問わず共通

第 7 章　科挙の影響と都市家族の教育追求

しているが、その事象を支える裏の原因はそれぞれ異なっていると考えられる。

　男系相続の伝統中国に注目すれば、息子が家の系譜を引き継ぐことになっているため、女児より男児がはるかに重視される。階層を問わず女児に学習の権利がなかったのも、男児が重視される表れの一つであろう。もちろん、経済条件によって、ほとんどの下層の男児が学習の機会を与えられなかった。ところが、学習の機会が男児にあり、女児に与えられなかったのは、そうした男系相続、経済状況といった社会構造によるだけではなく、「女子無才便是徳」[13]という儒教の教えとより強く関わる。

　ここでは、性別による学習の機会の有無は、伝統中国社会におけるジェンダーの一つの特徴であると言うにとどめ、ではなぜ、上層社会の男児像が勉強の子ども像であるのかに焦点をあてて検討する。

　伝統中国は地位を重視する社会であり、階層的な構造をもっていることで、各人がその社会のある場所に明確に規定される。したがって、「中国人が互いに結ぶ社会関係は、この地位の相対的な位置関係に対応して」おり、人間関係の基本パターンは「上位－下位、権威者－従属者」[14]である。また、地位関係に影響を及ぼす要素は、年齢、性別、富、権力からの距離、教育水準という五つに集約できる。もちろん、それらの要素は、固定的ではなく、複合的に働いていることから、微妙に異なる社会関係が形成される。しかし、「教育に高い価値が置かれているので」、教育水準は社会関係を構築する重要な要素である。たとえば、「ほどほどの財産をもつ教育水準の高い青年は、金持ちではあるが、教育のない地主や商人に対して高い地位を占め」、また一方で、「同じ若い文人は、高官の妻に対しては敬意を払う」といった現実的な人間関係がある[15]。

　さらに注目すべきなのは、官吏登用試験の科挙により、伝統中国社会では、官、権力、富と教育が相互に影響を及ぼし合って、緊密に連動するものになったことである。厳密に言えば、教育水準が社会関係においてもっとも機能するようになった。というのは、科挙の合格は、高い社会地位を占めることを意味する

145

と同時に、官位と富を獲得することも意味しているからである。そのため、科挙の発展とともに、親孝行、一族を栄えさせること＝試験の合格、という構図が出来上がった。たとえば、庶民向けの幼学書である『三字経』には、「幼而学、壮而行、上致君、下沢民、揚名声、顕父母、光於前、裕於後」[16] という内容がある。また『神童詩』では「天下重英豪、文章教爾曹、万般皆下品、唯有読書高」[17] と、学問で身を立てることを讃えている。学問で立身出世することによって、親孝行、「光宗耀祖」をできる、これは一種の社会規範として民衆の間にも広く受け入れられていた。

　しかし、周知のように、科挙は極めて難しい試験であるために、20代で合格する人はごく稀であり、50代、60代まで試験を受け続ける人もいた[18]。即ち、科挙に合格するには、かなり長い年月を費やさねばならなかった。しかも、実際に合格できたのは、ほとんどが社会の上層部の人々であった[19]。

　ところで、科挙に合格した人たちの階層問題からやや視点を変えると、以下のことがわかる。科挙においては、「経済環境」、「人文環境」に恵まれない社会下層は、一種の差別があるのと同時に、社会上層の子どもにとって、科挙のための学習に励まないこと、科挙に合格しないことは、一種の逸脱とも見なされた。さらに厳密に言えば、上層社会の男児にとっては、科挙に合格し、家族の社会地位を確保、または上昇させることが、一種の義務でもあると言える。この義務を果たすため、即ち、科挙に早く合格するには、幼い頃から儒学の古典教育を施されなければならない。晏殊[20] は、7歳の時にすでに文章が作れたことから、上層社会においては、早期教育が盛んでいたのが伺える。早期教育に関する事例は枚挙にいとまがないため、ここでは省略するが、一般的には、社会上層のほとんどの男児が5、6歳から啓蒙教育を受け、早い男児では3、4歳から学び始めている。

　このように、科挙時代、学問は社会地位を獲得し、維持する確実かつ有力な手段であるがゆえに、幼い頃から学習に励み、科挙の合格を目指すことは、「経済環境」、「人文環境」に恵まれている男児にとって、社会化の中核的な課題と

第 7 章　科挙の影響と都市家族の教育追求

なっている。

ところが、近代以後、とくに産業社会の進展による学校化と高学歴化の中で、学習に専念し、学校教育を通して職業を獲得することは、上層男児に留まらず、また男女の性別を問わず、ほとんどの子どもの社会化の課題となる。前章では、近代職業の確立、学校制度の整備と学校教育の普及につれて、学校で獲得した知識、技能、学歴は、一人前の大人として認められる必要不可欠の条件となったと述べたように、1949 年以後、とくに 1970 年代末期以後の中国の都市部に注目すれば、そうした傾向が著しくなっている。なぜその傾向が顕著であるのかに答えるには、まず、中国の職業体系と学校体系の強い関連性を見なければならない。

科挙の合否が直接に官位、社会地位の獲得と関連していたと同様に、少なくとも 1990 年代初めまでの中国の職業社会と学校とは、学校（大学）を通しての国家統一配分という就職形態により、制度的に太いパイプでつながっていたため、より高い学歴の取得はよりよい職業、より高い社会地位の獲得を意味する。さらに、1990 年代から就職制度の改革が行われてから、学歴のほか、資格、技能も重視する就職制度、賃金制度がしだいに確立した。そのため、子どもの学校教育がいっそう重要視されるようになる。

ところが、1990 年代初期まで、大学進学率は 3 ％～ 5 ％の間を移動するから決して高くない。このような厳しい進学の現状に対して、中国の学歴競争はますます低年齢化している。その後、高等教育の門戸が開かれても、受験競争を緩和することができず、結果として、多くの家庭で、大学教育よりさらに高い段階の教育を目指すようになった。このように、日本の学歴社会に比べ、中国の学歴社会には、学校のブランドを重視する他、大学よりさらに高い段階の教育を望むという特徴が存在するため、早い段階から子どもの英才教育を目指すのである。

また、早期教育は中国伝統社会の上層男児の間に行われてきたが、今日も理想の教育形式として、多くの人々に受け入れられている。例えば、中国科学技

術大学に「少年班」[21] が設置されたように、政府も早期教育を推奨していることが伺える。

2.2 「二重の競争原理」と「序列構造」

前節では、中国社会において、教育水準が人々の地位関係に影響を及ぼす要素の一つであることに少し触れたが、ここでは、中国の社会構造との関連で、さらに検証してゆく。

鐘（1999）の指摘によれば、今の中国社会でも、依然として家族・親族が競争単位であるために、親と子、家族と親族との未分化を促しているがゆえに、子は親の分身であり、親は子の「成功」により高く評価されるものという「二重の競争原理」が存在している。鐘のいう「二重の競争原理」は中国伝統社会の「己」と「群」の境界線が曖昧な「序列構造」から生み出されたものだと考えられる。

中国社会人類学者、費孝通（1947）の中国家族・親族に関する古典的な研究『郷土中国』では、西洋社会における人と人の関係形態が団体構造「団体格局」であるに対し、中国の伝統構造は序列構造「序列格局」であると指摘する。即ち西洋の団体構造社会では、道徳の基本観念は団体と個人の関係の上に築かれるが、中国の序列構造社会では、「己」が中心であり、他人との社会関係があたかも石を水中に投げ入れた後の水の波紋のように、一度推し広がると、ますます遠くへと推し広がり、薄くなってゆくようなものである。言い換えれば、中国伝統社会では、群の限界が曖昧であり、一家毎に自己の地位を中心として周辺に範囲を形成するが、その範囲は固定的な団体ではなく、範疇なのである。さらにその範囲の大小は中心となる勢力の強弱によって決まり、伸縮能力を有している [22]。

このように、中国社会の序列構造においては、「己」と「群」にはっきりした境界線がない上に、「己」を中心とする社会圏は「己」の勢力の強弱により伸縮できる。そのため、権勢のある家がある地区は全村にまであまねく勢力が及ぶが、貧しい人々の住む地区は近隣に二三軒の家があるだけである。またそ

148

第7章　科挙の影響と都市家族の教育追求

れは中国の親族の輪と同じである。極端な場合には従兄弟、従姉妹も含まれる何百人の大家族があれば、権勢が一変して、小さな団体に縮んでしまうこともある。

　上述のような序列構造の社会では、「己」を強くすると同時に、「己」の周辺にある「群」の範囲を広くする働きも有している。言い換えれば、「己」と「群」の境界線が曖昧な中国伝統社会では、勢力のある「己」が現れれば、その家族・宗族の勢力範囲も広く伸びていくのである。個人の社会的な成功は、その家族、宗族の成功にもなるため、家族・宗族も自然に個人の成功を望み、金銭、精力を惜しまなくなる。即ち、「序列構造」は「二重の競争原理」を生み出し、またそれが「序列構造」を強固的なものに仕上げる働きをもっている。

　さらに、科挙の確立と発展により、科挙に合格するのは、「己」と「己」の周辺にある「家」、「群」を強くする確実な手段、かつ最良の方法となった。そこで、人々は、科挙を通して、社会地位の高低、勢力の強弱を具現しながら、「二重の競争原理」で、社会の「序列構造」を維持したり、あるいは破壊して新しい序列を組み立てたりするようになったと考えられる。このように、中国の社会構造は科挙を通して再生産されたと言える。

　ところで、今日の中国社会にフォーカスを合わせると、前述のように、依然として家族・親族が競争単位であるために、上述のようなメカニズムの下で、子どもの学業の成功は、本人のみならず、親、家族、親族にも利益をもたらすものとなる。そこで、親（大人）と子ども、受験者の家族と親族は協同的な関係となり、受験をめぐって親子、家族、親族は共通の目標と一体的努力が作り出されるのである。言い換えれば、今日でも、親と子、家族と親族の一体感を強調する中国社会において、学歴競争は科挙と同様に、「序列構造」、またそこから生じてきた「二重の競争原理」を再生産している。

2.3　役割の期待と役割の内在化──学歴追求の文脈から

　前述したように、子どもは、人々と日常的な相互行為を繰り返す中で、その社会の文化、習慣、規範を習得していく。また、エリクソンの表現を借りれば、

149

子どもの社会化と大人の社会化は相互依存している。ここで、子どもの社会化に焦点を当てると、自分の持っている要求に対しての反応として、親の助け（あるいは反応）を求める中で、「連続性を有することを期待することを学んだという意味ばかりではなく」、自己への信頼、親、外界への信頼も形成する[23]。

　上述の幼児の最初期の経験と同様に、その後も、行為をする当事者（子ども）と他者との間においても、そうした相互作用を通して、その社会における価値のあるものを認識し、それを内面化していく。親・大人が該当社会の規範、価値観を子どもに働きかけたり、役割を期待したりすることは、何らかの形（相互作用）で子どもに認識させることになり、子どもは、それらを内面化し、さらに期待される役割を自覚して、遂行に移るのである。

　ところで、前述したように、中国社会構造は、「己」と「己」の周辺にある「家」や「群」の境界線が曖昧な「序列構造」である。そのために、「己」と「家」は、相互依存で結ばれている利益の共同体でもある。そうした構造の中で、子どもたちは、まわりの人々、とくに家族の役割期待をいっそう敏感に感じ取り、それを内面化していくのであろう。

　また、上述の中国社会の構造と、科挙によって教育にもっとも高い価値がおかれることと相俟って、試験に合格し、家族の社会地位を維持または上昇させるのが、男児の重要な役割になってきた。科挙への合格は現時点の社会地位の維持、そして上昇を意味するが、その一方で、試験の失敗は社会地位の下降をも意味するため、すでに高い地位を占める社会上層ほど、教育に熱心で、科挙に合格することを子どもに期待する。即ち、相互依存で結ばれている中国社会において、個人と家族とは「栄辱与共」の集団であるからこそ、教育を通して社会地位を確保することを子どもに期待する。同時に、子の役割の一つは、試験の成功により一家を栄えさせることであり、子どもは幼少の頃より家族の期待からそれを認識し、積極的に勉学に励む。現実の手段として、科挙に合格することで「立身出世」を果たし、その役割を遂行するのである。

　前述のように、今日の中国社会は、依然として親と子、家族と親族がはっき

りと分化した個人と集団でなく、利益の共同体である。さらに、教育に高い価値が置かれているがゆえに、親（大人）は、日常生活の場面を通して学歴取得という役割を子に期待し、子もそれを価値のあるものとして内面化し、遂行に移していくのであろう。つまり、科挙の学習に励み、科挙に合格するのがかつての上層男児の回避できない役割であったが、学校教育の普及、学校体系と職業体系の緊密な関係によって、勉学に励み学歴を獲得するのは、今日の中国都市部社会の多くの子どもの遂行すべき役割として期待されているのである。

註（第7章）

[1] 何炳棣著、寺田隆信・千種真訳『科挙と近世中国』平凡社、1993年,18-19頁。

[2] 同上,95頁。

[3] 同上、96-100頁。

[4] マードックは、家族の形態を核家族・複婚家族・拡大家族の3種に分類した。その分類に従えば、拡大家族は、親子関係の拡大をとおして、あるいは兄弟（もしくは姉妹）の同居をとおして、複数の夫婦から構成される家族形態をさす。この分類に対して、ラングは夫婦家族・直系家族・合同家族の3分類を提唱している。中国の家（チャー）は典型的な合同家族であり、つまり、両親とともに息子たちすべてが同居し、嫁を迎えることが理想とされていたので、複雑な構成を成している。さらに、そこで先祖伝来の財産はその構成員の共同所有に帰し、かつ祖先に対する祭祀も彼らはともに営んでいた（マードック、内藤莞爾監訳『社会構造』新泉社、1978年、46-63頁）。

[5] 清水盛光『中国族産制度攷』第1章。

[6] 何炳棣、前掲書、207-209頁。

[7] 明清代の科挙制度では、科挙試験を受ける前に、前試験「童生試験」に合格しなければならない。「童生試験」に合格すれば「秀才」になり、「秀才」はまた「生員」、「貢生」、「童生」とも呼ばれる。（宮崎市定『科挙』中央公論社、1963年、18-33頁）。

[8] 呉敬梓著、稲田孝訳『儒林外史』，平凡社、1965年、第7章。

[9] 清・鈕琇『觚賸続編』巻三　新城家法。男たちが生員（明清代の初級合格者）になって初めて、その妻は銀の装飾品や絹の衣服を身につけることが許された。生員として登録されなければ、その夫婦は生涯にわたり粗布の服を着ることになる。官位についた者は役人の帽子と飾り帯を着用し、一方、試験に落第したものは庶民の短い服を着るしかなかった。身分における鮮明な対比は愚か者を恥じ入らせる。

[10] 明清代の科挙制度では、試験を受けるためには、中央の国立大学の学生（監生）や地方に設けられた学校の学生（生員）として登録されなければならなかった。登録試験に合格して学校に登録されるだけで、地方では大変名誉なことであった（何炳棣、前掲書、305頁）。

[11] 高峰『科挙と女性』大学教育出版社、2004 年、103-104 頁。

[12] 同上、79 頁。

[13] 「女性にとって才能の無いことは徳である」。言い換えれば、儒教には、女性にとって学問が悪の門に入らせる第一歩であるという「男尊女卑」の思想がある。中国近代の女性詩人、革命家、秋謹は、『弾詞』で「……闺門不出方為美　内言出閫衆人譏　女子無才便是徳　読書識字不相宜……」と社会と女性の解放、意識変革を呼びかけているが、この詞から、20 世紀半ばになっても、そうした男女のしつけが依然、存在していたことがうかがえる。

[14] 上田信・深尾葉子訳『中国の社会』平凡社、1994 年、54-55 頁（Lloyd E. Eastman.、1988 Family、Fields、and　Ancestors: Constancy and Change in China's Social and Economic、1550-1949）。

[15] 同上、55 頁。

[16] 『三字経』は子どもに字を覚えさせるための暗記用書物で、すべての句は三字からなる。儒教の教義を通俗化した『三字経』は、庶民の中で、村塾に通う子どもが読むものである。

幼而学　　幼（よう）にして学（まな）び
壮而行　　壮（そう）にして行（おこな）ふ
上致君　　上（かみ）は君（きみ）を致（いた）し
下沢民　　下（しも）は民（たみ）を沢（うるほ）し
揚名声　　名声（めいせい）を揚（あ）げ
顕父母　　父母（ふぼ）を顕（あらは）し
光於前　　前（まへ）を光（て）らし
裕於後　　後（のち）を裕（ゆた）かにせよ

[17] 『神童詩』は、神童と呼ばれた宋朝の汪洙などの詩を収録したことに因んで『神童詩』と呼ばれるようになったが、子どもに詩を覚えさせるための暗記用書物であった。「天下重英豪、文章教爾曹、万般皆下品、唯有読書高」は、天下は英豪を重んじ、文章が身を立てる、すべては下位にあるが、学問のみ気高いものという意味である。

[18] 例えば、1886 年の「進士」に合格した平均年齢は 35.7 歳である（張傑『清代科挙家族』社会文献出版社、2001 年、159 頁）。

[19] 張傑は、長い年月をかけて科挙に励む人々は、豊かな「経済環境」、「人文環境」を要する（同上、24-46 頁）と指摘する。

[20] 晏殊は北宋の有名な詞人であり、進士出身で真宗、仁宗の信任を受けて宰相まで昇進した。

[21] 「少年班」とは、中国改革開放政策初期、即ち 80 年代初期、中国がいち早く知識人材を育成するために、中国科学技術大学などのいくつかの大学で創設した。いわば「人工的天才育成システム」である。その後、この「少年班」の教育効果に疑問が投げかけられ、廃止されたが、成績の優秀な子どもに対する「進級制度」は、依然存続している。

[22] 費孝通、前掲書、24-30 頁。

[23] エリクソン著、仁科弥生訳『幼児期と社会』、みすず書房、1977 年、318 頁。

第8章　一人っ子の「受難」と教育追求の白熱化

　前章では、先行の国際比較調査と、筆者の現地調査を通して、労働を軽んじて、勉強を重んじるという中国都市部の子どものしつけの特徴を析出した。また、子どもの社会化において教育のウェイトが大きくなるのは、近代学校制度の整備と近代職業の確立によることをすでに述べた。

　本章は、中国都市部の就学状況、就業制度の変遷及び社会構造の特徴にも焦点をあてて、なぜ労働を軽んじて勉強を重んじるのかというしつけの特徴を支える社会的要因を探求する。とくに、中国社会の「序列構造」、またそこから生み出された「二重の競争原理」と、科挙時代の教育熱、今日の都市家族の学歴追求について考察する。さらに、現地調査を通して、都市家族の学歴追求の主因は、従来の研究によく指摘される子ども数、親の生活史ではないことを明らかにし、学歴追求は、社会制度と文化の産物であることを述べる。

第1節　中国の社会構造、進学制度と都市家族の学歴追求

1.1　「農村・都市」二元化の社会構造と都市家族の学歴追求

　上述のように、伝統中国社会では、教育水準が人間関係の位置を左右する一つの要素であり、科挙の発展とともに、親孝行、一族の反映には、科挙の合格が欠かせないものとなった。つまり、既存の個人と家族が独立しない相互依存の共同体という家族主義と、「序列構造」、またそこから生み出された「二重の競争原理」が、科挙試験という社会地位を具現するツールの出現とあいまって、科挙は、親孝行、「光宗耀祖」、社会地位の上昇のための確実な手段、かつ最良の方法となったのである。とくに社会上層の男児にとってそれは顕著であり、いわば、科挙の合格は彼らにとっての義務であり、不合格は規範からの逸脱行為とさえ見なされるのである。

　さらに、1949年以後の中国社会に焦点を合わせると、学校教育の普及、と

153

くに学校体系と職業体系との緊密なつながりによって、多くの人々にとって、学歴の取得が安定な職業の獲得、社会地位の上昇を意味することになった。その一方で、親と子、家族と親族が依然として利益の共同体であるために、中国社会の構造は、「序列構造」と、そこから生じた「二重の競争原理」という特徴が温存される。そこで、学問で身を立てることは、依然として個人のみでなく、家族と親族を含む共同体も利益を共有することになる。したがって、高度に発達している産業社会、またそれに伴う学校化しつつある社会において、一人前の社会人として身につけるべき一定の知識・技能が、学校で獲得する学歴・技能を指すことになるのは、中国社会にも当てはまる。それと同時に、学校における知識、技能、学歴の獲得は、ただ個人としての子どもが社会人になる過程における課題だけに留まらず、さらに、中国の社会構造によって、それは家族における子どもの果たすべき役割の一部として期待されることにもなったのである。

　上述の考察を念頭におきながら、さらに、今日の中国の高等教育制度や「戸籍制度」などと関連して、都市家族の学歴追求と子どもの社会化について検討することにする。

　これまで、子ども数や親の生活史が、都市家族の高学歴期待の主因として指摘されてきた。即ち、人口抑制政策による一人っ子の増加や、親が「文革」という激動の時代に教育をまともに受けられなかった生活背景が、学歴取得を目的とする教育に駆り立てた原因である、と考えられてきた。しかし実際には、家族をとりまく社会の制度、文化、価値規範が、もっとも強力に家族の行動パターンを規制する。具体的に言えば、家族の個別の事情よりも、高等教育制度、就業制度といった社会の制度のほうが、強固な礎として都市家族の学歴追求を支えており、また、中国伝統文化の「学問で身を立てる」こと、「二重の競争原理」も、都市家族の高学歴志向を高めているのである。とくに、人口の２割しか占めていない都市社会が、農村・都市という二元化の社会構造の下で、大学進学政策の改革、就業制度といった国家制度、政策の恩恵を受けている事実も、都

第8章　一人っ子の「受難」と教育追求の白熱化

市家族の学歴追求を促している要因の一つだと考えられる。

1.1.1　「戸籍制度」と進学機会

すでに第1章の3.2節において、中国の「戸籍制度」、及び「戸籍制度」の下で形成された農村と都市の二元化社会構造を紹介したため、ここでは「戸籍制度」についての記述を省略する。ここで注目したいのは、戸籍制度と進学機会に関する2点である。まず、農村から都市へ、小都市から大都市への「戸口の移動」に最も有利な手段は学歴の取得である。さらに最も重要な事実は、地域間、とりわけ農村と都市の間に存在している進学機会の格差が、「戸籍制度」と連動しているということである。

「戸籍制度」の発想はまず都市を優先して経済を発展させることから生まれてきたが、結果として、全国の2割の人口を占める都市社会は、経済生活から、社会保障制度、教育機会にわたるさまざまな面において優遇されている。例えば、「中華人民共和国義務教育法」が1986年から実施されたが、教育資源配分、教育レベルによって、依然として農村と都市の間にはかなりの教育格差が存在している[1]。図8-1に示されるように、1999年の義務教育段階の後期では、都市のほうが全国レベルより20ポイント高く、農村部に比べると2－3倍の格差が存在している。このような義務教育段階の格差は農村と都市の大学進学の格差をいっそう広げるのである。

さらにもう一つ、教育機会の格差とは、地域間の大学合格ラインの格差である。中国の大学入学試験は全国統一試験の成績によって選抜するにもかかわらず、出身地によって大学合格ラインが一様ではない。2001年の状況を見ると、北京市の重点大学の合格ラインは文系が454点、理系が488点であるのに対して、山東省では、それぞれ580点、607点となっている。中国の最高学府である清華大学と北京大学は、2001年、文系、理系それぞれの入学定員の18％、13％を大学が所在する北京市に配分したが、北京市の高卒学齢人口は全国の0.9％にすぎなかった。また、2000年の上海市と四川省の大学就学率を比較すると、それぞれ37％、9％という驚異的な開きが存在している[2]。

155

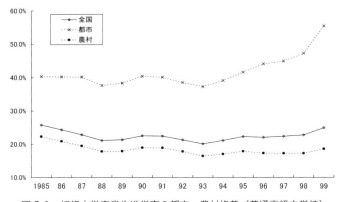

図 8-1　初級中学卒業生進学率の都市・農村格差（普通高級中学校）
　　　　出典：『中国統計年鑑』1986 ～ 2000 年各年度版の資料に基づいて作成。

　こうした進学機会の格差も「戸籍制度」と関係している。日本の大学進学制度に比べると、中国では自分の希望校を直接受験するのではなく、戸籍の所在地で試験を受け、その所在地の合格ラインに達することが必要である。即ち、大学進学においては、都市、とくに大学が多くある大都市の子どものほうが、農村や、小都市に比べ、はるかに進学機会に恵まれているのである。

　次節では、また都市部の社会を優遇している点にスポットライトをあて、1949 年以後の中国高等教育制度、就業制度の変遷を考察する。

1.1.2　1949 年以後の中国高等教育の変遷と都市家族の学歴追求

　1949 年以来の中国における大学入試制度は大きく四つの段階に分けられる[3]。第一段階は、建国初期 1949 年から 1965 年までの時期であり、この時期に全国統一試験を主として推薦入試[4]を副とする大学入試制度が次第に確立された。第二段階は、1966 年から 1976 年までの「文革」期である。第三段階は 1977 年から 1990 年代末までの時期であり、この時期に第二段階の頃に廃止されていた全国統一入試制度が再開された。この入試制度は全国で同一の時間に共通の問題を用いて試験を行うもので、試験の成績が大学に入学できる

第8章　一人っ子の「受難」と教育追求の白熱化

かどうかの基準となる。第四段階は、大学の受け入れ枠が拡大し、国家による統一職業配分から自由化されて自分で就職先を探すといった改革の進む1990年代末期から現在に至るまでの時期である。

　第一段階では、中国教育制度は旧ソ連の教育制度をモデルとし、高等教育は国家の高度な人材、エリートを養成する場として位置づけられ、無償教育とされている。しかしながら、1964年当時の大卒者の割合をみると0.4％であるように、高等教育の受け皿が小さく、大学は多くの人々にとって高嶺の花であり、ごく少数の人しか関わりのなかったことが伺える。

　第二段階は、「文革」期にあたるために、中国高等教育の空白期とも言われている。「文革」の10年間は周知のように、教育制度だけではなく、さまざまな領域においても政治の混乱に巻き込まれたため、高等教育機関もその機能を停止した。

　第三段階では、大学入試が再開され、1985年には「教育体制改革に関する決定」が出され、中国の高等教育に大きな転換をもたらした。この時期から「政権の『道具』としての教育という性格は保ちながら、政治主導の教育から経済主導の教育への転換であり、しかも経済主導の教育は、それが民衆の日常生活と密接に結びつくことによって、民衆の生活の理論をその中に取り込み始め」[5]ている。こうした変化のなかで、1980年以後の中国高等教育は市場原理の導入も見られ、拡大の時代に入った[6]。

　第四段階では、1998年に政府が打ち出した普通高等教育の本・専科の学生募集の拡大政策「教育振興行動計画」が大きな特徴として挙げられる。1998年までの高等教育機関への入学者数は一貫して緩やかで安定した成長を示していたが、1999年に、政府は拡大政策に転じた。この年の普通高等教育の本・専科の学生募集は前年比で42.9％増加し、中国の高等教育は実質的に量的な拡大段階に入った。具体的な数字をあげると、1995年の募集人数92.59万人から、2000年には220.61万人へと急激に増加した。進学率を見ると、1990年代初めには5％台であったのが、1995年に7.2％、2000年に11.5％、

157

2002 年には 14％となり、高等教育の大衆化は、1998 年に出された「教育振興行動計画」の「2010 年までに就学率を 15％に」という目標より早く達成されることとなった。

　しかしながら、驚異的な伸びを見せた中国高等教育は、また、結果として、都市社会にさらに多くの進学機会を提供していることになっている。20 年間の高等教育の拡大を支えるだけの財政能力を中国政府はもっていなかったために、かつては無料、または、低額であった大学の学費が、高等教育の拡大につれて、高騰する一方である。そこで、学費の上昇をみてみると、1997 年の年間平均授業料は 1,500 人民元であったが、1999 年には 3,000 元、2000 年には 4,500 元に上昇した。大都会の北京市における普通高等教育機関の授業料の上限は 6,000 元にも達している。年々高くなる授業料に対して、2001 年の 1 人当たりの GNP は 7,579 人民元、約 915 ドルしかない。このように、高騰する学費や生活費などを考えると、高等教育拡大の恩恵を受けるのは主に都市部に拡大しつつある中高所得層に限られ、農村部の多数を占める低所得層にとって高等教育を受ける機会は非常に限られているのである。

　以上のように、1949 年から今日に至るまで、中国の大学は単なるエリート養成の場であったのが大衆化しつつあることと、出身（資産階級に対し無産階級を優遇）偏重主義を改めて、本人の能力によって大学に進学する機会が獲得できるように変化したことが分かる。しかしながら、依然として農村部より都市部の方が高等教育を受ける機会に恵まれており、その格差がさらに開くことも十分に予想されるのである。というのは、高等教育の第一、第二段階においては農村と都市の教育の質によって両者の間に格差ができると、第三、第四段階では、学費の高騰、自宅通学生（「走読生」）[7]、自費生・企業依託生（「代培生」）を増加させることを特徴としており、結果として都市部の進学生にもっとも有利な条件を提供することになっているからである。

　さらに、大学卒という学歴を獲得して就職する際も、大都会に戸籍を有する人は、地方出身者に比べ、より良い職業に就くことが可能である。例えば、北

京市の各機関や企業は、北京に戸籍のある学生しか採用しないのが一般的である。このように、「戸籍制度」は中国を農村と都市に二分し、農村から都市へ、小都市から大都市への流動を規制しただけではなく、都市部の人々により多くの進学・就業機会も与えている。

そこで次に、今日の中国において、就職の際、学歴と職業が強いパイプで繋がっていることについて考察する。

1.1.3　就業制度の変遷と都市家族の学歴追求

1949年以後の就業制度の変遷においては、中国中央政府の経済体制（計画経済あるいは市場経済）の影響がそのまま反映されている。したがって、就業制度も大きく二つの段階に分けられる。第一段階は1949年から1978年までの約30年間であり、第二段階は1980年代に「改革・開放」政策が実施されて以降、現在に至るまでの期間である。

計画経済の下で実施された第一段階の就業制度は袁志剛・方穎によれば、五つの特徴がある[8]。

1．国家による労働力の統一募集と配分制度である。企業には雇用、解任の権力がなく、すべて国家の労働機関によって行われる。

2．企業、機関などの従業員、職員の賃金、及び賃金に関する調整は、すべて国家の統一管理によって規定される。

3．企業、機関の福祉の充実によって、低賃金制度と低労働保険制度を保持する。

4．簡単、かつ一回のみの職業養成訓練を通して労働力を養成する制度である。

5．都市と農村を二元化する「戸籍制度」は農村の労働力が都市へ流れることを禁止し、政府による価格の統制によって工業に一定の資金が蓄積されたが、工業化の進展は農村部に居住する人々の就業機会を増加させるには至らなかった。

この時期の就業形式は国家による高度かつ厳格な管理制度であった。学歴、

159

業績による競争がほとんど存在していなかった上に、学歴、技能の取得は賃金の獲得に直接結びついていなかったが、学歴の取得は社会地位の獲得を意味していた。

ところが、1980年代以後、「改革・開放」政策によって計画経済の性格が次第に弱まり、新しく採られた市場経済が就業制度に大きな影響を及ぼした。袁志剛・方穎は、1980年代以後の中国就業制度を、1992年の中央政府による「中国社会主義市場経済新体制」の明確化を分け目としてさらに二つの段階に分けている[9]。

既述した従来の五つの特徴をもつ就業制度は、経済成長の著しい発展に伴い変革しつつある。1980年から1992年までの計画経済と市場経済の並存の時期には、労働者の雇用体系は終身制から契約制へ、従来の就職年限による賃金制から学歴・業績による賃金制へ、などの改革が見られる。こうした改革は1992年以後さらに進展し、雇用の完全契約制の普及、「双証」（学歴証明書・資格証明書）による就業制度、業績による賃金制[10]は、確実に一般的観念として認識されつつある。

つまり、国家による労働力の統一募集と配分制度の終焉により、学歴の取得はいっそう就職の獲得の避けて通ることのできない道となりつつある。さらに「戸籍制度」による都市と農村の二次化がもたらした結果、都市部における学歴による職業の獲得は農村より顕著である。

上述のように、農村部より、全国人口の2割しか占めない都市部は、学歴取得に必要な「経済環境」、「学習環境」、「進学機会」に恵まれていることから、農村部の人々は一種の差別をうけることになる。しかしながら、見方を変えれば、都市部の子どもにとって、学校教育を通して、より高い学歴の取得、よりよい職業の獲得は、回避のできないこととなり、さらに言えば、学校教育に対する怠慢、進学競争の挫折は、一種の逸脱にも見なされる。つまり、学校教育がより普及され、進学機会がより多く提供されている都市部では、科挙時代の上層男児と同じように、都市部の多くの男児女児にとって、学歴取得は義務さ

えになっているのである。

1.2　中国都市部と大衆化教育社会

　本節では、さらに、都市社会を優遇する中国の高等教育と大衆化教育社会と関連して、都市家族の学歴追求を考察する。

　マーチン・トロウによれば、それぞれの国は異なる高等教育の発展過程を辿るが、高等教育の「量的拡大への圧力は、いずれの産業国家においても高等教育の成長をもたらしている」[11]。さらに、高等教育の発展段階は、それぞれ、在学率が該当同年齢層の割合によって、エリート段階、マス（大衆化）段階、ユニバーサル段階に移行していく。マーチン・トロウの分類法にしたがえば、エリート高等教育とは該当同年齢層のわずか2％－5％を収容する高等教育形態であり、15％前後収容するところまでは、その基本的な性格を変えることはない。しかし、在学率が15％をすぎると、制度の性格に変化が生じはじめる。さらに、50％に達し、またこの線をこえると、高等教育制度が再び新しい形態の高等教育の創設を迫られる[12]。即ち、大学の在学率はそれぞれ2％－5％から15％までのエリート段階、15％から50％のマス（大衆化）段階と、50％をこえるユニバーサル段階というマーチン・トロウの分類にしたがうと、現段階の中国高等教育はエリート段階から大衆段階への移行中であると言えよう。

　しかし、前述のように、高等教育の拡大の恩恵を受けているのが、おもに都市部であるために、都市部の大学進学率は当然、全国の進学率より高いわけである。したがって、全国の大学進学率は1990年代初めの5％台から、1995年に7.2％、2000年に11.5％、2002年に14％と伸びてきたに対して、都市部は当然それらより高いパーセンテージを占めているだろう。都市部の進学率だけを示す資料がないために、まず図8-1を通して、都市の大学進学率を試算しよう。図8-1を見ると明らかなように、高校への進学率は、農村部が全国の平均比率より低いのに対し、都市部の進学率は全国の平均を3倍ほど上回っている。2002年の14％の全国大学進学率を図8-1の比率を用い、全国、農村、

都市ごとに計算すると、都市の進学率は 30％以上であり、中国都市部では高等教育のマス段階にさしかかっているというよりも、確実に大衆化教育社会に入ったと言ってもよいだろう。

　即ち、1977 年以前の大学入試再開までの中国において、大学は一握りの人々のみの関心事であった上に、就職、賃金のための有効な投資でもなかった。しかし、都市部に限ってみると、1970 年代末期から中等教育、高等教育の進学率が急速に上昇し、しだいに大衆教育社会に移行している。こうした社会背景の下、親が熱心に、学歴取得を「望子成龍」の不可欠の条件として厳しく教育を行うことについて、単なる子ども数の減少と親の生活史に原因を求めるだけでは限界がある。

1.3　大衆教育社会における家族の教育機能の特化

　パーソンズは、現代家族の果たす機能がたとえいくら減少しても、子どもの社会化であるパーソナリティ形成と、大人のパーソナリティの安定化という二つの機能は残ると指摘する。言い換えれば、家族における多くの機能が喪失しつつある中で、子どもを教育する機能は依然として存在していくということである[13]。では、高等教育がマス段階からユニバーサル段階への移行中の社会では、家族の教育機能はいったいどのように変わってゆくのであろうか。

　マーチン・トロウは、高等教育への進学が容易になっていくと、学生やその親の進学機会についての見方も変わると述べている。進学の機会が極度に制約されている段階では、高等教育が一握りの人々の「特権」であるに対して、マス段階、エリート段階になると、進学がそれぞれ、「権力」、一種の「義務」とみなされるようになる[14]。即ち、進学率が高ければ高いほど、親や学生は、進学しなければならないという義務感にかりたてられるようになっていき、不本意就学の問題も生じる。

　日本人のしつけの変容に着目した広田照幸は、大正期、日本の新中間層に登場した「教育する家族」が、高度成長期にはどこの階層にも広がり、「さまざまな階層の親が、勉強重視・学歴重視のしつけ観を示すようになっていた」と

第8章　一人っ子の「受難」と教育追求の白熱化

指摘する。日本の高度成長期に伴い高校への進学率はもちろん、大学、短大への進学率も高まり、さらに、単なる量的な増加に留まらず、この時期は、「農村をふくめたあらゆる社会層が学歴主義的競争の中に巻き込まれるという社会を作り出し」た。学校は「子どもの将来の進路を具体的に保証してくれる装置」になったために、「親からも子どもからも信頼と支持を得」た。こうした背景の下、勉強・学歴重視のしつけ観は、どの階層にも見られるようになった[15]。

　さらに大衆教育社会における親の側に焦点を当てる竹内洋は、「親の学歴志向」が、単に「実利的コミットメント」の産物ではなく、「情動的コミットメント」や「道徳的コミットメント」とも連動して生み出されたものであると指摘する[16]。

　つまり、大衆教育社会になると、家族の教育機能においては、子どもに学歴、一定の技能を与えることが最も重要視されるようになったのである。さらに、大衆教育社会には、そうしない親に、親としての責任を果たしていないという後ろめたさを感じさせる「道徳的コミットメント」も存在している。したがって、大衆教育社会に入っている中国都市部において、家族の学歴追求を引き起こしている社会的要因も、以上の要因と似通っているとも考えられる。

　このように、大衆教育社会に入った中国の都市社会では、子どもに学歴を与えるのは、家族にとって当然のことと認識している。自ら子どもの勉強を指導したり、家庭教師とともに子どもの学習につきあったりするのも、家族の教育機能の重要な一貫と受け取っているのであろう。

1.4　「二重の競争原理」による教育追求の白熱化

　前述のように、現在の中国では、依然として家族・親族が一つの協力の単位、利益の共同体であるために、「序列構造」及びそこから生じてきた「二重の競争原理」が温存され、機能している。それゆえに、「二重の競争原理」が都市部の家族の学歴追求にも影響を及ぼす。

　たとえば、人の社会的成功を評価する時に、その人の職業や業績などが評価の指標としてあげられる一方、もしその人の親戚、特に子どもに「成功者」が

163

いれば、なおさら人々から高く評価される[17]。もちろん「成功者」といえば、その定義はさまざまであるが、現時点の中国都市部においては、高学歴を取得した者が「成功者」として見なされるのが一般的である。さらに、都市を優先する中国の高等教育によって、都市部は大学進学率が高く、すでに高等教育の大衆化段階に入っているため、中国都市部では、大学に進学しない者を「失敗者」のように見なす傾向が強くなりつつある。こうした都市社会の背景の下、受験者本人はもとより、その親、家族、親族までもが学歴競争に巻き込まれている。

では、いくつかの個人記録[18]を通して、都市部における家族の学歴追求の実態をみよう。

大学一年生の女子学生は次のように、自分が大学に合格したことを綴る。

「わたしにとって大学にいくのは、父母に誇らしい思いをさせるというだけじゃない。もちろんそれも大事なこと。わたしは、家族で初めての大学生なんだから。うちは代々ずっと、ブルーカラーだった。だから、家族全員が私の大学進学を願ってた。わたしは先祖の名も揚げたというわけ。」[19]

このように、大学合格は、単に受験者本人だけのものではなく、親にとっても周囲に誇らしく振舞うことができ、先祖にまでも喜びを与えることができると考えられている。

ところが、この女子学生とその家族のように大学合格を喜ぶ前に、多くの受験者（子ども）と親（大人）が決して平坦ではない道を歩む。次の事例から、子どもの学歴取得のための親の努力の様子、また、親の期待を一身にうけて、それに答えようとする子どもの姿がうかがえる。

「わたしは毎日、全力をつくして勉強している。一分たりともむだにはしていない、と言える。毎朝、六時過ぎに家をでて、自転車で四十五分で学校に着く。私と母は、上海に帰ってきてすぐは、おじいちゃん家に住んでた。……どこにも勉強のできる静かな場所がなかった。その頃、わたしは高校受験が迫っていて、母は引っ越しを決めた。当時、わたしたちは父が毎月送ってくる三百元で暮らしていて、学校の近くは家賃が高すぎた。母は郊

第8章　一人っ子の「受難」と教育追求の白熱化

外に近いところに部屋を見つけた。一ヶ月百五十元。それでも母はそこを借りた。学校から遠いので、わたしは自転車通学。……、（母は）わたしにもっといい教育を受けさせるために、仕事をやめて上海についてきたのだった。仕事をやめたその日から、母はただわたしの進学のために生きていた。……『みんな、母さんが学校に行ってないせい。学問があったら、こんなんじゃないはずよ。だから、母さんはできるかぎりのことをして、あんたに勉強させるのよ。学問があれば、一生何も怖くはないからね。あんたが勉強するためなら、どんなことだってできる』（母はいう）。父は『父さんだって。血を売ったっていいさ』と言う。……大家さんたちはいつもわたしたちによくしてくれた。わたしたちが入居したあと、ほかの間借り人には部屋代を一度値上げしたけど、わたしたちにはかくしていた。後からそれを知った母は値上げ分をわたそうとした。……だけど、大家さんは受け取らず、『わたしたちも、お母さんと同じ思いですよ。娘さんが大学に入るのが、いちばんうれしいことなんですよ』と、言った。……『あんたが大学に入ったら、何もかもがよくなるよ』と、母はよく言う。……たぶん、わたしたちの中学（中国では中学校も高校も中学と呼ばれる）で、わたしがいちばん入試の成績がよかったのだろう。卒業式のとき、校長先生は母にみんなの前で話をさせた。それはわたしたちにとって最高の日だった。ほんと、最高にうれしい日。」[20]

このように、子がよりよい教育を受けられるための親の献身ぶり、また親の努力に応えるために勉強に励む子どもの熱心さが上述の話から読み取れる。さらに、子どもの進学のために、親だけではなく、周囲の人間も気を配っていることから、中国社会が教育に高い価値を与えていることがわかる。また、子どもによりよい教育を受けさせるために、前述の個人記録のように、母親と娘は父親と離れて暮らす生活を選択したが、次の上海の「知識青年」[21]と安徽省の田舎娘の間に生まれた女児の家庭でも同様の話が見られる。

その女児は、二歳の冬に父親が死んで、母親と互いに頼り合って生きてきた。

165

しかし、十六歳の時に、上海にいる祖母から、上海で教育を受けなさいという手紙が来た。よい教育をうけられると思い、母親は反対しなかった。女の子は母親のもとを離れ、教育レベルの高い上海に行き、祖母と一緒に暮らすことになった[22]。

　さらに、いつも子どもの学習機会の増加、知能の向上に細心の注意を払う父親が、よりよい学習環境を求めて、息子を幼い時から親戚の家に泊まらせた話をみよう。

　「わたしは自分で宿題を仕上げてから、夜の絵の学校に行き、毎週出される絵の宿題も仕上げた。小さいころ、鉛筆を握っている時間が長すぎて、手がだるくてふるえることがよくあった。そんなときに書いた字は少し淡い。そんな字は必ず、父のチェックの時に消しゴムで消され、書き直させられるのだった。……父は『なんでも習ってみなきゃ』って言った。わたしの潜在能力を開発するんだって。それで、わたしはまた、エレクトーンを一年習った。三年生になったとき、上海のある＜子ども新聞＞がわたしたちの学校に編集者や記者を募集に来た。父はわたしに、ぜひ受けてみるようにと言い、わたしは受験し、合格した。一週間のうち何日か、わたしは放課後に新聞社へ行って原稿を書いた。中学に入ると、父はまた、夜英語を勉強するようにと、TOEFLの受験予備校に行かせた。……わたしの家は上海の近くの小さな町にあり、両親はそこで働いている。わたしは小さいときから、両親と一緒に暮らせなかった。父はわたしを上海の親戚の家に住まわせた。独り暮らしできるように鍛えるのと、上海で少しでも多くのことを習わせるためだと、父は言った。わたしの家のある町は静か。町の人は上海の町みたいに走るように歩いたりしないし、昔風の路地では、のんびりと……『小さい時からそんなところで暮らしてたら、競争力がつかん』と、父は言う。家にはわたしの部屋がある。でも、父がいいと言う週末しか帰らない。……小さいときから両親と離れて暮らしていると、とても寂しい時がある。ほんとに寂しいんだ。父と母は一日置きに、仕事が

終わってから車で上海にやってくる。わたしの宿題をみて、連絡ノートにサインし、わたしの勉強が終わり、エレクトーンを弾き終わり、大根も画き終わり、ベットに入って寝付くのをまってから、また車で夜の道を帰っていく。」[23]

この父親のように、息子がまだ幼いにもかかわらず、よりよい学習環境を求めるために、意識的に子どもを親戚のところに預ける親は多くないだろうが、子どもが将来の競争を勝ち抜くためにできるだけのことをする親は、今日の中国都市部において少なくないだろう。

しかし、高学歴の取得は、単に良い将来を保証するために子どもに期待しているのみならず、親（大人）の自己実現、親（大人）の社会地位の維持、または上昇のためにも期待している。それは次の二つの話を通して伺える。

「離婚のショックに耐えられなくて、母は大晦日の夜に黙って首を吊った。……この世の終わりの日が来たようだった。『大学に行くんだよ』それは、母がわたしに残したたった一つのことば。あのひどい父は、中学しか出ていない母をばかにしたから、大学出の女の人と再婚した。……（わたしは）がんばって、必死になって勉強して……結果は失敗。……先生はわたしの存在に目をとめ、みんなの前で言った。『二度と恥ずかしい点は取るな』って、大学に入れなかったら、生きていけない。戦いの場に上がらないで逃げ出すのは、いくじなし。でも、わたしには何にもない。たとえ＜戦場＞に上がったとしても、人に踏まれて死ぬだけ。……『きっと大学に入るよ』って、母に請けあったことがある。母が満足そうに目を閉じた時初めて、それを実現するのが、わたしにとってどんなに大変なことかに気がついた。」[24]

非常に衝撃的な話であるが、娘が大学に進学することが、その母親にとって自分の恨みを晴らすことできるものと考えているように、今日の中国社会においても、「立身出世」は、大学学歴の取得を通して到達できるという認識が広く受け入れられていることが読み取れるだろう。

さらに、次の、大学進学を希望せず、小学校の教師になるのを理想とし師範

167

学校に入ったが、インテリの母親に猛反対された女子の話から、子どもの大学の学歴は、現時点の社会地位を保持するものという親の思いが読み取れるだろう。

　「一般の人はみな、記者やキャスターやマネージャーや、外国に行って研鑽を積んで、名誉と利益の両方を手に入れられる大科学者なんかにあこがれてる。だけど、わたしはやっぱり小学校の先生になりたい。……『あなたが先生になりたいなんて、思いもしなかったわ。勉強もよくできるし、家庭環境もいいのに、どうしてそんな＜ふがいない＞考えを持つの。』母は、わたしが教師になったら、母の生涯で最大の失敗だと思う、とも言った。わたしはその日、気まずい思いのままだった。母がこんなにわたしの夢をばかにするのに腹が立った。……小さい時から、母が父とともに言い続けてきた、自分が本当に好きな仕事はあくまで守り通し、困難を恐れてはいけないという教えが、本当にわたしの心に根づいていることを。母は『いくじなし。能なし。一生貧乏するだけよ』と、悪態をついた。それから、こう言った。『どうしたって考えられないわ。わたしたちの半分以下のレベルの仕事につくなんて。早く分かってたら、精力をみんな仕事につぎこんだほうがましだったわ。あなたみたいな子のために、心をつかうことなんかなかったのに』……いい教師になるには、＜犠牲＞が必要だった。社会的な地位を犠牲にすることも含めて。母の反対の一部は、この骨折り損の犠牲を考えるからだった。……わたしの理想に対する母の態度はスーパーマーケットの品物に対するみたいだった。手当たり次第に取り替えられると思ってる。わたしのことをまったく尊重してないってことだ。」[25]

　以上の事例のように、現代中国の都市部では、学歴取得はただ個人の業績に留まらず、学歴取得によって生み出される名誉、威力は、家族、親族、さらに先祖まで広がっていく。今日の都市部において、科挙時代のような家族・宗族の受験生に対する支援制度がないにしても、親族は子どもの学歴競争に協力的である。最後の事例では、母親が娘の理想に賛成しないのは「二重の競争原理」

第8章　一人っ子の「受難」と教育追求の白熱化

と関係していると考えられる。インテリである両親にとって娘の大学進学が家族の有する現時点の社会地位を維持することを意味している。しかし、娘が自分より低い学歴しか取得しないならば、周囲に社会地位の下降を示すわけである。個人ではなく家族が一つの競争単位であるがゆえに、娘が大学に進学しないことは娘だけのことでなくなるのである。

　さらに、中国社会には「五好家庭」というものがあり、毎年、各コミュニティからよい家庭を選び出し、その名称を送る。同時に、近所の皆がわかるように、ドアに貼り付けられる「五好家庭」と書かれたものも贈呈されるが、よいと思われる条件の一つは、子どもがよく育てられている、即ち勉強がよくできることである。また、毎年、全国統一大学入学試験が終わった途端に、各新聞に省（日本の県に相当）、市、県[26]の「状元」（その省における文系・理系入学試験の首席合格者）に関する記事、その親の教育逸話などに関する記事が大いに報道される。このような実態は、科挙時代の首席合格者である「状元」を衛兵で護送する慣行、各地で坊門を建てて、挙人や進士になった地元出身の弟子を厚くもてなす社会的な習慣を連想させる。即ち、科挙時代にしろ、今日の中国社会にしろ、上述のような合格者に対する礼遇は、人に広くその栄誉を知らしめる効果も発揮しているがゆえに、結果として、中国社会の「二重の競争原理」をいっそう強固なものにし、また、その「二重の競争原理」が、人々の学歴追求により拍車をかけているのである。

第2節　学歴追求における家族の教育機能と子どもの社会化

2.1　調査概要

　ここで、使用する現地調査は、第4章の現地調査と同様に、それぞれ2002年9月、2004年9月に、2都市で行われた質問紙調査と聞き取り調査である。調査の概要についてはすでに第6章の2.3節で記述したため、ここでは省略する。

2.2　学歴追求と子どもの社会化──質問紙による調査から

2.2.1　高学歴追求は子ども数によらない

　今回の調査結果の1つとして、一人っ子と非一人っ子家族における子どもへの学歴期待に有意差が見られないことが挙げられる。表8-1のように、短大、大学、大学以上の教育を期待する親は子ども数と関係なく高いパーセンテージを示していることから、子どもへの学歴期待が子ども数と関わっているとは言いがたい。少なくとも小学校四、五年生の段階では格差が見られないことが今回の調査を通して分かる。

　また、表8-2をみると、77.5%の子どもが塾・習い事に通っており、そのうち、一人っ子は83.3%であるのに対し、非一人っ子は83.6%である。さらに、両親が子どもの勉強を指導する頻度について尋ねたところ、「毎日」と答えた一人っ子は59.3%であるのに対し、非一人っ子は51.9%であるが、「時々」と答えた一人っ子と非一人っ子は、それぞれ28.9%、37.7%である。このように、親の普段の教育態度からも、一人っ子と非一人っ子による格差は見られない。

表8-1　親の教育期待と子どもに最も期待すること（一人っ子と非一人っ子との比較）

項　　　目		子どもの数				合　　計	
		一人		二人以上			
		回答数（人）	％	回答数（人）	％	回答数（人）	％
子どもに最も期待すること	思いやりがある	47	17.3	3	13.6	50	17.0
	成績が良い	174	64.0	18	81.8	193	65.6
	親のいうことを聞く	32	11.8	1	4.5	33	11.2
	正義感がある	19	7.0	0	0.0	19	6.5
合　　　計		272	－	22	－	295	－
子どもの学歴への期待	義務教育まで	0	0.0	0	0.0	0	0.0
	高校まで	15	5.5	1	4.3	16	5.4
	短大まで	23	8.5	2	8.7	25	8.5
	大学まで	199	73.2	17	73.9	216	73.2
	大学以上	35	12.9	3	13.0	38	12.9
合　　　計		272	－	23	－	295	－

第8章　一人っ子の「受難」と教育追求の白熱化

　以上の調査結果は、本稿の推測の一つ、子どもの多寡が親の教育期待を左右する根本的な原因ではないことを証明するものである。さらに、表8-2に示されるように、親の幼少期に比べ、今の子どもは、塾・習い事に通うことがごく一般的になっている。

表8-2　親が勉強についての指導、塾・習い事に関する比較（親の幼少年期と今の子ども）

項　　　　目		ハルビン市				長　春　市				合　　計			
		調査対象				調査対象				調査対象			
		子ども		親		子ども		親		子ども		親	
		人数	%	人数	%	人数	%	人数	%	人数	%	人数	%
ご両親はあなたの勉強を指導しますか？	毎日	102	62.2	36	27.1	99	51.0	33	21.3	202	56.3	69	23.1
	時々	47	28.7	52	39.1	70	36.1	45	29.0	117	32.6	97	32.4
	めったに	7	4.3	46	34.6	18	9.3	69	44.5	25	7.0	115	38.5
	全然	8	4.9	9	6.8	7	3.6	8	5.2	15	4.2	18	6.0
	合　　計	164	—	143	—	194	—	155	—	359	—	299	—
習いことをしていたか？	していた	134	77.5	23	16.1	175	89.3	28	18.3	310	83.6	51	17.2
	していなかった	39	22.5	120	83.9	21	10.7	125	81.7	61	16.4	246	82.8
	合　　計	173	—	143	—	196	—	153	—	371	—	297	—

2.2.2　高学歴追求は親の学歴、職業に影響されない

今回の調査結果では、親の学歴、職業、経済状況が学歴期待に影響を及ぼしていると言えるような有意差が見られない（「大学まで進学してほしい」と答えた割合は高い順に、高卒の親（77%）、中卒以下の親（73.5%）、院卒以上の親（72.3%）、大卒の親（71.2%））。

　また、「子どもの成長で最も重視する所」という項目の答えを職業別で見ると（表8-3 [27] 参照）、「勉強」と答えた親が最も多く37.7%であり、内訳を見ると、面白いことに、もっとも高い割合を占めるのは肉体労働者の親で、次いで自営業の親である。また、一番重視することの順位は、「勉強」、「健康」、次いで「誠実」であり、一番下位に挙げられたのは「労働」である。

　このように、今回の調査結果は、都市家族の教育への高いアスピレーション

と、親の学歴・職業とは、緊密な関連性を示していないことがわかる。つまり、学歴期待には、親の学歴、職業との関連が特に見られず、頭脳労働者よりもむしろ肉体労働者の保護者のほうが、強く子どもの学歴取得を期待している印象をうける。

表 8-3　子どもの成長において最も重視する所（親の職業別）

<table>
<tr><td rowspan="2" colspan="2">項　　　　目</td><td colspan="12">親　　の　　職　　業　　の　　状　　態</td></tr>
<tr><td colspan="2">肉体労働者</td><td colspan="2">頭脳労働者</td><td colspan="2">政府幹部</td><td colspan="2">自営業</td><td colspan="2">失業、無職</td><td colspan="2">合計</td></tr>
<tr><td colspan="2"></td><td>回答数</td><td>%</td><td>回答数</td><td>%</td><td>回答数</td><td>%</td><td>回答数</td><td>%</td><td>回答数</td><td>%</td><td>回答数</td><td>%</td></tr>
<tr><td rowspan="8">子どもの成長に最も重視する所</td><td>勉強</td><td>78</td><td>46.4</td><td>83</td><td>32.7</td><td>18</td><td>32.7</td><td>14</td><td>38.9</td><td>24</td><td>38.1</td><td>217</td><td>37.7</td></tr>
<tr><td>健康</td><td>29</td><td>17.3</td><td>57</td><td>22.4</td><td>15</td><td>27.3</td><td>9</td><td>25.0</td><td>11</td><td>17.5</td><td>121</td><td>21.0</td></tr>
<tr><td>交友</td><td>6</td><td>3.6</td><td>16</td><td>6.3</td><td>1</td><td>1.8</td><td>1</td><td>2.8</td><td>4</td><td>6.3</td><td>28</td><td>4.9</td></tr>
<tr><td>労働</td><td>3</td><td>1.8</td><td>9</td><td>3.5</td><td>2</td><td>3.6</td><td>1</td><td>2.8</td><td>3</td><td>4.8</td><td>18</td><td>3.1</td></tr>
<tr><td>誠実さ</td><td>29</td><td>17.3</td><td>47</td><td>18.5</td><td>8</td><td>14.5</td><td>8</td><td>22.2</td><td>12</td><td>19.0</td><td>104</td><td>18.1</td></tr>
<tr><td>生活習慣</td><td>11</td><td>6.5</td><td>20</td><td>7.9</td><td>5</td><td>9.1</td><td>2</td><td>5.6</td><td>5</td><td>7.9</td><td>43</td><td>7.5</td></tr>
<tr><td>礼儀、常識</td><td>12</td><td>7.1</td><td>19</td><td>7.5</td><td>5</td><td>9.1</td><td>1</td><td>2.8</td><td>4</td><td>6.3</td><td>41</td><td>7.1</td></tr>
<tr><td>その他</td><td>—</td><td>—</td><td>3</td><td>1.2</td><td>1</td><td>1.8</td><td>—</td><td>—</td><td>—</td><td>—</td><td>—</td><td>—</td></tr>
<tr><td colspan="2">合　　　計</td><td>168</td><td>—</td><td>254</td><td>—</td><td>55</td><td>—</td><td>36</td><td>—</td><td>63</td><td>—</td><td>576</td><td>—</td></tr>
</table>

2.2.3　しつけの変容：従順・恭順から子どもの勉強へ

それぞれ、調査対象である親と、その子どもに対して、「幼少年期、どのような子が良い子と言われましたか」と、「周囲にどのような子どもが良い子と言われますか？」という質問をしたところ、「勉強のできる子」という項目に有意差が見られる。35.9％の親が「勉強のできる子」の項目を選択したのに対し、「勉強のできる子」を選んだ子どもは 59.3％であった。

また、表 8-2 を見ると、77.5％の子どもが塾・習い事に通っているが、幼少年期に塾・習い事に通ったことがあった親は少なく、わずか 16.1％である。

さらに、親を対象に「家族の中で誰の消費が最も大きいですか」と質問すると、全体の 67.1％（内訳：肉体労働者：68.1％、頭脳労働者：69.8％、政府の幹部：70.8％、自営業者：50.0％、失業者・無職：62.5％）が「子ども」と答えた。

第8章　一人っ子の「受難」と教育追求の白熱化

　次に、表8-4「以下のどんなことで親に叱られたことがありすか」という質問をそれぞれ、親、子どもに尋ねた結果をみると、「親の話を聞かないこと」で52.8％の親が子どもの頃に自分の親に叱られたことがあるのに対し、今の子どもは22.6％と低い。逆に、「勉強のこと」で叱られたことがあるのは、親の幼少年期には29.9％に対し、今の子どもは70.5％である。

　また表8-3を見ると、現在の親のほうが子どもの勉強により注意を払うことから、勉強は子どものしつけの中心部分になったことが分かる。

表8-4　親に叱られたことについて

親に叱られたことがありますか	親		子ども	
	人数	％	人数	％
親の話を聞かないことで	161	52.8	85	22.6
友だちと喧嘩したことで	28	9.2	24	6.4
時間通り帰らないことで	29	**9.5**	52	**13.8**
試験の成績が良くなかったことで	87	28.5	265	70.5
物を壊したことで	44	14.4	12	3.2
嘘をついたことで	23	7.5	155	41.2
きれい、清潔にしなかったことで	9	3	23	6.1
その他	19	6.2	6	1.6
不明	14	4.6	22	5.9
非該当	0	－	0	－
サンプル数	305	－	376	－

2.2.4　教育への高いアスピレーション

視角を変えて中国高等教育段階を照らしてみると、今回の調査対象のうち（第6章の表6-5を参照）、49％の親の生年が1966年から1970年以後に集中している。つまり、彼らは、文革が終わった頃、小学校の低学年で、文革の影響をさほど受けておらず、かつ、中国の教育が軌道に乗った第三段階の高等教育期を経験する世代である。また、42.6％の親は1960年から1965年の間に生まれ、文革の影響をうけた世代とはいえ、1977年再開の全国大学入試に何とか間に合った人たちであるために、厳密には「文革世代」には入らない。親の生活史に「望子成龍」の要因を求めるには限界があることは、以上の分析を通

173

しても明らかであろう。

2.3 学歴追求と子どもの社会化——聞き取り調査から

2.3.1 学歴追求特徴：ブランド志向より、高学歴志向がさらに強い

ハルビン市Ｔ小学校の児童の保護者③は、子どもの学歴について、以下のように語る。

> 「子どもが今はまだ小さいから、学歴ってぴんとこないですが、それでも、少なくとも大学までは行ってほしいです。今は大学生でもなかなかいい仕事につきにくいですから、できれば大学院まで行ってほしいです。」

全体的に経済状況がよくないハルビン市Ｔ小学校のほかの保護者も、保護者③のように、「子どもを最低でも大学まで上がらせますよ」と、学歴を子どもに期待して語る。

また、ハルビン市の有名小学校Ｊ小学校及び長春市Ｙ小学校の児童の保護者に尋ねても、「子どもには大学または大学院まで進学してほしい」、「もちろん学歴が高ければ高いほどよい。今の中国は、学歴がインフレ状態だから」というように、ほとんど同様の回答である。

子どもに学歴のことについて尋ねたが、「学歴ってなんですか」と戸惑っている子どもが１割ほどいた。しかし、多くの子どもは、保護者と同様、大学または大学院に進学したいと語る。

児童ⓕは、以下のように祖父の学歴期待について語る。

> 「私のお爺ちゃんは、『もしお前が、北京大学か清華大学[28]に合格すれば、それ以上嬉しいことがない、』といったことがある……」

児童ⓕと同じく、児童ⓑも、父親に「北京大学か清華大学を目指せ」とよく言われると語る。さらに、児童ⓑは父親の田舎に帰った時に、祖父母に「大学に行くのよ。胡家はすべての希望をあなたとあなたの従兄弟に託しているんだからね」と言われたと言い、自分もそれにこたえなくてはと真剣に語る。

このように、多くの親はブランド大学に進学することを希望しているが、それよりさらに、できるだけ高い学歴の取得という高学歴への期待は顕著である。

2.3.2　経済状況による習い事の異同

聞き取り調査を行った三つの小学校、Ｊ小学校、Ｙ小学校、Ｔ小学校は、それぞれ、経済状況良好、中、下の学校にあたるが、すべての調査対象である保護者、児童に「今、塾に通っていますか」、「そこで何を習っていますか」という質問をしたところでは、ほとんどすべての児童が塾に通っていることがわかる。しかし、習っていることに注目すると、Ｔ小学校の児童は、「数学」、「英語」という学校の勉強を補足する科目に集中しているのに対し、Ｊ小学校の児童は、「数学」、「英語」のほか、「音楽」、「絵画」など、子どもの趣味に関することも習っていることがわかる。経済状況がＪ小学校とＴ小学校の中間に位置するＹ小学校の児童は、習い事の特徴も両学校のちょうど中間にある。

このように、経済状況のよくない家庭は、有限の資源をできるだけ子どもの学歴取得に役立つ「数学」、「英語」に投入していることがわかる。

2.3.3 学歴追求における親族ネットワークの援助

保護者⑩は娘の塾通いやその費用のことについて、次のように語っている。

「娘は英語と数学を習いに塾に通っています。費用も皆と同じように、300 元くらいですが、夏休み、冬休みには受ける授業が少し多くなるから、400 元ほどかかります。塾に通う費用は、大変ですけれど、子どもの勉強にかかる費用を惜しむことはできませんからね。……子どもにかかる費用は時々、（子どもの）祖父母が出してくれます。……私は夫婦で小さな商売をしていますが、お金はあまりないので、私たちが何も言わなくてもこっそりくれます。……援助してもらうことは、恥ずかしいことではないですね。子どもの勉強のためですから。もし私自身のためなら、きっとそんなことは口にすることがないと思います。」

このように、援助を受ける側と援助する側にとって、「子どもの勉強のために」というのは正当な理由であると認識されていることが、保護者⑩の語りから読み取れる。こうした考えは祖父母側も持っている。

保護者⑪は、次のように語る。

175

「孫は塾で英語と数学を習っています。その費用は私が出しています。息子夫婦は失業中でお金がないし、仕方がないですから。私が出さないで子どもの勉強が支障が出たら、子どもの将来にも影響を及ぼしますから。」

保護者⑨は次のように語る。

「孫はずっと私のところで生活しているから、勉強などの費用も、時々私が払います。だいたい私が半分ほど負担しています。……娘も払いますが、やはり孫は毎日私と一緒ですから、急にお金が必要な時に私が出すしかないという場面が多いので。……昨日もそうですが、朝、孫は『おばあちゃん、今日、学校で○○のお金を払わなきゃいけない。』と言うので、『昨日、お母さんがいた時に、なぜお母さんに言わなかったの。自分の家のお金を使いたくないと思っているのね、○○はずるいわね。』と半分冗談で言ったら、孫は笑いながら『違う、違う。』と否定していました。やはり孫は私たちと一緒に生活しているし、親より私たちのほう親しいから、自然に私たちに頼ってくるんだと思います。」

このように、経済的な援助においては、必要な場合にしろ、そうでない場合にしろ、主幹家族が核家族、子家族に金銭的な援助を行っており、親家族と子家族の間に、明確な境界線が存在しないことが伺える。特に孫の勉強に関わる出費については、そうした傾向が顕著に見られる。

まとめ

本章では、筆者の現地調査また、先行の国際比較調査を通して、中国都市部の学歴追求と子どもの社会化への影響を考察した。その結果、都市家族の学歴追求にはいくつかの特徴があることが確認できた。まず、都市部の学歴追求は子ども数、親の職業、学歴によらないこと、階層を問わず、高学歴志向であること、また、経済状況に恵まれない家庭ほど、学歴に関する勉強に集中し、親族ネットワークによる子どもの勉学のための資金援助を受けること、さらに、都市部における学歴追求の普遍化によって、勉強を重視するというしつけの変

第8章　一人っ子の「受難」と教育追求の白熱化

容が見られること等である。

　また、科挙時代の教育熱との比較、今日の中国の教育制度、社会構造、および教育に高い価値をおくという中国人の価値観に焦点をあて、都市家族の学歴追求は、社会制度と文化の産物であることを検証した。結果、今日においても、社会的要因および文化的要因によって、とりわけ教育水準と社会地位関係とが連動しているために、受験者の子どもはもとより、その親、家族、親族も学歴競争に巻き込まれているということが明らかになった。言い換えれば、依然として、今日中国社会において、機能している「序列構造」とそこから生じた「二重の競争原理」が、個人と家族、家族と親族を独立しない集団、共同体に仕上げたために、子どもの学歴取得も、個人のみではなく、共同体に利益をもたらす事象でもあると見なされる。それゆえ、学歴取得がおのずと子の果たすべき役割となっているのである。また、その役割を潤滑に遂行するため、親（大人）は、子どもをとりまく日常生活から、学歴取得に必要でない労働しつけを排除し、もっぱら子どもの勉強態度にしつけの重点をおくようになる。したがって、子どもの「労働を軽んじて、勉強・学歴を重んじる」のは、都市家族の学歴追求を反映するしつけの形態であると言える。

　このように、学歴追求は、従来の先行研究に指摘されるように、単なる子ども数、親の生活史によるものではない。中国の社会的要因、文化的要因と絡み合いながら、学歴は都市部の親が子に与えるべきものとなり、また、学歴の取得は子が親の期待に応えるべきものとなっているのである。本章で社会制度、文化的な影響から都市家族の学歴追求を考察したことにより、子ども数に捉われがちな中国児童研究に少なからぬ新しい観点を提供したと思われる。

註（第8章）

[1] 地域間にある教育格差について、張玉林は義務教育段階から農村と都市の教育格差が存在し、この教育格差は中国の教育制度、教育資金配分などによるものと指摘する（張玉林「中国の教育資源と都市・農村間の教育格差『分級弁学』システムの問題」、『村落社会研究』2003年、25-35頁）。

[2] 袁連生；黄梅英訳「高等教育の大衆化と機会均等性」『現代の高等教育』（441）2002 年、22-27 頁。

[3] この分類方法については李守福の分類を参照している（李守福「中国大学入試試験制度的改革」『大学教育研究』2001 年、41-45 頁）。

[4] 第一段階の頃に推薦入学制度を採用したのには、新中国成立前、一般の労働者の子どもたちには就学の機会があまりなかったために彼らの学習の権利を保障する目的と、また農村や工場の幹部を育成するために多くの地方で創設された「工農速成中学校」の中の優秀者を大学に推薦し入学させる目的がある。第三段階でも推薦入学制度が採用されたが、被推薦者の資格を判断する基準が大きく変わった。その条件は学習成績であり、特に国が認可する各学科のコンテストの成績である。また、推薦される人数は非常に少ない。推薦入学のこのような変化は能力・業績が学歴取得の最も重要な基準となったことを示すものである。

[5] 牧野篤、前掲書、159-160 頁。

[6] しかし、入学希望者に対して大学数が明らかに不足していること、高等教育制度が未整備のままであること、及び、人々が法的にいまだに完全に認められていない民営大学に対して不安を抱いていること等によって、1980 年代から 1990 年代にかけては就学者数がある程度増加したものの伸び率は低い（苑復傑「改革開放政策と高等教育政策」『現代の高等教育』（441）2002 年、12 頁）。

[7] 自宅通学生（「走読生」）、自費生・企業依託生（代培生）を受け入れることにより、依託教育科徴収など、大学側の経済的負担を軽減する措置がとられた。多くの大学が別枠の定員を設け、全国統一入試の合格点数を一般学生より低く設定するなどの優遇措置を取っている。1995 年には 224 の高等教育機関が公費・私費並立制を採用した。

[8] 袁志剛・方穎『中国就業制度的変遷』山西経済出版社 ,1998 年、3-4 頁。

[9] 同上、124-125 頁。

[10] 楊宜勇『失業衝突波：中国就業発展報告』今日中国出版社、1997 年、126-127 頁。

[11] マーチン・トロウ［著］、天野郁夫・喜多村和之訳『高学歴社会の大学―エリートからマスへ』東京大学出版会、1976 年、7 頁。

[12] 同上、84-92 頁。

[13] 世襲制の廃止・専門知識の高度化を背景に、学校という社会的専門機関により家族の教育機能も代替された論もある、（W.F. Ogburn "Technology and the changing family" 1995 pp.267-321.）。

[14] マーチン・トロウ、前掲書、63-64 頁。

[15] 広田照幸『日本人のしつけは衰退したか：「教育する家族」のゆくえ』講談社、1999 年、49-75 頁。

[16] 竹内洋『競争の社会学：学歴と昇進』世界思想社、1981 年、76 頁。

[17] 鐘家新『中国民衆の欲望のゆくえ　消費の動態と家族の変動』新曜社 ,1999 年、104-109 頁。

[18] ここで引用する事例の出典は陳丹燕の『一人っ子たちのつぶやき』第一部「わたしは父と母のもの」である。陳は 1992 年から 3 年間、上海東方ラジオ局で青少年向けの番組を持った。陳はその番組の手紙を読むという人気コーナーに投稿された千通以上の手紙の中から 200 通を選び、取材して、百人を超える子どもの七十の物語にまとめた（陳丹燕著、中田美子訳 1999『一人っ子たちのつぶやき』株式会社てらいんく、1999 年、267-269 頁）。

[19] 同上、7 頁。

[20] 同上、18-21 頁。

[21] 「知識青年」とは、文化大革命の末期、1968 年末、毛沢東の「知識青年が農村へ行き、貧農下層

第8章　一人っ子の「受難」と教育追求の白熱化

中農の再教育を受けることはとても必要である」という呼びかけに応じて、都市を離れ、農村へ行った若者である。

[22] 陳丹燕、前掲書、11-14頁。

[23] 陳丹燕、前掲書、27-30頁。

[24] 陳丹燕、前掲書、22-23頁。

[25] 陳丹燕、前掲書、56-59頁。

[26] 中国の省は日本の県に当るが、中国の県は行政区画の単位の一つで、省・自治区の下に位置する。中国の県は日本の「県」よりも行政レベルが低く、規模が小さい。中国の全土に約2千ある。

[27] この質問項目は、複数回答のため、人数ではなく、回答数を分母にして計算したものである。

[28] 中国では、北京大学と清華大学が最も有名な名門総合大学であり、庶民の間では、前者は文系の名門、後者は理系の名門として知られている。

第9章　移動する親族ネットワークと
在日中国人家庭の育児

　法務省入国管理局によれば、2004年度末における在日外国人登録者[1]数は1,973,747人である。10年前の1994年末と比較すると、その数は約62万人（45.8%）増加しており、日本の総人口の1.55%を占めるほどになった。外国人が激増するにつれて、父母ともに外国人または父母のどちらかが外国人である子どもも増加している。1987年から2001年までの15年間に、日本で出生した外国人を親にもつ子どもの総数は約42万人にのぼり、そのうち母が外国人の子どもが40.4%、父が外国人は23.9%、父母ともに外国人が35.7%であった[2]。

　在日外国人[3]が年々増加している中で、彼らの育児に関する研究の必要性が認識されるようになっているが、その数はまだ少ない[4]。そのうえ、これまでの研究では、親の日本語によるコミュニケーション能力に焦点を当てるものが多く、日本社会に対する彼らの順応性・適応性が育児問題をきたす要因として注目されてきた。

　ところが、育児という日常的な営みには、親の育児意識、家庭の経済状況、社会の保育制度、育児支援などが複合的に絡み合っている。そのために、単に親の日本語能力に焦点を当てるだけでは在日外国人の育児実態、彼らが抱える育児不安、育児困難の特徴とその固有性は、十分に明らかにできないだろう。同じく異国で育児を行う女性といっても、言語の習熟度のほかに、在留資格、家庭の経済状況、母国の育児文化の影響といった多様な要因がその育児行為に影響を及ぼしているからである[5]。

　そこで、本研究では、在日外国人全体の24.7%を占め、国別で第2位となっている在日中国人家庭の乳幼児期における育児形態を研究対象として取り上げ、滞在理由、在留資格の種類、家庭の経済状況、中国と日本の育児文化の影

第9章　移動する親族ネットワークと在日中国人家庭の育児

響に着目し、彼女らが実際にどのような育児援助を選択・利用しているかを実証的に明らかにする。

第1節　在日外国人家庭の育児
1.1　在日外国人家庭の育児に関する先行研究

これまでの外国人家庭の育児に関する研究には、医療、保健の立場からの研究が多くを占めている。特に、90年代には母子保健に関する研究は重要な研究テーマとなっている[6]。例えば、在日外国人の妊娠分娩の実態においては、困った問題の1位は言葉、2位に生活習慣、3位に保健未加入（医療費問題）があげられている[7]。育児についてみると外国人登録の不備（就職証明書）のために入園を断られることや、外国人子どもの入園数の増加によってその対応（言語の対応を含む）に追われている現状が挙げられている[8]。このように、外国人母親は出産・育児において多くの問題を抱えている。

ところが、外国人母親の育児ストレスに関する清水（2002）の研究において、日本人母親と比較結果、日本人母親の育児ストレスが4カ国（日本、韓国、中国、ブラジル）のうち最も高い。中国人母親のストレス順位は、日本、韓国に次いで3位である。

清水（2002）の研究とほぼ同様な結果を得た、今村・高橋（2003）の研究では、「外国人母親は日本人母親に比べて、全体的に育児ストレスが低く、高いソーシャルサポートを持っていた」ことを明らかにした。また、こうした結果から、必ずしも「異文化で子育てを行っている＝自文化で子育てを行う人より育児不安が高い」と言えないだろうと指摘している。さらに、日本人母親が外国人母親に比べて育児ストレスが高いのは、日本人の母親では、「育児は母親の手で」という世間一般の期待や価値観を内在化させて、期待されている母親役割を果たさなければという思いがより強いことと関連していると指摘している。

さらに、育児援助に注目すれば、日本人母親に比べて、外国人母親は友人からの育児援助と家族・親族からの育児援助が共に機能していることが分かる。

181

また、育児援助源については、「日本でのサポート」と限定してたずねた結果、「来日後知り合った人との関係を主なサポート源として良好なサポートシステムを築いている外国人母親の姿」が明らかになった（今村・高橋、2003）。

　このように、これまでの研究では、年齢、日本語能力、来日年数、就業状況に焦点を当て、外国人母親が日本人母親より育児ストレスが少ない、高いソーシャルサポートを持っていることを明らかにしている。ところが、母国の文化の影響によって、彼女らの育児ストレスが少ないことに言及しながら、その母国における主要な育児形態、育児文化に関する論述が殆ど見られない。さらに、日本でその母国の育児がどのように彼らの育児行為（育児援助の選択・利用など）、母親役割の遂行に影響を与えているのかについては、殆ど注目されていない。

1.2　母親の育児役割と育児援助の利用に着目した研究

　そこで、前述の視点を補う分析枠組みをつくるうえで示唆的である、牧野（1981,1982,1983）と落合（1989）の両研究を紹介する。牧野、落合は、日本人社会における乳幼児期の育児援助と育児ネットワークの利用について、近代家族的な母子関係論、母親の育児役割に着目した。

　従来、初期の母性的養育の欠如、つまり「母性剥奪（maternal deprivation）」は、子どものその後の成長に支障を与えるものとしてしばしば取り上げられる。しかし、牧野は数次にわたる調査により、育児で夫を煩わすことなく、仕事・趣味・社会活動などで外出することもせず、ひたすら近代家族の母親役割に忠実に生きている女性たちこそが育児不安に陥りやすいことを明らかにする。「子どもから『離れる』ということと、よりよい育児態度が関連している」というその主張は、従来の母子関係論の先入観を覆した。

　一方、落合の実証研究において、現代日本の育児は「重層化した種々の育児ネットワークに支えられ」、「けっして母親ひとりあるいは家族のみによって担われているのではない」ことと、都市部では、「子どもをもつ母親どうしが自発的かつ自然発生的に生み出した地域の育児ネットワーク」が機能している

とを明らかにした。

このように、日本人社会では、育児援助の有無よりむしろ母親の育児役割に対する認識が育児不安を引き起こし、家族より母親が軸となり育児ネットワークを形成していることを示している。

ゆえに、本研究では在日中国人家庭の母親の日本語コミュニケーション能力、日本社会に対する順応性・適応性に焦点を当てるだけではなく、育児ネットワークの利用と母親の育児役割への認識に着目してその分析を行う。

第2節　分析枠組み－育児援助と育児役割

2.1　育児形態と育児援助

実証分析に入る前に、在日中国人家庭の育児形態を論じるための分析枠組みを検討したい。育児形態（pattern of child rearing）とは、「一定の社会に類型的にみられる、子どもの養育の仕方」である。それは社会変動の影響を受けており、階級・階層によって差異が生じる。本研究では、在日中国人家庭の育児形態の類型を析出するために、育児援助の利用に焦点を当て、落合の育児援助に関する概念を応用する。つまり、落合の「母親に対して育児役割の遂行を容易にするために与えられる直接・間接の助力」[9]という育児援助をキーワードとして使用し、実際に利用している育児援助に着目し、親族ネットワーク、育児産業、地域社会、公的サポートに依存している部分、依存度合から、3類型の育児形態を分析枠組として提示する。

類型1の「独立型」とは、周縁のサポート源の有無にかかわらず、基本的に両親特に母親中心の育児形態である。

類型2の「中間型（選択利用型）」とは、夫婦中心の育児がより容易に行えるように、子どもの発育段階、育児内容（子どもの食事など身辺の世話、または、子どもの躾などの育児・教育の本質的な部分）によって、サポート源を選択的に利用する育児形態である。

類型3の「ネットワーク依存型」（周辺社会参加型）とは、子どもの養育の

183

殆どを親族ネットワークや地域社会などの家族外部に頼る育児形態である。

2.2 中国社会における育児役割と育児援助

本研究では、これまで、殆ど注目されていない母国文化が育児行為に与える影響に焦点をあてるために、中国社会における育児意識、育児形態を取り上げる。

中国の社会人類学者、費孝通（1947b）によれば、「親族は生育と婚姻において発生する社会関係」である。伝統的な中国社会の養育は、父母共同参加型の養育と父系親族を偏重する養育という二つの様相をもちながら、親族間で行われる互助と援助の行為を、権利、義務として「清算」されることを好まない。そのため、「義理人情」としてその経済上、生活上での互助・援助を行う（費、1947b 、1947a）。このように、再生産される家族は、伝統中国社会の家族・親族関係の構造を維持すると同時に、育児に対して親だけでなく家族・親族のみなが責任者であるという認識を構築しつづける。

約半世紀後、潘允康（1994）は、中国の都市家族が伝統的な家族・親族関係を受け継ぎながら、従来の先祖を祭る習慣などの延長として、育児、老人の介護という現実的な互助行為を行い、また，父系家族を中心とした伝統的な家族・親族関係ではなく，父系・母系双方の家族・親族による親族ネットワークが機能するという特徴を指摘している。

近年の中国都市部の家族・親族に関する松戸（1987）、鈴木（1999、2000）、鄭（2003）、落合・山根ら（2004）の研究も、中国都市家族が近代化しつつあるが、乳幼児の保育と老人の扶養が現在も家族・親族に委ねられることになっていると指摘している。

育児が母親のみの仕事でなく、家族・親族の共同の仕事であるのは、上述のような文化的な要因のほかに、1949 年新中国以後の社会的な要因にもよると考えられる。

まず、1949 年新中国成立後、女性が生産労働に従事しない限り女性の解放はないという「マルクス主義女性観」が一貫され、「男女同一労働、同一賃金」

の労働制度に基づいて、殆どの女性が社会労働に参入してきた[10]。そのため、年齢別構成比から女性の就業率をみると、20歳代後半から30歳代女性の就業率が同年齢層の80-90%を占めている。この構成比の高さから、中国女性の就業は結婚・出産後も就職を継続するEUやアメリカのような高原型である(瀬地山、1996)。

1949年以後の中国では、女性の社会労働の従事を強力に推進している一方、性別、婚姻状況を問わず、「特別な事情のない限り定年まで働かないと年金を受給できない」という養老保険制度も実行されている。これは、女性が専業主婦になっても「第三号被保険者」[11]として保護される日本の年金制度と対照的であろう。さらに、今の中国社会では夫だけの収入で一家を養える家庭が全体の割合からいうと相当少ないため、中国社会では、生計のために、男女がともに働き、男女ともに育児を行うと考えられる。

さらに、人々を一定の場所に固定する「戸籍制度」と、毛沢東時代の人口増加政策は、それぞれ家族と親族とが近くに居住できる地理的な条件を提供して、「家族・親族の共同養育」に人口的な条件を与えている[12]。

2.3 日本社会における育児役割と育児援助

中国の高原型の女性就業率と対照的に、日本の女性が結婚や出産、子育てで就業を中断するため、日本女性の就業率はM字型を描いている。すなわちそれは、育児役割を果たすために、多くの日本女性がいったん社会労働市場から退場することを示している。

ところが、「男は仕事、女は家庭」という性別役割分業の下で、女性が育児に専念すべきという育児形態は、日本の伝統的なものではなく、日本の近代化につれて大衆化してきたものである。国民国家や近代家族の成立と不可分の規範として、「良妻賢母」を捉え直した小山(1991)は、江戸期の日本社会において、女を劣等視する価値観のもとで、夫や舅姑に対して従順な妻や嫁が最も期待され、「女を子産みの道具として重視することはあっても、子どもの教育は期待されていなかった」と述べている。また、明治以後の「良妻賢母」とい

うイデオロギーは「『男は仕事、女は家庭』という近代的な性別役割分業に即応し、近代社会の形成にとって不可欠のものであった」と指摘する。さらに、公教育体制の成立によって、家庭教育領域の意識が進化し、「学校教育の補完的な役割を担うべき家庭教育、その担い手としての母親という家庭教育概念の確立を意味」すると同時に、「男は仕事、女は家庭」という良妻賢母思想も次第に確立された[13]のである。

　近年、「男は仕事、女は家庭」に対する支持率は、男女を問わず低下している[14]。4年制女子大学生の就業意識に焦点を当てると、就業志向は、結婚・出産退職という職業一時型から、結婚・出産で就業を中断してから再就職という職業復帰型へ、さらに、結婚・出産しても就業を中断しない職業継続型への移行が見られる（神田、2000）。

　しかし、職業志向の高まりに伴う「家事育児平等志向」は、「子どもが小さいうちは母親は育児に専念すべきである」という考え方と共存している（継続型で6割、それ以外では9割以上が支持）[15]。また、女性の就業についての意識とはまったく無関係に、「子どもは母親の愛情がなければうまく育たない」という「よい子育て」規範は非常に強固に根ざしている[16]。さらに、多くの現代女性（97.1%）は育児が母親のみの仕事ではなく、夫婦で共に育児を行いたい一方、夫に対してはステレオタイプの父親役割を期待していることから、共同分担の中での性別役割自体を否定していないことになる。

　では、大卒女性の就業意識がどのようにその就業行動に反映しているのかを知るために、卒業後の実際の働き方をみよう。高学歴化と性別分業に焦点を当てる田中（1997）によれば、教員を除いた分析では、「高学歴化と女性フルタイム継続率の変化とは無関係と結論できる」。このように、大卒の女性の間で職業継続型という意識が高まっているが、その意識が「よい子育て」規範とステレオタイプの父親役割に対する女性の考えと相殺して、結果的には、就業継続への希望及び実際の就業継続を困難にしていると考えられる。

　さらに、国際比較の視点から日本の育児援助に注目すれば、子どもの祖母の

第9章　移動する親族ネットワークと在日中国人家庭の育児

ほかに、有効な育児援助ネットワークは少なく、母親中心の育児形態が見られる（落合・山根ら、2004）。また、1992年の育児休業制度が施行される前後に注目すると、育児休業取得者は1992年より以前1.9%、1992年以降6.6%、1996年以降8.3%と上昇しつつあるが、育児休業制度の利用者は依然として1割に達していない。ただし、利用者の中で、勤務年数が長く高学歴の女性ほど、就業を継続するための育児休業制度を取得している傾向がある[17]。また、第1子1歳時点での認可保育所の利用者は、1992年以前、1992年以降、1996年以降という3区分で見ると、それぞれ2.8%、3.8%、4.1%と拡大しているが、その割合も依然として低い[18]。

　このように、高学歴の女性でも、就業志向が高まっているにも関わらず、結婚・出産によって就業を中断している。つまり、結婚前、正社員として勤務している女性は約8割強であるが、第1子出産後には約7割が家事育児専業者となるという、不変の基本構造[19]は、高学歴の女性の間にも見られる。そのために、性別役割分業は現代の日本においても今なお規範力を保持し続けており、育児は主に母親にまかされている。

　上述のように、中国では、文化・社会的な要因によって、育児が母親を含む家族・親族の共同の仕事となっている。同時に、社会主義の女性労働観、養老保険制度などによって、結婚・出産後の女性は就業を中断せず、家族・親族ネットワークに育児を委ねながら仕事と育児を両立している。一方、中国とは対照的に、日本では、社会の近代化に伴い、「男は仕事、女は家庭」という性別役割分業、女性が家事・育児に専念するという良妻賢母思想、及び母親規範（3歳児神話）によって、育児役割は主に母親によって果たされている。

　では、在日中国人家庭は、どのように日中両社会の影響を受けながら、育児援助を利用し、独自な育児形態を展開しているかという実態を実証調査から探ってみよう。

第 3 節　調査概要

　本調査は、2005 年 6-9 月にかけて、関西在住の夫婦のどちらかが中国で成人した、合計 21 在日中国人家庭[20]）をそれぞれ 1 時間程度のインタビューを行った。0-6 歳の子どものいる中国人家庭を、関西地区にある大学の留学生会、新華僑会を通して選定して、主に子どもの母親に答えてもらった。被調査家庭を具体的に 4 類型に分けており、(1) 夫婦のどちらかが留学生の家庭（10 ケース）、(2) 夫婦共働きの家庭（4 ケース）、(3) 夫婦のどちらかが日本人の家庭（5 ケース）、(4) 夫婦のどちらかが中国残留孤児の家庭（2 ケース）の合計 21 ケースである。被調査対象のプロフィールは表 9-1 のとおりである。なお、夫婦のどちらかが中国残留孤児のケースは 2 ケースしかないため、今回の分析から削除した。

　調査の項目として、先行研究で注目されてきた①母親の年齢、日本語能力、来日年数などの他に、②教育歴、就学・就業の状況、子ども数、末子年齢、在留資格の種類、④世帯の収入、女性の収入の有無、⑤子どもの年齢段階ごとに、私的育児援助（双系の親、きょうだい、親族、友人）、公的育児援助（公立・民間の認可保育所、公立・私立の幼稚園、専門家やサービス機構など）、育児産業の利用、⑥「家族・親族の共同育児」「母親中心の育児」に対する考えを設定して、半構造的なインタビューを行った。

　なお、この調査では、子どもの年齢層を統一していないため、現在 0-6 ヶ月の子どもの家庭がこれからどのような育児援助の利用を展開していくかが分からないため、6 ヶ月以上の子どもがいる家庭の育児援助と単純に比較できない限界がある。また、ケース数が母集団を代表できる事例の数ではないため、今回の調査から抽出した育児形態を一般化できるかどうかが懸念される。したがって本調査は、更なる精緻な実証分析の枠組みをつくるための問題発見的な調査として位置づけられる。

第9章　移動する親族ネットワークと在日中国人家庭の育児

表 9-1　対象者の基礎情報

調査対象のプロフィール：夫婦のどちらかが留学生の場合

対象	年齢（夫）	来日年数（夫）	日本語能力	就学・就業状況（夫）	末子年齢	子ども数	教育歴（夫）	現在の同居家族	世帯の月単位の経済状況（本人の収入）	現在所持のビザ種類（来日当時）
A	33(36)歳	4年(6年)	日常会話に困らない	就学中(就学中)	4歳半	一人	24年(24年)	夫、妻、娘	30万位(有り)	留学(家族滞在)
B	32(32)歳	8年(6年)	堪能	就学中(留学)	11ヶ月	一人	24年(22年)	夫、妻	20万位(有り)	留学(留学)
C	31(32)歳	4年(2年半)	堪能	専業主婦(就学中)	1ヶ月	二人	21年(22年)	夫、妻、息子、義理母	20万位(無し)	留学(家族滞在)
D	31(32)歳	8年(7年)	堪能	就学中(就学中)	3歳4ヶ月	一人	19年(16年)	夫、妻、息子	20万位(有り)	留学(留学)
E	34(34)歳	2年(6年)	不得意	専業主婦(就学中)	5歳半	一人	19年(23年)	夫、妻、息子	20万位(有り)	家族滞在(家族滞在)
F	27(30)歳	4年(2年)	日常会話に困らない	専業主婦(就学中)	4歳1ヶ月	一人	17年(22年)	夫、妻、娘	20万位(有り)	家族滞在(家族滞在)
G	31(33)歳	4年(2年半)	不得意	専業主婦(就学中)	2ヶ月	二人	19年(22年)	夫、妻、娘、息子、実の	20万位(無し)	家族滞在(家族滞在)
H	27(33)歳	8年(8年)	堪能	就業中(就業中)	9ヶ月	一人	19年(19年)	夫、妻、息子、実の母	30万位(あり)	留学(就学)
I	32(32)歳	6年(8年)	堪能	就学中(就業中)	4歳3ヶ月	一人	23年(22年)	夫、妻、息子	30万位(有り)	留学(留学)
J	29(32)歳	7年(9年)	堪能	専業主婦(就学中)	3歳半	一人	19年(19年)	夫、妻	30万位(有り)	家族滞在(就学)

調査対象のプロフィール：夫婦が共働きの場合

対象	年齢（夫）	来日年数（夫）	日本語能力	就学・就業状況（夫）	末子年齢	子ども数	教育歴（夫）	現在の同居家族	世帯の月単位の経済状況（本人の収入）	現在所有のビザ種類（来日当時）
①	31(41)歳	20年(9年)	堪能	共に就業中	4歳3ヶ月	二人	24年(17年)	夫、妻、娘、息子、実両親	50万位(有り)	仕事(家族滞在)
②	41(31)歳	19年(17年)	堪能	共に就業中	3歳	二人	24年(24年)	夫、妻、息子二人と姪	50万位(有り)	仕事(留学)
③	33(37)歳	13年(16年)	堪能	共に就業中	2歳10ヶ月	一人	19年(20年)	夫、妻、義理母	50万位(有り)	仕事(留学)
④	34(31)歳	8年(7年)	堪能	産休中(就業中)	10ヶ月	一人	19年(19年)	夫、妻、息子	50万位(有り)	仕事(留学)

調査対象のプロフィール：国際結婚の場合

対象	年齢（夫）	来日年数（夫）	日本語能力	就学・就業状況（夫）	末子年齢	子ども数	教育歴（夫）	現在の同居家族	世帯の月単位の経済状況（本人の収入）	現在所有のビザ種類（来日当時）
ア	40(46)歳	13年(ー)	堪能	専業主婦(就業中)	6歳	二人	21年(19年)	夫、妻、娘二人	50万位(無し)	日本人配偶者(留学)
イ	36(36)歳	17年(ー)	堪能	産休中(就業中)	5ヶ月	一人	24年(24年)	夫、妻、息子	40万位(有り)	仕事(留学)
ウ	41(43)歳	18年(ー)	堪能	共に就業	6歳	一人	19年(20年)	夫、妻、娘	60万位(無し)	仕事(留学)
エ	34(36)歳	(18年)	母語	共に就業中	5歳	二人	19年(24年)	夫、妻、息子二人	50万位(有り)	日本国籍
オ	38(41)歳	(17年)	母語	専業主婦(就業中)	6歳	二人	19年(24年)	夫、妻、息子二人	50万位(無し)	日本国籍

注：「エ」と「オ」は母親が日本人であるケース

第4節　インタビューの分析結果

4.1　育児援助の利用：在留資格と経済状況の影響

　2.2節において述べたように、文化的・社会的要因によって、中国本土では「家族・親族の共同養育」という育児形態が形成されている。また、表2-表4に示されているように、在日中国人家庭が中国本土に比べて、家族・親族ネットワークと地理的な条件に恵まれないにもかかわらず、家族・親族ネットワークは育児援助としてもっとも利用されている。特に、子どもが0-3ヶ月においては、この傾向が顕著である。

　それぞれの育児形態を析出するために、夫婦のどちらかが留学生の家庭、共働きの家庭、国際結婚の家庭（以下それぞれ類型1、類型2、類型3と略称）を具体的に見よう。

　まず、子どもが0-3ヶ月の育児援助の利用状況に焦点を当てて、類型1の家庭（表9-2）をみると、対象E、F、G（第1子の場合）を除けば、すべての家庭は、出産というライフイベントを経験する直前に親族の来日によって育児援助を受けていることがわかる。ただし、対象E、F、G（第1子の場合）は、中国で出産したため子どもが0-3ヶ月の間に家族・親族から育児援助を受けていないわけではない。

　また、子どもが3ヶ月後の育児援助の利用に注目してみると、対象のAとDは子どもを中国の親族に預け、対象のCとJは母親が子どもと一緒に中国に帰国し、対象のB、H、Iは親族の来日の延長、または交替によって、日本で共同育児を行っている。表2に示されているように、子どもが親と離れた時期をみると、類型1の10ケースのうち、中国の親族に預けられるのは対象のA、B、C、D、F、H、Iという7ケースである。この7ケースのうち、子どもを中国の親族に預ける時期は最長3年のケースもある（対象C）。

　このように、夫婦のどちらかが留学生の家庭の多くは、子どもが3ヶ月、または6ヶ月になってから、彼らを中国にいる親族に預け、子どもの養育の殆どを家族外部に委ねる「ネットワーク依存型」（周辺社会参加型）の育児形態を取っ

ている傾向が見られる。

表 9-2　実際の育児援助の利用（子どもの発育段階ごと）：夫婦のどちらかが留学生の場合

対象	子ども	0－3ヶ月	4-6ヶ月	7－9ヶ月	10-12ヶ月	13-18ヶ月	1歳6ヶ月-2歳	2歳1ヶ月-3歳	4－6歳
A	第1子 4歳半	実の母親が来日、共同育児	日本で夫と二人の育児			子どもを中国の実の両親に預けた			夫婦二人の育児、保育所も利用
B	第1子 11ヶ月	義理の母親が来日、共同育児		子どもを父方祖父母に預けている					
C	第1子 4歳3ヶ月	実の母親が来日、共同育児	実の両親と一緒に中国で、家事手伝いさんも雇い		子どもを母方祖父母に預けているが、週末に家事手伝いさんが子どもを連れて父方の祖父母宅で過ごしている				
	第2子 1ヶ月	義理の母親が来日中、共同育児							
D	第1子 3歳4ヶ月	実の姉が来日、共同育児	子どもを母方祖父母に預けた			夫婦二人の育児、日本の保育所も利用			
E	第1子 5歳半	夫が来日後、親族の育児援助（双系）を受けながら、ベビーシッターも利用して、中国で共同育児を行った							夫婦二人の育児、日本の保育所も利用
F	第1子 4歳1ヶ月	双系の親族と中国での共同育児	夫が来日後、義理の両親と一緒に中国で育児				子どもを父方祖父母に預けた	保育所を利用しながら、夫婦二人で育児	
G	第1子 4歳4ヶ月	夫が来日後、双系の親族、とくに実の両親と中国で一緒に育児。					日本で、母親中心の育児		保育所を利用しながら、夫と二人で育児
	第2子 2ヶ月	実の母親と姉が来日中、共同育児							
H	第1子 9ヶ月	実の母親が来日、共同育児	義理の母親が来日中で共同育児	子どもを母方祖父母に預けている					
I	第1子 4歳3ヶ月	実の姉が来日、共同育児		義理の両親が来日、共同育児	子どもを母方祖父母に預けた		実の両親と日本で共同育児	保育所を利用しながら、夫婦二人で育児	
J	第1子 3歳半	実の母親が来日、共同育児	実の両親と一緒に中国で共同育児			保育所を利用しながら夫婦二人の育児			

　次に、子どもが0-3ヶ月の育児援助の利用状況に焦点を当てて、類型２の家庭（表9-3）をみると、対象②の第１子を除けば、すべての家庭は子どもが0-3ヶ月の間に家族・親族から育児援助を受けたことがわかる。類型２の家庭における３ヶ月後の育児援助は、類型１の家庭に比べて、その後も親族による援助を続けて利用しているのが特徴的である。例えば、対象①（第１子の場合）を除けば、すべては親族と日本での共同育児の時期が子どもの３ヶ月になってからも続いていたことがわかる。さらに、表３をみると、類型２の家庭においても、子どもを中国の親族に預ける家庭の４ケースのうち、２ケースが

あるものの、子どもを預ける時期は類型１の家庭に比べて、かなり短いことがわかる（対象①の第１子は半年；対象②の第２子は１年半；対象②の第１子は半年）。

　類型１と類型２の家庭において、親族以外の育児援助の利用にも違いが存在している。類型１の家庭では、親族に次いで公立の保育所をよく利用している。それに対して、類型２の家庭では、親族に次いで、保育所、私立幼稚園、ベビーシッターを併用していることから、利用している育児援助の多様化が伺える。このことから、類型２、つまり夫婦が共働きの家庭では、夫婦二人の育児がより容易に行えるように、親族をはじめ、多様な育児援助を動員して、子どもの発育、育児内容によって、育児援助源を選択的に利用する「中間型（選択利用型）」という育児形態の傾向が見られる。

表9-3　実際の育児援助の利用（子どもの発育段階ごと）：夫婦が共働きの場合

対象	子ども	0−3ヶ月	4−6ヶ月	7−9ヶ月	10−12ヶ月	13−18ヶ月	1歳6ヶ月-2歳	2歳1ヶ月-3歳	4−6歳
①	第1子 6歳10ヶ月	実の両親が来日、共同育児		日本で夫と二人の育児だが、基本的に母親中心の育児を行った		母親中心の育児を行った	子どもを母方祖父母に預け、日本の保育所を利用	日本で夫と二人の育児だが、私立幼稚園を利用しながら、基本的に母親中心の育児を行った	
①	第2子 4歳3ヶ月		実の母親が来日、共同育児	子どもを母方祖父母に預けたが、家事手伝いさんも併用。預けた間に、2ヶ月一回ほど帰国した			子どもが母方祖父母と共に来日、共同育児	親族との共同育児と日本の私立幼稚園の利用	
②	第1子 4歳3ヶ月	夫婦二人の育児	実の両親が来日、共同育児			義理の両親が来日、共同育児	子どもを母方祖父母に預けた	日本の保育所を利用しながら、夫婦二人の育児。時々、ベビーシッターも併用	
②	第2子 1ヶ月	母方の親戚、合計3人が、半年ずつ来日、共同育児					日本の保育所を利用しながら、夫婦共の育児。時々、ベビーシッターも併用		
③	第1子 4歳3ヶ月	実の母親が来日、共同育児	義理の母が来日、共同育児	実の母親が来日、共同育児	義理の母が来日、共同育児		基本的に、母親中心の育児、子どもが1歳8ヶ月から日本の保育所も利用		
④	第1子 4歳3ヶ月	実の母親が来日、共同育児	義理の母が来日、共同育児	実の両親と中国で共同育児、家事手伝いさんも併用					

　上述のように、同じく中国人同士からなる家庭においても、夫婦のどちらかが留学生の家庭と夫婦が共働きの家庭は、使用している育児援助のパターンが異なっている。この違いは、それぞれ所持している在留資格の種類と家庭の経

第 9 章　移動する親族ネットワークと在日中国人家庭の育児

済状況によると考えられる。

　留学生という在留資格が、単位の取得状況によって基本的に 1 年間、または 2 年間ごとに更新するのに対して、仕事という在留資格は、3 年ごと、または 5 年ごとに更新している[21]。このことから、留学生という身分は比較的不安定とも言える。さらに言えば、留学生が日本で学業を継続するには、そのための在留資格の更新が必要とされ、その上、在留資格を順調に更新するため、学業に専念しなければならない。日本での学業・就業と育児を両立するために、親族が日本に長期的に滞在するのが有効な育児援助として期待されるものの、それに必要な費用の負担は、夫婦が共働きの家庭に比べて、夫婦のどちらかが留学生の家庭にとっては、決して軽いものではないだろう。

　このように、夫婦のどちらかが留学生の家庭は、在留資格の不確実性、また、多様な育児援助を利用可能な経済力の有無によって、日本における学業・育児の両立が難しくなり、子どもを中国の親族に預ける育児パターンを選択せざるを得ないと考えられる。

　次に、前述の類型 1 と類型 2 の家庭が利用している育児援助の特徴、つまり、夫婦のどちらかが留学生の家庭：「ネットワーク依存型」（周辺社会参加型）；夫婦が共働きの家庭：「中間型（選択利用型）」を念頭に置きながら、類型 3、国際結婚の家庭の育児をみよう。

妻が中国人の家庭（対象ア、イ、ウ）は、子どもが 0 － 3 ヶ月の間に、親族、特に実の両親と日本での共同育児が見られるが、妻が日本人の家庭（対象エ、オ）は、一つ屋根の下で親族との共同育児が見られない（表 9-4）。ところが、子どもが 3 ヶ月後、国際結婚の家庭は、類型 1 の家庭のように子どもを中国の親族に預けることもなく、類型 2 の家庭のように親族の来日期間の延長によって日本での共同育児を行うこともない。つまり、0-3 ヶ月の乳幼児期における家族・親族の育児援助の利用においては、国際結婚の家庭は、他の類型の家庭に比べて、基本的に夫婦、または母親中心の「独立型」という育児形態の傾向が見られる。特に、妻が日本人である国際結婚の家庭では、母親中心の「独立

193

型」の育児形態の傾向が顕著である。また、妻が中国人、かつ専業主婦である場合も、そういう傾向が見られる。

表 9-4　実際の育児援助の利用（子どもの発育段階ごと）：国際結婚の場合

対象	子ども	0−3ヶ月	4-6ヶ月	7-9ヶ月	10-12ヶ月	13-18ヶ月	1歳6ヶ月-2歳	2歳1ヶ-3歳	4−6歳
ア 妻：中国人	第1子 9歳	義理の母親と2週間の共同育児	基本的に母親中心の育児						母親中心の育児、保育所の利用
	第2子 6歳	義理の母親と2週間の共同育児、その後、実の父が来日、共同育児	基本的に母親中心の育児					実の父が来日、共同育児	母親中心の育児、保育所の利用
イ 妻：中国人	第1子 5ヶ月	実の母親が来日、共同育児	基本的に母親中心の育児						
ウ 妻：中国人	第1子 6歳	実の母親が来日、日本で共同育児	日本でベビーシッターを雇いながら、夫婦二人の育児						夫婦二人の育児、保育所も利用
エ 妻：日本人	第1子 9歳	基本的に母親中心の育児				基本的に母親中心の育児、保育所も併用			子どもの中国語習得に、中国で夫の親族と共同育児
	第2子 5歳	基本的に母親中心の育児	基本的に母親中心の育児、保育所も併用						子どもの中国語習得に、中国で夫の親族と共同育児
オ 妻：日本人	第1子 4歳3ヶ月	基本的に母親中心の育児							基本的に母親中心の育児、保育所も併用
	第2子 1ヶ月	基本的に母親中心の育児							基本的に母親中心の育児、保育所も併用

　このように、在日中国人家庭は、家族・親族ネットワークと地理的な条件に恵まれないにもかかわらず、乳幼児期の育児においては、基本的に家族・親族の共同育児を行っている。とくに、子どもの0-3ヶ月の間に顕著である。この結果は、日本人の母親に比べて、外国人の母親は家族・親族からの育児援助が機能しているという今村・高橋（2003）の研究の結果と一致している。ただし、それぞれ所持している在留資格の種類、家庭の経済状況によって、「家族・親族共同養育」という中国本土の育児形態を変容しながら継承しているように伺える。

第9章　移動する親族ネットワークと在日中国人家庭の育児

4.2　「育児役割」と「母親役割」：子どもの健康・生育環境と育児の担い手の選択

　語りのなかで、「子育ては女性の仕事」に対して、殆どの被調査対象が反対、または、どちらかといえば反対と答えた。2つの意見を合わせると、8割近くになる（表9-5）。「子育ては女性の仕事」に対する反対の意見は、積極的に育児援助を動員することと、子どもの健康・生育環境を考慮して子どもが親と一時的に離れてもよいという2つの意味があった。

表9-5　育児に対する考え、及び実際に利用している育児援助

育児に対する考え	子育ては女性の仕事	親族との共同育児	一時中国に預けること	育児と仕事を両立すべき	実際の育児援助の利用	日本で親族との共同育児の時期	子どもを中国の親族に預けた時期
賛成	1(5.3)	2(10.5)	1(5.3)	7(33.3)	ある	15(78.9)	9(47.4)
どちらかと言えば賛成	3(15.8)	14(73.7)	7(36.8)	11(57.9)			
どちらかと言えば反対	6(31.6)	3(15.8)	7(36.8)	1(5.3)	ない	4(21.1)	10(52.6)
反対	9(47.4)	–	4(21.1)	–			
合計	19(100)	19(100)	19(100)	19(100)	合計	19(100)	19(100)

ケース数、(　)%

　次にそれぞれのケースについての語りをみていく。

　まず、積極的に育児援助を動員する例としてQさんとGさんの事例をあげる。

　大学院に在学中のQさんは、妊娠がわかった時から、初めての出産と育児を助けてもらうために、中国にいる親族のだれかが日本に来てもらえるように計画していた。

　「母親が病気だから、日本に来られないのです。姉に頼んでみたけどね、仕事があるから、何ヶ月休むわけにもいかないし……、夫と相談して義理の母に来てもらうことを決定しました……」と、実の姉に来日してほしかったQさん（夫婦がどちらかが留学生の家庭B）は、語る。

　大学勤務のGさんは、第1子が生まれた時、実の両親と義理の両親に交替で日本に来てもらっていた。だが、第2子が生まれた時、健康の問題で実の両親と義理の両親にきてもらえない状態であったため、多くの親族を動員した。

195

「……私の母親が亡くなって間もない時に、私は第2子の妊娠がわかりました。義理の両親も来られないからね、私が母方の親族に声をかけて、本当に来られそうな人に殆ど声をかけました。……合計3人の親族に半年ずつ交替で日本に来てもらいました。それで、下の子が1歳半になって保育所に入った」と、Gさんは（共働きの家庭②）はそう語る。

上述のインタビューと表5に示している、親族との共同育児を賛成、またはどちらかと言えば賛成は84.2%で、実際に日本で共同育児を行った家庭は78.9%を合わせて考えると、親族との共同育児という育児形態に殆どの家庭は賛成の態度を示しており、実際に多くの家庭は実行している。

次に、子どもの健康・生育環境を考慮した事例をあげる。

「保育所に入ってから、娘が病気をもらったりして、しばらく入院もした、子どものこれからの成長に害がないかと、けっこう悩みました。……夫と相談した結果、やはり子どもの健康を考えてしばらく子どもを中国の実家に預けました。……娘が病気になったことを教訓に、息子を中国の実家に長く預けた時期がありました。息子が満2歳の時、私の母が彼を連れて日本に帰ってきました。その後、日本の保育所に通い始めました。私の母がしばらく日本に滞在してくれて、私たち一家の食事や息子、娘の出迎えと見送りもしてくれた」と、会社員Gさん（共働きの家庭①）は、乳幼児期の健康がこれからの成長に最も大事だと語った。

Gさんの他に、専業主婦のW（夫婦のどちらかが留学生の家庭F）、留学生Hさん（夫婦のどちらかが留学生の家庭D）も類似した話があった。

このように、子どもの健康を考慮すれば、必ずしも母親のそばにおかなくとも、信頼できる親族にしばらく預けるのは、彼らにとってごく自然な選択のように見える。

第9章　移動する親族ネットワークと在日中国人家庭の育児

その一方、子どもを中国の親族に預ける母親が、最も苦悩しているのは、子どもの親への認知度が低いことである。

「国際電話をかけて、『ママだよ』と何回も呼びかけたが、私と話そうともしなかった。その時は、本当に悲しかったわよ」という似通った話を語る母親は何人もいる。

ところが、「子どもが親と一時離れて生活するのは、子どもの成長によくない」とか、「母親役割を果たしていない」、などと語る母親は殆どいなかった。「私たちが忙しすぎるから、子どもの面倒をきちんと見られません。祖父母は、子どもの栄養のバランスや生活習慣などに構える時間も、気持ちの余裕もありますし、周りに一緒に遊べる子どもも多いですからね・・・、それを考えると、私たちのそばより、祖父母に預けるのは、子どもの成長によいと思いますよ。」と留学生Ｗと留学生Ｌ(夫婦のどちらかが留学生の家庭ＡとＣ)は、そう語った。

上述のインタビューのように、母親は、子どもの最もかわいい時期を、自分と一緒に過ごせない寂しい気持ちをもっている。しかし、その一方、子どもが３歳まで母親と一緒に過ごせないことは、母親として失格というある種の後ろめたい思いは持っていないようである（表５のように、一時中国に預けることに対して賛成・どちらかと言えば賛成は42.1%）。つまり、日本の３歳児神話と対照的に、「初期の母性的養育の欠如」が子どもの成長に支障を与えるという考えより、むしろ、乳幼児期の健康が子どものこれからの成長を左右するという考えは、中国人家庭の間に一般的にあるようである。それゆえに、子どもの健康・生育環境を中心に考えたすえ、子どもを中国に一時的に預けることを選択したのであろう（表５のように、実際に中国の親族に子どもを預けた時期のある家庭は47.7%）。

さらに、上述のインタビューと「近代家族の母親役割に忠実に生きている女性ほど育児不安に陥りやすい」という牧野の日本の育児不安に関する研究結果と比較すると、中国では、育児役割は母親のみには期待されておらず、育児が家族・親族の共同の仕事として行われている。そのため、在日中国人家庭の多

くは、家族・親族を育児援助の担い手として、家族・親族を軸とした育児ネットワークを活用しているように見える。さらに、家族・親族から育児援助を得られることは、母親になることによって、日本社会へのさらなる適応も同時に要求されることから生じた緊張を緩和する機能も果たしているだろう。

4.3 「就学・就業と育児の両立」と「母親役割」：育児援助を提供するもう一つの側面

「育児と就学・就業を両立すべき」に対して、夫婦のどちらかが留学生の家庭Aと、国際結婚の家庭オを除けば、殆どの被調査対象は、賛成、またはどちらかといえば賛成を示している（それぞれ 33.3%、57.9%）。さらに、注目すべきことに、育児に積極的に参加する夫、育児援助を提供するため日本にやってくる中国の親族たちは、育児役割を担うだけでなく、出産後の女性が直ちに就学・就業に復帰することを促している。

就学・就業と育児の両立を望んでいる夫と、親族たちの例をいくつかあげる。

「せっかく留学して学位を取得したから、非常勤じゃなくて、フルタイムの仕事につくのを勧めた。育児や家事にできるだけ協力するから」と、現在大学で勤務しているGさんの夫（夫婦が共働きの家庭②）は、そう語った。

「結婚する前から、結婚したら専業主婦にならないでほしいと夫に言われましたよ。夫一人の給料は一家を養えないことがないが、二人が働くと豊かになるから……」と夫の考えについてZさん（共働きの家庭③）は、そう語った。

「私の父が私の妊娠を知って、真っ先に心配したのは私の学業です。子どもを産んだら、これからあなたの勉強はどうなる…、父にそう言われて、心情が複雑だったですよ。」と親に育児・学業の両立を期待された留学生Qさん（夫婦のどちらかが留学生の家庭B）は、そう語った。

第9章　移動する親族ネットワークと在日中国人家庭の育児

「2番目の子どもを妊娠したことを私の親に知らせたら、私の父親が全然喜んでくれなくてね…、やっと日本社会に少し慣れて、仕事を始めたのに…といつも優しい父親から祝福の言葉をもらわなかったことにショックだったのですが……、でも私の両親が私の育児に本当に協力的でね、お二人に申し訳ないほど…」と、会社員Gさん（共働きの家庭①）は、女性でも仕事をもつべきという実の両親の考え、両親の自分への心配、そして育児への協力を語った。

「…やはり、学業が大事だから。宝々（赤ちゃんの愛称）が少し大きくなったら、中国に連れて帰るわ。今は娘が勉強に専念できる環境が大事…」と、進学試験が迫った留学生Wさんの母親（夫婦のどちらかが留学生の家庭H）は、そう語る。

上述のインタビューから、仕事と育児の両立ができる女性は最も評価されており、また、就学・就業を継続するため、乳幼児期における「母親役割」を育児援助によって分担してもらうという戦略を、今回の調査から確認できたと言えよう。換言すれば、女性が出産で生じた就学・就業のハードルをうまく乗り越えて、出産後、迅速に社会に復帰できることは、家族・親族が積極的に育児援助を提供するもう一つの理由であると考えられる。

「子どもは母親の愛情がなければうまく育たない」「家庭に迷惑をかけない範囲で仕事をしてもいい」という日本社会でよく見聞きするフレーズがある。ところが、上述のインタビューはそれと対照的である。つまり、在日中国人家庭において、女性自身のみならず、女性を取り巻く家族・親族は出産後の女性が「母親役割」に専念するのでなく、社会に迅速に復帰することも視野に入れて積極的な育児援助を提供している。

第5節　移動する親族ネットワークと女性の就学・就業と育児の両立

日中両国における育児役割、母親役割の違いに着目して、実際に利用してい

る育児援助を考察した結果、まず、在日中国人家庭においても、中国本土と同様に、家族・親族ネットワークは主要な育児サポートとして使用されていることが明らかになった。とくに0-3ヶ月において顕著である。

　具体的にみると、夫婦のどちらかが留学生の家庭は、10ケースのうち7ケースも子どもを一時中国にいる親族に預けたことがあるから、子どもの養育の殆どを家族外部に委ねる「ネットワーク依存型」（周辺社会参加型）という育児形態を取っている傾向が見られる。それに比べて夫婦が共働きの家庭は、子どもを一時中国にいる親族に預けた家庭があるものの、時期が短く親族と日本での共同育児期間が長く、また親族をはじめ、多様な育児援助を動員していることから、「中間型（選択利用型）」という育児形態の傾向が強い。さらに、上述の2類型の家庭に比べて、国際結婚の家庭は、妻が中国人の場合でも、子どもが0-3ヶ月の間に親族と日本での共同育児を行うが、その後、基本的に夫婦、または母親中心の「独立型」という育児形態の傾向が見られる。

　次に「子どもの健康を考えて中国の祖父母に預けた」「私たちのそばより、祖父母に預けるのは、子どもの成長によい」という語りから、中国の親族に子どもを一時預けるのは、子どもの健康を中心に考えたすえの選択と、乳幼児期においては、育児役割は決して母親に限定しているわけではないことが分かる。

　さらに、今回の調査では、在日中国人家庭においては、女性の就学・就業と育児の両立に対して、女性本人だけではなく、夫をはじめ、その周囲の家族も出産後の女性が直ちに就学・就業に復帰することを促進して、積極的に育児援助を提供していることが明らかになった。

　以上のように、①在日中国人家庭の育児形態が3類型に分類できるということ、②育児役割の中心が母親のみに限定されないこと、③育児援助が母親の就労をサポートする機能を担っていること、の3点が明らかとなった。しかし今回の調査結果は、ケースが限られており、これを在日中国人家庭の普遍的な育児形態であるとは断定しがたい。そのため、今後もさらなる調査を進めることによって、今回明らかになった3点を含め、在日中国人家庭における育

第 9 章　移動する親族ネットワークと在日中国人家庭の育児

児形態の特徴や問題点を検討していきたい。

註（第 9 章）

[1] 日本では、「外国人登録法」によって、90 日以上日本に滞在する者（本邦で出生した場合は 60 日以内）は外国人登録することになっている。

[2] 李節子、2003、「国際結婚と多民族化する日本人」『チャイルドヘルス』6（1）：45-48。

[3] 行政報告書では「外国籍住民」、「在住外国人」の表記が多い。しかし、「在日外国人」という言葉の方が、社会一般に定着しており、日本に暮らす外国人総称と見なされていることから、本研究ではそちらを使用する。

[4] 今村祐子・高橋道子、2004、「外国人母親の精神的健康に育児ストレスとソーシャルサポートが与える影響－日本人母親との比較－」『東京学芸大学紀要 1 部門』55：53-64。

[5] 例えば、日本人男性とアメリカ人女性の家族に焦点をあてた新田文輝（1992）は、日米社会における家族構造の重心の違いに着目している。つまり、日本において母子関係が家族構造の中核をなすのに対して、アメリカでは夫と妻の関係が軸となっている。この違いによって、家事・育児に誰が従事するのかという大きな問題が家族内で生じることになる。
ここから、言語の習得のほかに、母国文化とホスト文化における女性の役割の違いは、ホスト社会への適応や育児行為に影響を与えていると言えよう。

[6] 李節子編、1998、『在日外国人の母子保健－日本に生きる世界の母と子－』医学書院、2 頁を参照。

[7] 渡辺洋子他、1995、「在日外国人が日本の母子保健医療に望むもの」『母性衛生』36：337-342。筑波優子他、1996、「在日外国人母親への母子保健に関する実態調査」『日本公衆衛生雑誌』42：555 頁を参照。

[8] 李節子編、1998、同上。布田佳子他、1995、「国際育児相談のまとめ分析」『東京都衛生局学会誌』43：947 頁を参照。

[9] 本研究では、母親以外の育児の担い手に注目して、育児パターンを析出するために、この定義を使用する（落合恵美子、1989「育児援助と育児ネットワーク」『家族研究』vol.1：112 頁を参照）。

[10] ところが、秋吉祐子（1985）と木村田鶴子（2004）の研究においては、1949 年以後の中国における女性の社会労働に対して、中国の「女性解放」とは結局のところ、女を男に換えることでしかなかった、という指摘もある。

[11] 厚生年金と共済年金の加入者（収入 1000 万円未満）の妻で、自分の所得が 130 万未満の者を指す。

[12] 人口を一定の場所に固定されている「戸籍制度」と毛沢東時代の人口増加政策によって、都市でも高密度の親族ネットワークが形成される（鄭楊、2003、「中国都市部の親族ネットワークと国家政策」『家族社会学研究』14（2）：88-89 頁を参照）。

[13] 小山静子、1991、『良妻賢母という規範』勁草書房、233-245 頁を参照。

[14] さらに、「男女共同参画に関する世論調査」「総理府、2004」の調査では、子どもができても、「ずっと職業を続けている」「ずっと職業を続ける方がよい」に対する支持率は、平成 4 年 23.4%、平成 16 年 40.4% と上昇している。

[15] 神田（2000）は、4 年制大学の女子学生を対象に実施された、キャリアパターンに関する各種の意識調査をまとめた結果からそれを指摘する。

[16] 西村（2001）は、狭義の性別役割分業意識を「性による役割振り分け」と「（女性の）愛による再生産役割」という二次元に構成し直した大和（1995）の知見を参考に、母親中心の「よい子育て」が広く存在していることを指摘する。

[17] 財団法人家計経済研究所「消費生活に関するパネル調査」（平成 13 年度）によると、出産後も就業を継続している女性のうち 71.4％が育児休業を取得していた。育児休業取得者の傾向をみると、勤続年数が長く、高学歴である者が多い。　内閣府男女共同参画サイト http://www.gender.go.jp/whitepaper/h15/danjyo/html/honpen/chap01_03_01.html　（2006/06/30 参照）

[18] 永瀬伸子、1999、「少子化の原因：就業環境か価値観の変化か－既婚者の就業形態選択と出産時期の選択－」、『人口問題研究』55（2）：2-5 を参照。

[19] 永瀬伸子、1999、同上。

[20] 在日中国人においては、「日本華僑」と「新華僑」が存在している。前者は、日中国交正常化の 1972 年以前から日本に定住していたものである。後者は 1972 年、特に 1978 年中国改革開放以後、留学生・就学生として来日後、日本で就業・創業し、永久居留権を得て定住した中国大陸出身者を指す。本研究では「在日中国人家庭」を、夫婦のどちらかが 1970 年代末期、または 1980 年代以降、来日した中国大陸出身者に限定する。

[21] 日本の「出入国管理及び難民認定法」によれば、外国人が日本に在留して行うことができる活動や身分、地位の種類を「在留資格」として類型化しており、「在留資格」は 27 に分類されている。日本の大学・短期大学、大学院などに留学する場合は、「留学」の在留資格を取得することが必要である。また、この「留学」とは異なり、日本の高等学校や、一部日本語学校などで学ぶ場合は「就学」という在留資格となる。具体的なビザ種類による更新期間の違いについては、入国管理局公式サイト http://www.immi-moj.go.jp/tetuduki/index.html （2006/06/30）を参照。

第10章　都市部「近代家族」の誕生と「良妻賢母」の流行

　「女性には経済的自立がなければ本当の自立がない」という理念は1949年以降の新中国が提示してきた進歩的かつ画一的性別規範となっている。このような性別規範が短期間かつ広範囲に広まったのは、新中国政府[1]の成立とともに男女平等が基本的な国策の一つとして掲げられてきたことによるものと考えられる。しかも、この国策を実現する具体的な手段として、女性に男性と同等の就業機会と報酬が与えられた。そのため、1950年代から、女性、正確に言えば都市部の女性の就業率や教育水準は男性に近づいた（Parish & Busse,2000）。

　しかし、計画経済から市場経済に転じる1980年代末から1990年代初頭にかけて中国の都市部において主婦（housewife）が増加し始めた。長年、女性の自立は経済的自立からだという性別規範を構築してきた中国では、主婦の出現が新しい社会現象となり、そのため多くの議論を呼んだ。そして、現在でも主婦の増加と女性の社会地位の低下との因果関係が論争の的となっている。

　そこで、本章では、中国都市部の主婦[2]を研究対象とし、仕事と家庭の間を行き来している女性がどのように「良妻賢母的役割」と「経済的役割」の遂行をしているのか、また、転換期の中国で女性の性別規範がどのように変容しているのかを考察する。さらに、こうした考察によって、異なる階層の女性の間で性別規範が多様化していることと、階層によって主婦になることは必ずしも女性の社会地位の低下を意味するわけではないことを指摘する。

第1節　中国の主婦化への疑問

1.1　中国の主婦とは

　主婦（housewife）の概念に対して、中国ではまだ明確な定義がなされていない。民間では、専業主婦を指して「全職太太」や「家庭婦女」[3]という二つ

の異なった呼び方をし、それぞれ羨望と蔑視の意味あいを含んでいる。主婦を対象とする研究がわずかしかない現状でも、新しく出現した主婦に対して賛否両論の意見が示されている。その中で、丁琳琳・馮曇（2005）は「『全職太太』は「新家庭主婦」で、社会の一切の職務を辞退し家庭に入り、『太太』（奥さん）を職業として良妻賢母の役割に専念している」女性と述べる。また、方英（2009）は主婦を「全職太太」と「家庭主婦」という二つの概念にして、「全職太太」は 1990 年代の中国に出現した新しい名称であるのに対し、「家庭主婦」は 1950-1960 年代の毛沢東時代の無職既婚女性への呼称であると述べ、両者が無職で社会に進出していないという共通点を有しているにもかかわらず、時代によって全く異なる女性を表していることを指摘している。さらに、方英は両者がそれぞれ違ったイメージを持たれる原因を分析している。1949 年以降、国家の呼びかけに応じず、社会に進出できなかった少数派の女性に対し、社会はマイナスのイメージを植え付けたため、「家庭主婦」の良くないイメージが広がった。これに対し、1990 年代以降、市場経済の進化により経済的な要素が人々の生活様式に影響を与え、職場から家庭に入った同じく少数派の女性に対し、社会はプラスのイメージを植え付けたため、「全職太太」に裕福でモダンなイメージが広がったという。このように、今の中国では、無職の既婚女性に対して、全く異なるイメージが存在し、二つの概念が定義されているのである。

　一方、欧米及び日本では、主婦について明確な定義が提示されている。ロパタによると欧米の主婦とは、「家庭の運営に必要な作業を自分で行うか、他人を雇って行うかを問わず、その活動に責任を持つ女性」である [4]。また、瀬地山角（1996）は現代日本主婦の共通性について「夫の稼ぎに経済的に依存し、生産から分離された家事を担う有配偶者女性」と定義する。もちろん、欧米や日本の主婦も時代によってその特徴は一様ではない。日本を例にすると、主婦が誕生した大正初期、主婦は主に当時の中流家庭に属し、「女中」という家事使用人を雇っていたが、戦後は、サラリーマン社会になったことによって、主

第 10 章　都市部「近代家族」の誕生と「良妻賢母」の流行

婦は圧倒的多数派となり、家事・育児に専念している。さらに、現在の日本では、家事・育児に専念するのがよいという価値観が優位に立ったため、かえって職業をもった女性のほうが、肩身の狭い思いするようになった[5]。これは新中国とは逆の事態であった。

　また、女性が主婦になれる経済的条件として、夫一人分の収入で一家の生計費がまかなえるようになる必要があるため、それぞれの社会、それぞれの階層で、この条件を満たす時間差が存在している。家計のために仕事をせざるを得ない女性にとって、労働市場から家に戻ることは、決して女性の社会地位の低下を意味するわけではなく、むしろ厳しい労働から解放され、社会地位が上昇することを意味する。ところが、1960-1970 年代より電気製品が普及するとともに、大衆的なフェミニズム運動が隆盛し、女性が家庭外に自己実現を求めるようになったため、先進資本主義国には有配偶女性の急速な労働市場への参入という共通の現象が起こった。つまり、欧米の女性は、大まかには、男性と同等に労働している時期、労働市場から引退して主婦になる時期（主婦化）、主婦をやめて労働市場に再進出する時期（脱主婦化）という三段階を歩んできた。それに対して、中国の女性就業は、夫婦が共働きをしなければ生活できない経済的な圧力と、社会主義化とが女性の労働力化を推進したことによるもので、「必ずしも主婦の消滅以後といえるようなものではなく、主婦の誕生以前といった要素をもはらんで」おり、「家父長制との妥協の中で数々の矛盾を抱えている」ものである[6]。そのため、計画経済から市場経済に転換している現在の中国で出現しつつある主婦は、単に主婦の誕生以前、または脱主婦化以後の社会現象と考えるよりも、むしろその三段階の主婦の特徴が複雑に絡みあっているものと考えたほうが、より真実の主婦の姿に迫ることができるだろう。

　そこで、本章では、異なる階層の家庭主婦という意味合いを持つ「全職太太」と「家庭婦女」の両方を研究対象にし、「無職で夫の経済力に依存し、主に家事労働に専念または家事の運営を管理している既婚女性」という両者の共通点

205

に焦点をあて、転換期を迎えている中国で見られる主婦の現状について考察する。

1.2 「経済的な役割」と「良妻賢母の役割」に揺れる新中国の女性

　T・パーソンズ（1955）はアメリカの核家族をモデルにし、男女で異なる生物学的な性別の特徴、核家族の孤立、および現代「社会で家族と職業体系との区別が明確になったため」、家族という小集団で「男性は道具的な役割、女性は表出的な役割」という性別役割に分化されていると指摘する。具体的に言えば、道具的な役割を担う父親は、対外的な関係をつかさどり、集団としての家族の目的を達成するが、表出的な役割を担う母親は、家族成員の情緒を安定化し、成員互いの連帯関係を維持して、子どもについての主な責任を負うのである。このように、パーソンズは「男は外、女は内」という性別役割を提示しており、女性の主な役割とは子どもをはじめ家族成員の世話をし、成員間の関係をしなやかに保ち、男性の道具的な役割を補佐することである。本章では、上述のような女性の担う役割を「良妻賢母的役割」とし、社会に進出し家庭に一定の収入をおさめることを「経済的役割」として論述する。

　この「経済的役割」と「良妻賢母的役割」の視角から、1949年以後の新中国女性の性別規範の変遷を見てみよう。周知のように、新中国の女性は自らの婦女解放運動によってではなく、国家の直接的な関与を受けながら、都市から農村に至るまで「家庭の人」から「社会の人」へと脱皮していくプロセスをたどった（李小江、2000）。このプロセスを完成するために、男女平等を守る法律の確立、イデオロギーの浸透、政治運動と行政の関与のみならず、国家は女性の就職率の向上にも積極的に介入した。そのため、1950年代の都市女性をみると、主婦の比率は90%から10%に下がり、その代わりに就業する女性の比率は10%から80－90%に上がった（李銀河、2005）。このように、大躍進[7]、文化大革命の時期から、農村でも都市でも、家事のみに専業する女性がほとんどいなくなり、その代わりに、多くの女性が家事以外の労働に従事する社会体制となった（譚深、1993）。

第 10 章　都市部「近代家族」の誕生と「良妻賢母」の流行

　とくに、都市の共働き家庭にとって、一家の収入の半分は女性が支えている点からみると、女性は男性に経済的に依存するという従属的な性別規範の特徴を根本的に変えたと言える。それにより、新中国はまさに「女性は半分の天を支えている」というスローガンを実現した。しかしその反面、無職で家事に専業している女性が、「没素質、没覚悟」（一定の能力に欠け、政治的な自覚なし）とみなされることにもなった。この時代においては、男性と同じように社会に進出し、「経済的な役割」を担う女性は新中国の理想的な女性像であった。

　では、1949 年以後、社会主義中国の女性が短期間のうちに、しかも広範囲に、「家庭の人」から「社会の人」になったことによって、従属的な性別規範の秩序はいかなる影響を受けたのだろうか。

　結論から言えば、実はそれほど影響が無かったのである。というのは、女性の社会への進出から生じた家庭内の性別規範への影響は、男女ともに国家に貢献するという共通の目標に裏打ちされているからである。左際平によれば、「国家単位制度 [8] が都市部の男女市民の就業と生活に基本的な保障を提供する際に、男女ともに国家と相互的な権利・義務関係が発生した。この権利・義務関係から派生した特徴は、男女労働者が国家という『大家』のために、自分の家という『小家』を放棄することである」（2005、77-78）。また、中国政府が家庭内の性別秩序に積極的に介入していないために、都市部の夫婦の性別秩序は、家庭外部の『国家の人』と家庭内部の『男は外、女は内』という二重の構造によって構築されている（Rofel、1999）。さらに、女性が社会に進出しても大きな社会反響をもたらさないもう一つの理由は、当時「高就業率、低収入」という就職制度を実施していたことにより、夫婦で共働きをしないと一家の生計が成り立たないという経済的な要因が大きく働いていたためである。

　ところで、1980 年代以降、つまり効率を優先する市場経済時代がやってくると、男女の「同工同酬」（同一の労働に対しては、同一の報酬を与える）は、労働に応じて配分する効率原則に反していると見られ、男女平等という社会公平の追求は次第に終息する。とりわけ、国家が単位制度を通して実施してきた

207

医療、住宅、教育など一連の福祉政策は重荷となり、すべて社会と個人に投げ出された。それ以降、女性は就職難で失業しやすい状況に直面しなければならなくなっていく（方英、2008）。次第に、新中国が樹立した「経済的役割」を担う理想的な女性は、市場経済時代の中では、生きにくくなった。

　こうした社会背景のもと、「婦女回家」(女性が社会から家庭に戻る)に関して、1980年代初めから2000年までの間に3回にわたって、激しく議論されている。最初の議論では、女性は家庭に入り良妻賢母の役割に専念すべきという意見と、経済的な自立がなければ社会地位が下がるため女性は仕事を持つべきであるという意見の二つにおおむね分かれていた。そして、就業の圧力を緩和させようとする国家労働部は、「婦女回家」の提案を中央政府への報告書にまで載せていた。しかし、この提案は、直ちに中国婦女連合会の抗議により取り下げられ、「婦女回家による就職圧力の解消は消極的な就業対策であり、それは社会に対する信頼を失う表現である」という当時の胡躍邦書記の指示で、公の議論も一旦沈静化した。ところが、その後就業の圧力が強くなるたびに、「婦女回家」の議論が再燃する。国家サイドでは、一貫して「婦女回家」が就業問題の有効な対策ではないと強い姿勢を示しているが、計画経済時代に比べると国家が女性の就業を後押しする力は弱まる一方であるため、効率と利益を重視する企業サイドでは、積極的に女性を受け入れず、解雇の際は女性から解雇するという事実上の対策を採っている（蒋永平、2001）。女性サイドでは、積極的に「回家」を選択している者もいれば、失業により「回家」せざるを得ない者もいる。そして、きっかけは何であったにせよ、結果的に中国都市部に主婦が増加している。

　では、1980年代から始まった女性を「社会の人」から「家庭の人」に戻す流れ、すなわち女性の「経済的役割」より「良妻賢母的役割」を強調するという性別規範の復帰に対して、新中国の理想的な女性モデル（社会の人）が長年の教育やイデオロギーの浸透により中国社会に根ざしている社会を背景としつつ、女性たちはどのように考えて対処しているだろうか。

第 10 章　都市部「近代家族」の誕生と「良妻賢母」の流行

　2003 年の北京海淀区婦連の二千組の夫婦を対象とした調査によると、実際に専業主婦をしている者は全体の 4.5% しかないが（失業による主婦は含まない）、専業主婦を希望している者（14.8%）と経済的な条件がよければ退職して主婦になる者（47.7%）を併せると、62.5% に及んでいる。さらに、経済的に発展している広東省の女性の社会地位に関する 2000 年の調査によると、「もし配偶者、または家庭の経済状況がよければ、あなたは専業主婦になりたいですか」という問いに対して、24.9% の女性が、経済的に問題がなければ専業主婦になりたいと答えている。この数字は全国の平均レベルに比べて 13 ポイントも高い。また、2000 年の広東省の女性就業率が 1990 年に比べて約 10 ポイント下がったことは、実際に専業主婦を選択している広東省の女性が多いことを裏付けている。

　また、李明歓（2004）が行った女子大学生の性別規範に関する研究では、近年の主要な性別規範についての調査結果を通して、半数近くの大学生が「男主女従」（男性が主役で女性が脇役）という家庭構造を支持していること、経済発展地区ほど男尊女卑、女性従属的な性別規範意識が強いこと、卒業した女子大学生は在学中の女子大学生よりこうした性別規範意識が強いという 3 点を挙げて、高学歴と経済発展が女性の生活環境を改善しているが、こうした変化が望ましい性別観念の構築と必ずしも正相関しているとは言えないと指摘している。また、毛沢東時代の「男女都一様」（男女は全く同じだ）の性別観念から、近年になって「男女不一様」（男女は同じでない）という性別観念に変わり、女性の特有な気質を重視するようになっており、さらには新中国成立当初から否定されてきた男尊女卑、「男主女従」という考え方さえ主流社会に進出しつつあると分析されている。

　上述のように国家サイドでは一貫して男女平等を主張しているが、民衆の間では、女性従属的な性別規範が密かに広がり、良妻賢母が女性の重要な役割として期待されるようになっているのであろう。

209

1.3 軽視・看過されている新中国女性の役割：良妻賢母と女性内部の多様性

　これまでの新中国女性に関する研究では、女性の就業率という観点から、女性が経済的な独立により男性と平等な社会地位を獲得したと論じるものがある一方、家庭内の決定権、家事分担などから女性が実質的な平等を得ていないと指摘する向きもある。つまり、新中国政府が提唱した「社会の人」という公的領域の女性像と、家が求めている「家庭の人」という私的領域の女性像の間には、矛盾する点が存在している。しかし、なぜこうした矛盾が存在し、この矛盾がどのように出現しているかについては、これまでの研究ではほとんど言及されていない。

　新中国政府が男女平等を実現するために、短期間、広範囲で女性に就業機会を与えたにもかかわらず、家庭内の役割分担に関してはそれほど強く再編が迫られず、それぞれの家族の自治に任されてきた。その結果、女性は仕事と家事という二重負担に苦しみ、「経済的役割」と「良妻賢母的役割」の遂行に矛盾が生じる場合も出てくる。

　具体的に言うと、新中国女性にとって、社会に進出し収入を得て経済的役割を担うことは、新たな役割というだけではなく、社会においても家庭においても、最も評価され最も称賛される役割となっている。その一方で、女性がずっと担ってきた育児や家事労働は、依然として女性の負うべき義務と見なされながらも、経済的役割より下位に置かれ、それ相応の評価がされていないのである。その原因は、新中国政府の描いた理想的な女性像にある。つまり、女性は男性と同じように職業を持ち、経済的な地位を獲得することでこそ、人格的な独立を得られるのであり、良妻賢母のような女性は保守的で、遅れていると見なされたのである。

　さらに軽視されていることは、新中国女性の多様性である。王天夫等（2008）が都市性別収入の差異に関する研究において指摘しているように、中国では国家平等主義の政策を実施してきたが、異なる階層の女性にとってその効果は異なる。それならば、それぞれの階層で女性たちの「経済的役割」や「良妻賢母

第 10 章　都市部「近代家族」の誕生と「良妻賢母」の流行

的役割」の認識あるいは遂行について、差異が生じるだろう。しかし、これま
で男女平等に関する研究では、こうした女性内部の差異がしばしば看過されて
きたため、異なる階層の女性による性別規範の違いに関する検討が十分にされ
ておらず、女性の間に存在している差異は男女の性別差異として短絡的に集約
されている。

第 2 節　調査概要

　2007 年 8 月から 2008 年 1 月にかけて、中国の哈爾濱 (ハルビン) 市、南京市、
スワ頭市の主婦を対象にインタビュー調査を行った。各都市の主婦およびその
家族に 1 時間から 2 時間程度、半構造化インタビュー調査を行った。調査対象
は哈爾濱市 17 名、南京市 9 名、スワ頭市 5 名、計 31 名の専業主婦である（表
10-1 の通り）。

　主要な項目として、①夫婦の結婚年数、子ども数、家族構成、②全世帯の収
入、夫の職業と収入、夫婦両方の学歴、③主婦になるきっかけ、主婦になった
ことに対する周囲の態度、④女性の経済的な役割と良妻賢母の役割に対する考
え、⑤家事・育児に関する考えと実際のやり方、⑥自分の子どもまたはその妻
が結婚後、主婦になることに対する態度などの項目を設定しインタビュー調査
を行った。

　この三つの都市を選んだ理由は以下の通りである。①哈爾濱市は中国東北地
区の黒龍江省に位置し、かつては旧東北工業基地として大規模な工場と大量の
工場労働者を有していた。しかし、計画経済時代の単位制度の改革と経済発
展の立ち遅れにより多くの失業者を生み出したため、家庭に入らざるを得なく
なった女性労働者が多い。また哈爾濱市では「男主女従」（男性が主役で女性
が脇役）の家庭構造が多く見られるが、「男は外、女は内」という役割分担を
支える経済的な条件がまだ揃っていないため、共働きの夫婦が一般的である。
②南京市は江蘇省の省政府所在地であり、揚子江に隣接し、商業都市である上
海に近いこともあり、流通の中心にして重要な総合工業生産基地でもある。近

表 10-1　被調査対象の基礎情報

調査地	調査対象と生まれ年	きっかけ(主婦の類型)と訪問時の就業状況		夫の収入と収入類型		学歴	家族構成
哈爾濱市（ハルビン）	A（1972年）	体制改革	受動的型	月3-4万位	高収	大卒	夫婦2人
	B（1980年）	体制改革	受動的型 就業中	月2万位	高収入	大卒	夫婦2人
	C（1965年）	体制改革	受動的型 就業中	月1千位	低収入	中卒	直系5人
	D（1953年）	体制改革	受動的型	月4千位	中収	中卒	核家族3人
	E（1967年）	体制改革	受動的型	月3千位	中収	高卒	核家族3人
	F（1958年）	体制改革	受動的型	月5千位	中収	中卒	核家族3人
	G（1953年）	体制改革	受動的型 兼業	月2千位	中収入	中卒	核家族3人
	H（1960年）	体制改革	受動的型	月4千位	中収	中卒	核家族3人
	I（1970年）	子どもの教育	能動的型	月4千位	中収	大卒	核家族3人
	J（1970年）	育児と夫の転勤	能動的型	月1万位	高収入	大卒	核家族3人
	K（1974年）	生育	能動的型 就業中	月1.5万位	高収	短大	核家族3人
	L（1972年）	ずっと無職	能動的型	月1-2千位	低収	小学	夫婦2人
	M（1985年）	ずっと無職	能動的型	月1-2千位	低収入	中卒	核家族3人
	N（1976年）	会社運営の問題で辞職	能動的型	月1万位	高収入	短大卒	夫婦2人
	O（1976年）	生育	能動的型	月2万位	高収	大卒	核家族3人
	P（1971年）	生育	能動的型	月4千位	中収	短大	核家族3人
	Q（1975年）	生育	能動的型	月3-4千位	中収	高卒	核家族3人
南京市	あ（1978年）	生育	能動的型 就業中	月8千位	高収入	大卒	核家族3人
	い（1973年）	夫の転勤	能動的型	月8千位	高収	大卒	夫婦2人
	う（1968年）	自ら辞職	能動的型	月1.5万位	高収	大卒	核家族3人
	え（1970年）	仕事の圧力で辞職	能動的型	月2万位	高収入	大卒	核家族3人
	お（1969年）	生育	能動的型 就職中	月5千位	中収入	大卒	夫婦2人
	か（1976年）	結婚	能動的型	月1.5万位	高収	中卒	核家族3人
	き（1976年）	生育の準備で	能動的型	月1.5万位	高収	大卒	夫婦2人
	く（1970年）	子どもの教育	能動的型	月4千位	中収	高卒	核家族3人
	け（1978年）	夫の仕事で	能動的型	月6千位	中収	大卒	夫婦2人
スワ頭市	コ（1973年）	結婚	能動的型	月5千位	中収	高卒	直系6人
	サ（1965年）	第二子を生むこと	能動的型	月8千位	高収入	中卒	核家族4人
	シ（1961年）	第二子を生むこと	能動的型	月5千位	中収入	中卒	核家族4人
	ス（1964年）	第二子を生むこと	能動的型	月2万位	高収入	高卒	四世代7人
	セ（1973年）	結婚	能動的型	月1万位	高収	高卒	直系5人

第 10 章　都市部「近代家族」の誕生と「良妻賢母」の流行

年南京に移入する労働人口が増加傾向を示しているため、夫の転勤で主婦になる女性が増えている。③スワ頭市は広東省の東南部に位置し、香港に近い。中国の最初の経済開発区の一つで、一人あたりの収入レベルが全国でもトップレベルに位置する一方、従属的な性別規範意識が強く、1980年代から主婦が増加傾向にある。

　また、より効果的に分析するために、主婦になるきっかけを、自分の意志による積極型（能動型）と国家の「改制」[9]と失業による消極型（受動型）[10]に分類し、また中国国家統計局の都市部家庭収支状況に関するデータを参考にして、被調査対象の家庭の経済状況を上・中・下に分類している[11]。

　なお、この調査では、主婦になる女性の性別規範に対する解釈を中心としたために、就業中の女性と比較することができないという限界がある。また、調査の内容からインタビュー数が限られている。したがって、厳密に言えば、本調査は、主婦研究における一つの問題提起の域をでないことをことわっておきたい。

第3節　分析結果

3.1　受動型主婦：経済的条件と学歴（技術）とその選択

　周囲の羨望を集める B（1980年生まれ）は、かつて中国大手電通会社に勤めていたが、体制改革と結婚を機に仕事を辞め、2、3年間主婦になった後，現在は仕事に復帰している（本人は「経済的な理由で再び仕事をするのではない」と何度も強調した）。「今でも私は、半分養ってもらわないといけない『全職太太』ですよ。現在の月給（月4,5千元）では私の小遣いが足りないからね」と言う。そして、「夫に経済的に頼ると自分の地位が下がると感じますか」という質問に対して、B は「全然感じていないです。私は妻で、男が妻を養うのは当然のことですよね」と答え、「男女の平等は給料で決められないもので、『全職太太』になった時でも、夫から見下されたことがないし、自分も卑屈に感じたことはありません。本当の平等とは精神的な平等だと思いますよ」と述べる。

213

A（1972 年生まれ）はかつて哈爾濱市で最も歴史の長い百貨店で会計の仕事をしていたが、体制改革をきっかけに退職し、DINKS（Double Income No Kids）の考えをやめて子作りに専念し、インタビュー時、妊娠 2 ヶ月であった。体制改革のために退職した A は、「私の専門は会計ですから、仕事を探しやすいですよ」と、自分が仕事を見つけようとすればすぐに見つけられることをアピールした。また A は、「最初、友人は私が主婦になることを不思議に思っていたが、今は、みな私が良い夫をもって羨ましいと言っている」と述べ、「今は私が夫の健康、飲食の面倒をみて、子どもが生まれてからは、育児に専念する」と自分の良妻賢母ぶりを語った。

　上述のように、体制改革のために失業しやむをえず主婦になった「受動型」であるにもかかわらず、夫の高収入が背景にある B と A は、周囲の羨望の対象となり、先進的かつモダンな存在となっている。また、高収入の経済的状況と高学歴により、B と A は家庭主婦と職業女性を自由に転換できるという余裕がある。ところが、興味深いことに、B と A は従属的な性別規範を支持しながら、二人とも自分は仕事ができることと、お金のために仕事するのではないことを強調している。このことから、新中国女性の性別役割の最も特徴的な点、即ち経済的役割が良妻賢母的役割より優越していることが、高収入で高学歴の主婦、B と A の語りからも表れている。一方で、二人とも金銭的に困ることのない中国社会に現れ始めた裕福な「全職太太」であることをもアピールしたいようである。

　1996 年に夫と共に失業した C（1965 年生まれ）は、「全職太太」という呼び方に非常に恐縮した態度で「私は『太太』ではない。ただの家庭主婦だ」と強調した。C は、失業してから半年くらいの間、専業主婦をし、その後、街で果物売りの行商をし始めて 10 年が経つ。一緒にインタビューを受けた冗談好きな C の夫は「実は二人は、とっくに離婚していて、彼女と息子が僕の所に

第 10 章　都市部「近代家族」の誕生と「良妻賢母」の流行

居候しているんだよ。」と語ったが、それは冗談ではなく、本当のことであった。離婚（実は偽装離婚）したのは、二つの家庭として社会保険金を二倍受け取るためである。

体制改革で失業した C は、専業主婦になって半年も経たないうちに、すぐ果物売りになって街で行商し、一日 12、13 時間、労働している。C が仕事に復帰したのは、B のように自分の意志というより、むしろ経済的困難によりそうせざるを得なかったからだと言えよう。さらに、社会保険金を多く貰うために偽装離婚までしているほどであって、C は良妻賢母的役割と経済的役割のどちらを優先するかを生活状況に応じて選択するほどの余裕は持てず、必然的に経済的役割を担わなければならなかったのであろう。

1993 年に 1 万元の退職補償金を受け取り家庭に入った D（1953 年生まれ）は、当時 30 代であった。当時の感情を「実は家庭に入りたくなかったの。でも体制が変わったから仕方がない。中国の女性はやはり仕事をしたい」と仕事を続けたかったことを述べる。再就職について、D は「年齢も年齢で、技術を持っていないし、月 1000 元未満の仕事は肉体労働ばかりでちゃんとした仕事がない」と、40 代の再就職の難しさを語りながらも、現在の生活に満足し、「この家は、私を必要としているから」と述べた。そして本人は、早めに退職したという意識が強く、失業により主婦になったという認識は薄いようである。

G（1953 年生まれ）は哈爾濱市の大型工場に勤めていたが、90 年代後半の体制改革により夫と共に失業した。「家庭に入ってから虚しい気持ちがもちろんあった。夫は、もっとそうだった。男は家族を養う責任があるから」と述べた。その後、約 1 年間、専業主婦をしていたが、美容師の技術を持っていたため、住宅を改造して美容室にして兼業主婦になり、「工場に勤めていた頃よりずっと収入が良くなって、友達は私を羨ましく思っている」と、G は述べた。

215

DとGは中卒で「下郷青年」（文化大革命時に、毛沢東の呼びかけで農村に行った都市の若者層）だったが、Dが再就職しなかったのに対して、Gは美容師の技術を持っていたため、主婦になって一年後に仕事を再開し、しかも収入は前の倍になった。このように、中レベルの経済状況に属している二人は、異なる選択をした。再就職できたGは前より稼げたため、周囲の羨望の的となり、Dは良妻賢母型役割に専念して、「家は私を必要としている」と自分の新しい役割について積極的に解釈している。

3.2　能動型の主婦：良妻賢母とキャリアウーマンへの憧憬とその選択

　仕事に打ち込んで財務主任にまで昇進したI（1970年生まれ）は、主婦になる前に子どもの面倒をほとんど見なかったが、娘のひどい学業成績を見て「夫と相談して、どれだけ稼いでも子どもの教育がちゃんとできなかったら何もならないからと、2006年に私は正式に財務主任の仕事を辞めました」と述べた。「仕事を辞めてから、子どもの通っている塾もすべて辞めさせ、私と夫が娘の勉強の計画を立て、二人が勉強しながら彼女を教え始めました。そして、できるだけ外食をやめて私は自ら娘の好きな食べ物を作っています。…子どもが順調に成長できるかどうかは70％くらい母親が子供に正しい生活習慣をつけたかどうかに左右すると思います。…今、娘は、69中学校（哈爾濱市の名門中学校）の中間テストにおいて3位になった」とIは非常に誇らしげに語った。

　子どもの誕生を期にJ（1970年生まれ）は主婦になって5年が経つが、「私は、とても外で仕事がしたい。本当は、『全職太太』でありたくない。でも、子どもが通っている塾が多くて、家にいないときちんと面倒が見られないし…。家族の面倒をよく見たいけど、自分の世界も持ちたい」と矛盾する気持ちを語った。

　同じく子どもの誕生をきっかけに、K（1974年生まれ）は電車車掌の仕事

第10章 都市部「近代家族」の誕生と「良妻賢母」の流行

を辞めて、専業主婦になったが、「5年間の主婦生活は本当に楽しくなかった。子どもの面倒をよく見ていたと思いますが、社会から取り残されたような気がします。とくに、主婦になってから夫との関係が悪くなって、互いに理解できなくなったのです。…夫は私が社会に復帰することに賛成しなかったが、何度も話し合って、再び仕事を始めることができた」と、やっと仕事に復帰できたことを嬉しそうに語った。

　上述の3名の哈爾濱市の能動型主婦は、育児や子どもの教育のために仕事を辞めて、良妻賢母的役割に強い責任感を示している。しかし注目に値するのは、JとKが仕事に復帰したい気持ちを何度も強調していることから、彼女らは自分の価値や生活の意義を解釈する際、やはり良妻賢母的役割より、経済的役割を高い位置に置いていると言えよう。また、Iは、JとKのように直接的な表現で再就職したいとは言っていないが、「子どもの教育のために財務主任の仕事を辞めた」という言葉から、社会通念において経済的役割が良妻賢母的役割より高い位置にあるにもかかわらず、あえて子どもの教育のために仕事を辞めたと言うことで、良き母親としての自己肯定をしていると考えられるだろう。

　家庭の年収が20万元以上あると語るウ（1968年生まれ）は、主婦になった理由について、「私は、基本的に家にいるのが好きだ」と言いながらも、「必要であれば、私はすぐお金になる仕事を見つけられるよ。私には最低限、そのくらいの能力がある」と述べ、「今は約80%の時間が子どもの教育に占められているけど、それだけでも毎日忙しい……。仕事をするのはお金のためではない時にこそ、人生の面白さが出てくると思う。『全職太太』『全職ママ』も一つの仕事としてこなすことができる」と現在の主婦生活について語った。

　主婦になって15年のカ（1976年生まれ）は、自分の生活について「私は

高い志を持っていない女性で、18歳の時に夫と恋愛して以来仕事を辞め、今、娘は10歳になります。本当に無駄な一生を送っていると思います・・・。時々、ずっと家にいるのがつまらなくなるけど、子どもの教育に専念して、子どもが少し大きくなったら海外に移住するつもりです。私は、綺麗でもないし、背も高くないし、勉強もそんなにできないし。こんな私に優しくしてくれる夫に会えたから、今の生活ができて満足しています」と語った。

　国営企業に勤めていたオ（1969年生まれ）は、「4、5年間、専業主婦になったが、自らなろうとしたというよりは、今の社会では、子どもを生むことイコール失業だから、私たちのいる国営企業も同じ。でも家にいると自分の存在価値がなくなり、やはり経済的に独立しないと立場も弱くなるような気がする。だけど、いくら探してもいい仕事が見つからない」と、社会に復帰したいが、なかなかできないという焦る気持ちを語った。

　以上3名の南京市の能動型主婦の場合、カとオはそれぞれ「仕事をしなかった自分の人生は無駄なものだ」、「経済的に独立しないと立場が弱くなる」と表現し、主婦になっている自分を低く評価している。一方、ウは「『全職太太』『全職ママ』も一つの仕事としてこなすことができる」、「仕事するのはお金のためではない時こそ生活に面白さが出てくる」と話し、主婦になっている自分の役割を積極的に解釈しながらも、「必要であれば、私はすぐお金になる仕事を見つけられる」と話し、自分が経済的な役割を担う能力を備える人間であることをアピールしている。

　スワ頭市のス（1964年生まれ）は、二番目の子どもを生むことで（中国の計画生育政策に反していたため、子どもを生むか仕事を続けるかという「選択」を迫られた）、仕事を辞めて主婦になった。スは夫の両親、祖母と同居しており、家政婦を雇わず、4世代7人家族の世話をしている。主婦生活はつまらないか

第10章　都市部「近代家族」の誕生と「良妻賢母」の流行

という質問に対し、「そんなことはないですよ。周りの皆もそう（主婦）しているし、子どももまだ小さいし、義理の両親の面倒もあるし、毎日けっこう忙しいですよ」と微笑んで答えた。インタビューが終わると、スは急いで中学生の娘の寄宿舎に食べ物と服などを持って行った。

　サ（1965年生まれ）は、「二番目の子どもを生むために、私も夫も勤めていた国営企業を辞めた。…代償は大きかったが、後悔はしていない。実は姉二人も二番目の子を産むために仕事を辞めた」と述べ、「毎日子どもの送り迎えや、子どもの健康のため栄養のあるものを作ったりしてけっこう忙しい。…ちょっとした小さな商売をしようかと思ったことがあったけど、夫は、子どもの小さい時は（女性が）家にいた方がよいと賛成してくれなかった」と語った。

　結婚をきっかけにコ（1973年生まれ）は、月4千元の仕事を辞めて主婦になったが、「一時、夫の経営していた会社が危なくなって…専業主婦を辞めて私も仕事に復帰しようと思いました。…夫は私が仕事することにずっと反対です。かなりの亭主関白で、女は家で子どもと家をきちんと管理できればそれでいいといつも言います。…私は仕事がしたいですが。でも、南方では皆そう（女性が主婦になること）だから」と語る。

　以上、スワ頭市の3名の主婦の中では、スは最も積極的に良妻賢母的役割に専念している。しかし、サとコは仕事をしたい気持ちがあるものの、夫の反対にあったり、周りの女性たちが皆専業主婦をやっていることから、良妻賢母的役割を従順に担っているように見える。特に注目に値するのは、周りの女性たちがみな専業主婦になっていることをスワ頭市の主婦たちが何度も強調していることである。その点は、他の2都市の主婦の語りにはみられなかった。これは1970年代末から1980年代初頭にかけて、スワ頭市が計画経済の軌道

219

から外れていたために、国家が単位制度を通して、効果的に男女平等の就職制度を貫きにくくなったことと関連している。その他の要因として、夫一人の給料で一家を養えるようになる家庭が他の都市より多いため、「男は外、女は内」という従属的な性別規範も広がりやすいと考えられる。

第4節　受動型主婦と能動型主婦の「良妻賢母的役割」

　分析の結果、まず、IV‐1とIV‐2で見たように、受動型主婦にしても、能動型主婦にしても、自分の価値を評価する際に日常的に担っている良妻賢母的役割を、経済的役割より低い位置に置いている傾向が見られる。これは新中国理想の女性が、「社会の人」としての部分を最も評価されるのに対し、良妻賢母の女性は保守的で、遅れた女性として見なされることに関わっている。

　次に、経済的役割を遂行するのが理想的だが現実にはできないという矛盾は、受動型主婦の間に特に顕著に見られる（D、G、C、A）。この矛盾は国家サイドが「女性の自立は経済的な自立から」という男女平等の理念を一貫して掲げているにもかかわらず、市場経済により効率を重視する企業が女性に就業機会を積極的に与えないことで生じたものであろう。また、ほとんどの調査対象は経済的役割と良妻賢母的役割の間を行き来し、どちらを優先すべきかの葛藤を抱えている。その原因として、公領域と私領域では、女性に期待される経済的役割と良妻賢母的役割を遂行する優先順位が異なるからであると考えられる。新中国政府は男女平等を実現するために、女性に男性と同等の就業機会を与えると同時に、男性と同様の仕事ぶりも女性に期待したし、それは効率を優先する市場経済時代ではなおさらであった。しかし、家庭内の役割分担については男女平等の性別規範が再編されず、依然として良妻賢母的役割が女性の第一要務として期待されている。こうして、女性は仕事と家庭の二重の負担を受けているだけではなく、公領域と私領域の間で二つの役割のどちらを優先するかという選択を常に迫られている。

　以上の知見は人々にとって新しく出現し始めた中国の主婦、および一般的な

第 10 章　都市部「近代家族」の誕生と「良妻賢母」の流行

中国女性の性別規範を分析するのに貴重な成果と言えよう。

　ただし、Ⅳ-1とⅣ-2で論じたように、家庭の経済条件、学歴と都市の違いが主婦の性別規範の解釈に異なる影響を与えている。①高収入家庭・高学歴の主婦は受動型、能動型の両方が性別役割について解釈する際に、経済的役割を良妻賢母的役割の上におく傾向を示している。その一方、彼女らは裕福な家庭を持っているからこそ、「全職太太」になることで先進的、モダンな存在として周囲の羨望を集める。つまり、主婦になることは必ずしも経済的な自立を失い社会地位が低下することを意味するわけではない。また、家計のために再就職したいのではないことを強調している彼女らは、ほとんどが経済的役割を担う能力があることをアピールしている（A、B、K、N）。②中収入家庭の受動型と能動型の主婦は、職業と家庭の両立ができる女性に憧憬を抱いているものの、「経済的役割」を担えない場合、積極的に良妻賢母的役割を担うことを通して自分の新しい役割を解釈しているように見られる（D、P、H、I、シ）。ただし、夫の収入が少ないほど再就職の傾向が強く見られる（G、ク、コ）。③低収入家庭の受動型主婦には、経済的役割と良妻賢母的役割でもって自分の性別規範を解釈することにより、自分が重要な働き手として経済的役割を担わなければならないという現実がある。④都市別で性別規範に対する考えをみると、スワ頭市と哈爾濱市の主婦に顕著な違いが見られ、中国経済発展の前線にあるスワ頭市の主婦は、「男は外、女は内」、「男主女従」の従属的な性別規範に同調しているのに対して、経済発展の遅れている地域である哈爾濱市の主婦は新中国の樹立した理想の女性に憧憬を抱き、良妻賢母的役割より経済的役割を担うことに価値を置いているように見える。スワ頭市の主婦は、一人っ子政策に違反してまで仕事を辞め、二人目の子どもを生むことから、良妻賢母の役割を従順に担うのみならず、それを最も価値のあるものとして認識しているようにも見える。

　以上のように、中国市場経済の進展により出現し始めた主婦は多様性に富んでおり、この多様性は家庭の収入、学歴、都市の違いによるものであることが

221

明らかになった。しかしそれらだけではない。その多様性をもたらすもう一つ
の要因は、中国の主婦が欧米や日本のように上流から中流の家庭に大衆化して
いく道を歩んでおらず、革命の勝利と共に女性も社会に進出したという独特な
解放の道を歩んできたことだと考えられる。本章では、それについては深く掘
り下げていないが、今後の研究の課題としたい。

註（第10章）

[1] 中国社会では、1949年を境目にして、新中国と旧中国という表現で時代の変化を言い表している。つまり、新中国、または新中国政府とは、1949年に中国共産党によって建国された社会主義国家、中華人民共和国である。

[2] 本研究の研究対象である主婦には、専業主婦、兼業主婦、そして、以前専業主婦になった経験があり、現在再就職した主婦という三種類の主婦が含まれている。彼女らが退職したり、兼業主婦になったり、社会に復帰したりすることを選ぶ際に、「経済的役割」と「良妻賢母的役割」が相互に作用して、彼女らの選択に影響を及ぼすと考えられる。よって、より明確に女性の性別規範を分析するために、三種類の主婦を取り上げる。

[3] 具体的に言えば「全職太太」は裕福かつ有能で、本当は仕事のできる環境にあるが積極的に家庭に戻り、あまり家事をせずに華麗な生活を送る「有閑夫人」のイメージが持たれているが、その一方で、「家庭婦女」は学歴が低く仕事ができないため、家事に専念せざるを得ない女性というイメージが与えられる。

[4] ロパタの定義が主婦の生活状況を概観している。つまり、主婦は一般的に「家庭の主婦」と言われるように、家庭の枠組のなかの地位をさし、既婚女性がその地位を占める。しかし、女性解放の運動や研究が進められるなかで、主婦の分析的定義が注目されるようになった。例えば、日本の家制度における家長に対しての主婦とは異なり、西欧の主婦は産業革命を契機に家庭が生産から分離され、上質の労働力を再生産することに専心する役割が要請される過程で誕生した（目黒依子、1993：717-718）

[5] 日本における主婦の誕生から主婦の大衆化については、落合恵美子（1994：43-48）を参照した。

[6] 瀬地山角、1996、『東アジアの家父長制』勁草書房、79-81.

[7] 1958年から1960年までの「毛沢東思想」に基づく中国の急進的な社会主義建設の試みを指す。当時「15年でイギリスに追い付き追い越せ」という国家目標が提示されたように、「大いに意気込み、つねに高い目標を目ざし、より多く、より早く、より経済的に社会主義を建設する」という「社会主義建設の総路線」が精神的原則として提起され、1958年夏に出現した人民公社が農村における大躍進政策の実行単位として組織化された。この大躍進政策は熱狂的な大衆運動として展開され、短期間のうちに次々と生産目標が高められた。しかし農業生産力の客観的な限界を無視した政策の結果、中国農村は荒廃の極に達してしまい、失敗に終わった。

[8] 中国で、「単位」は一般的に都市部における社会成員が所属する組織形態（職場）を指しているが、1978年の改革開放以前、すべての資源は「単位」に独占されているために、「単位」と個人との関係は非常に緊密である。例えば、住宅の有無、大きさという日常的な生活においても、個人は

222

第 10 章　都市部「近代家族」の誕生と「良妻賢母」の流行

　　生まれてから死ぬまで「単位」と密接的な関係を持っている。さらに、制度の面から言うと、「単位」から離れる人は社会地位、一社会人として存在する基礎さえ失うことを意味するため、国家にとってもその人をコントロールしにくくなるということをも意味したのである（李漢林、2004）。

[9]「改制」とは、中国政府が自ら行った公有制企業における財産権の再編や企業体制の改造である。こうした体制の改革は 1990 年代に入ってから本格的に始まり、改革の中心が企業の財産権を政府から民間に移転させることである。つまり民営化そのものである。

[10] 主婦になるきっかけについて、潘允康は「幼児の世話；夫の仕事又は事業；本人の失業」の三つはいずれも受動的な原因としているが、本研究では、「本人の失業」によるものを消極型（受動型）にし、「幼児の世話；夫の仕事又は事業」によるものを積極型（能動型）にする。以上潘允康の分類については曹紅蓓（2004）を参考した。

[11] 中国国家統計局の都市部家庭収支状況（2008 年の第 1 四半期）によると、全国 1 人当たりの 1-3 月の総収入は 4674 元（そのうち、黒龍江：3041 元；江蘇省：5899 元；広東省：6196 元）である。つまり全国の平均月収は約 1500 元である。上述の数字を基準に、本研究では、夫の月収が全国平均レベルより低い家庭を低収入家庭（1500 元以下）、全国平均レベルより 2-5 倍の家庭を中流家庭（3000 元から 7500 元）、全国平均レベルより 5 倍以上の家庭を高収入家庭（3000 元から 7500 元以上）とする。

223

第11章　WeChat育児グループを通してみる新しい母親像

　近年、中国の育児に関する研究では、かつてのように幼い子の世話を祖父母に任せきりにするのでなく、子どもに対して強い愛情とその教育に関心を注ぐ母親が増え、また福祉制度の未整備と相まって、育児のために専業主婦になるケースも増加しつつあることが指摘されている。そこで、本章では科学的な育児理念が社会に浸透したことによる新母親像の誕生が専業主婦増加の重要な要因であることを考察するために、現在殆どの母親が利用している育児に関するWeChat [1] のグループを通して、近年流行している「スーパーママ」という新しい母親像の実態、および「科学育児」や「精緻化された育児」が都市家族の主な育児パターンとなっていることを明らかにしたい。

第1節　「近代家族」の大衆化と育児や母性愛の変化
1.1　欧米社会の育児変化：人口転換と子どもの価値
　育児は、一見私的な領域における個人的な私事だが、実は社会の生産力と緊密に関係している。欧米社会を例にして見ると社会経済の発展に伴い、多産多死から多産少死を経て、やがて少産少死に至る三段階の過程を経験し、子どもの価値も家族にとって変化してきたのである。

　まず、人口転換論の観点で見た第1段階は、伝統的農業社会で、社会の生産力が低いと同時に、飢饉、疫病、戦争等の原因で、出生率も死亡率も高水準にある低発展段階である。この状態で農業社会を支えていくためには、家族 [2] にとっては、死亡していく子どもを悲しむ時間も余裕もなかった。次々と子どもを産んで、高い出生率を維持しなければ、その後の生活が成り立たないからである。また、たくさんの子どもを産むのは、大切な労働力を確保するためであり、「養児防老（子を育て老後を見てもらう）」[3] のためでもあった。

　次の第2段階は、都市化、工業化が進んで、また公衆衛生および医療水準

第 11 章　WeChat 育児グループを通してみる新しい母親像

が向上したことによって、出生率は依然として高水準にあるが死亡率が急速に改善する段階で出生率は、死亡率と違って、外的変化によって直ちに反応するメカニズムを持っていないため、高水準のまま維持され、死亡率の低下に伴って、それまで経験したことのない人口増加がもたらされた。結果として、「多産少死」という時期の「人口ボーナス」[4] により、社会は豊富な労働力に恵まれて、経済が著しく発展する。とくに、第二次世界大戦以後、欧米社会では福祉制度が整備されたことにより、「養児防老」という観点の現実性は薄くなりつつあった [5]。

　さらに、第３段階に入ると、出生率も死亡率を追って急速に低下し、出生率、死亡率とも低水準に達して安定化する。そして、農業社会では「生産財」とされてきた子どもは、サラリーマン社会では、「消費財」に変わった。さらに言えば、農業社会では子どもは比較的短期間で働き手となり家の収入源になるが、現在の子どもが成長して経済的に独立しても両親を扶助することを期待するのは難しい [6]。また、出生率が低下する理由には、たくさんの子どもを産まなくても、乳幼児死亡率の低下により家族・社会の存続が可能となることが挙げられる。その一方、一人ないし二人といった少数の子どもが家族の愛情の下で「消費財」となり、育児のコストが次第に増大すること、また女性の自立化も出生率低下の理由となっている。

1.2　欧米社会の「近代家族」：「子ども中心主義」、母性愛

　社会生産力の発展により、多産少死という人口転換期を迎え、近代家族の観念も次第に大衆化していった。その近代家族の特徴は、子どもは、家のために早い段階から稼ぐ小さな労働力ではなくなり、「子ども」は汚れのない存在となったことである。また、児童期、少年期という近代になってから新しく出現した概念の下で、子どもはみな幼稚園、学校にいくようになった。このような子どもに対して、大人は、時間と手間をかけて、可愛がって教育するようになったのである。

　また可愛がるべき子どもの誕生によって、同時に『母性愛という神話』も社

225

会一般に受け入れるようになった。もともと母性愛は前近代社会にとって、非常に馴染みのないものであった。例えば、「母親は女性にとって重要な役割であり、母性愛は崇高な感情である」などの考えは、18世紀ルソーらによって主張されはじめた時に、当時の民衆にとって、新奇なものだった[7]。ところが、近代社会においては、国にとっても、家にとっても、女性は「良妻賢母」になり、優秀な国民でもある可愛いわが子を育てることが期待されるようになった。とくに社会の発展により、男は一人で家を養えるようになり、「男は外、女は内」という性別分業ができてから、女性は育児、家事に専念することになり、立派な子を育てるには愛情を十分に注ぐことがなおさら期待されるようになった。

第2節　中国の育児変化：「伝統家族」、「近代家族」、「ポスト近代家族」の混在

　中国では、市場経済の発展により、かつて計画経済の時期に存在した廉価で便利な託児所は、現在ほとんど姿を消してしまった。かつての特色であった「育児の社会化」から「家庭による育児」に逆戻りしている現状に対して、これまでの研究では、育児は女性の責任、家庭の責任、国家の責任のうちのいったい誰の責任かについて議論されてきた。

　こうした先行研究は主に三種類に分けられる。一つは、激動の社会変化により中国の家族の絆はかえって強くなり、親族ネットワークが重要な育児資源となっており、若い世代の育児負担が祖父母世代に転嫁されていると指摘する研究である[8]。もう一つは、現代家庭生活様式の多元化、核家族化、人口の流動性や移動性の激しさにより、親族ネットワークの育児資源や家庭のみによる育児は限界に達していると指摘する研究である[9]。また少子化により子どものIQ、EQを重視する科学的な育児が流行し、祖父母による育児が批判され、女性の育児負担がいっそう重くなっていると指摘する研究も多い[10]。さらにもう一つは、多くの政策が経済の発展にウェイトを置くため、育児資源の充実、男女共同参加育児の支援などといった家庭を支えるような福祉内容が乏しく、家庭育児が困難に陥りやすくなると指摘する研究である[11]。

第 11 章　WeChat 育児グループを通してみる新しい母親像

　以上のように、これまでの研究は、社会の変化による公的な育児資源の減少、少子化による科学的な育児の流行、家庭を支援する家庭福祉政策の欠如により、育児が難しくなりつつあることを指摘する。しかし、子どもに対して強い愛情と教育関心を注ぐような「近代家族」が大衆化したことにより、かつてのように生後 56 日目から乳児を公的な託児所に預けるようなことがなくなり、子ども中心の、手間のかかる育児方法が一般化されていることに焦点を当てる研究は、管見の限りまだ少ない。

　そこで、本研究は「伝統家族」、「近代家族」、「ポスト近代家族」という三つの家族の特徴に焦点を当てて、中国における 3 世代の女性およびその三つの時代の家族と母親に期待される役割を分析の軸にして、「スーパーママ」という新しい母親像を探ってみる。

2.1　1940-1950 年代生まれの女性とその家族：伝統と現代の混在

　1940-1950 年代生まれの女性たちは、およそ 1960-1970 年代に結婚して母親になった。その時代の中国では、社会全体が発展途上にあり、愛情より生計のために結婚し、また出身階級といった政治的な要素が結婚相手を決める重要な条件となっていた。国家の「男女平等」の就業政策により「ポスト近代家族」の女性のようにキャリアウーマンとなったが、しかしその一方、「伝統家族」の女性のように生計のために結婚して多くの子どもを産み、たくさんの家事を行わなければならず、まだ放任的で「放し飼い」のような子育てが一般的であった。

2.2　1960-1970 年代生まれの女性とその家族：一人っ子政策と「良き母」の流行

　1960-1970 年代生まれの女性は、およそ 1980-1990 年代に結婚適齢期になり、母親になった。この時代の中国では、改革開放政策により計画経済から市場経済へと変わり、社会の一部分が裕福になっていくと同時に、ロマンティックな恋愛、良妻賢母などといった欧米の「近代家族」の理念も人々に受け入れられることになった。とくに徹底的な一人っ子政策により、子ども中心主義、良妻賢母を特徴とする「近代家族」は、都市家族を中心に一般化していった。

227

それにより、かつて放任的であった子育てが、子ども中心主義のもとで、「精緻化された育児」となり、女性にとって子育ては以前より時間的にも、精力的にも手間のかかるものとなってきた。

2.3　1980-1990年代生まれの女性とその家族：自己成長と「良妻賢母」の彷徨

　1980-1990年代生まれの女性たちは、およそ2000年以降に結婚適齢期になり、母親となった。この時代の中国では、WTOの加盟、また世界的な情報化、人工知能化の影響をうけ、多様化といった「ポスト近代家族」の特徴が見られる。しかしその一方、中国社会の変化の速さの故に、「伝統家族」、「近代家族」、「ポスト近代家族」といった三つの家族パターンが同時に存在し、三つの女性像が、今の中国女性に凝縮されているようにも見える。具体的に、この時代の中国の女性に対する性別規範の特徴としては、学生の段階では学業において男女平等を所与のものとし、「女性の自立」が求められてきたものの、就業の段階では家庭を顧みることができる仕事を期待されるのが一般的である。さらに結婚の段階になると、女性の幸せは家庭にある、良き母親になることであるといった性別役割が期待される。こうして女性には、成長段階によってそれぞれ異なる性別規範が要求されているため、自己成長を追求するか、「良妻賢母」になるかを彷徨っている様子が伺える。

第3節　調査概要

　本章では育児に関するWeChatのグループに対する観察を用いた調査について述べる。この方法は伝統的な自然的観察法のメリットを持つ。つまり、観察対象の事象や行動の生起に意図的な操作を加えず、自然な状態でありのままの様子が見られ、観察の客観性を保つことである。その上、伝統的な自然的観察法、参与観察法のように、時間、場所などの制限がなく、多くの調査対象に対して同時に調査を行えるというメリットがある。しかし、その一方、観察の対象者と面談することでその動作や表情などから得られる重要な情報も損失してしまうという欠点も残る。

228

第 11 章　WeChat 育児グループを通してみる新しい母親像

　筆者は約 400 人からなる育児に関する WeChat のグループの一員として、2017 年 1 月から 2018 年 12 月まで約 2 年間の参与観察を行った。「育児の資源」、「母親の就業状況」、「早期教育」、「子育てに関する消費」、「良きママのイメージ」という五つの面から、グループの日常会話を観察し、メッセージを分類して記録した。その他に、グループの管理員 2 名と 0-3 歳の子どもを持つ母親 10 名に対し半構造インタビューをも行った。

　このグループのほとんどは、0-3 歳の乳幼児を育てている母親であり、年齢で言うと、1980 年代以降に生まれた世代に集中しており、毎日母親たちは WeChat の発信を通して、育児情報を交換したり、育児の悩みを打ち明けたり、助け合ったりしている。このグループには、厳しいルールがあって、3 名のグループ管理員がおり、不定期に講師を呼んで WeChat 上で育児などに関する授業を行っている。また、WeChat 発信以外に、母親たちは不定期に子供連れでミーティングなどを実施している。こうしたことを通じて母親たちは、ネット上におけるバーチャルなグループにも関わらず、その中で本音を言ったり、助け合ったりしている様子が伺える。

第 4 節　分析の結果と考察
4.1　「科学的な母親」と「伝統的な祖父母」

　育児に関する WeChat グループのなかで主な関心事となっているのが、育児における世代差や愚痴などである。

鋭　　：「子どもを抑圧しないで、気持ちの裏に何があるのか考えるのが大事よね。友達のように接するのが成長にいいんじゃないかしら」

秀秀　：「私の『原生家庭（定位家族）』[12]での幼児体験が影響しているのかな？今も自信がなくてひどいコンプレックスを抱えて…息子がいたずらすると私の母親がわたしたち兄弟を罵ったり叩いたりする映像がフラッシュバックして、一瞬自分も子どもに手を出したくなる気持ちを抑えられなくて」

229

海　　：「わたしは呑気だったから、小さい時からいつも母親に催促されて、いらいらして……、今、母親がまた同じように私の子に早く早くと言う時、わたしはすぐ怒りたくなるぐらい、自分の母親のしつけに文句を言いたい」

八仙女：「愛のある家族に出会うのは幸せね」（日付：2017年8月26日）

図 11-1　子どもの気持ちがわかる母親に関する話

出典：WeChat の対話資料

第 11 章　WeChat 育児グループを通してみる新しい母親像

　以上のように、WeChat グループでの話し合いのなかでは、子どもの知育、食べ物の習慣、食事や栄養を重視する以上に、子どもの気持ちを抑えるのでなく自由に表現できる子に育てたいという母親が、一般的となっている。またかつて自分の幼い時に気持ちを親に省みてもらっていなかったことに不満を言っている母親が多い。こうした現在の若い母親たちの多くは 1980-1990 年代生まれであり、その母親はほとんど 1950-1960 年代に生まれた世代であり、その時代の中国は伝統と現代の交わりつつあった時代である。

表 11-1　都市家族における伝統家族、近代家族、ポスト近代家族の育児方式の混在

生まれた年代 家庭形態	今の役割	その時代の子育て方	社会	母親規範
<u>1950-1960 年代</u> **伝統家族**	祖母	放任的で「放し飼い」、無関係の他人に預ける	計画経済、戸籍制度による**知人社会**	仕事を第一、家庭を第二、働く母親
<u>1980-1990 年代</u> **近代家族**	母親	「小皇帝」と言われた一人っ子は親に大事にされるようになった、子ども中心の子育てを受け入れた	計画から市場経済に、工業化、都市化による**知人社会**から**他人社会への変化**	仕事も育児も大切に良妻賢母の流行
<u>2010 年代以後</u> 近代家族と ポスト近代家族	子ども	子ども至上主義、エリート教育精緻化された育児	市場経済、グローバル化、人工知能**他人社会**	子どもを第一母性愛は崇高

　さらに言うと、表 11-1 のように、1950-1960 年代に生まれた女性は、1980-1990 年代に母親になった頃、ちょうど一人っ子政策と改革開放による工業化、商業化、都市化の時代を迎えており、自分が受けてきたのが放任的で「放し飼い」のような子育て方であったにも関わらず、自分の子ども（一人っ子世代）に、よい生活、よい教育などにお金を惜しまなかった。第 1 章で述べたように、外来のファッション文化を代表する KFC 店では、「自分は食べずに子どもが食

231

べているのを見ている親子連れ」がまさにその1980年代から1990年代にかけての育児の象徴的な場面である。

ところが、1980-1990年代生まれの子どもたちは、自分が親になった時に、ただよい生活、よい教育を子どもに与えるに止まらなかった。子ども向けの食品の安全、栄養などにさらなる注意を払うようになり、また学校の勉強だけでなく、早い段階から情緒、趣味などを含めてあらゆる面から子どものIQ、EQを伸ばそうとする「精緻化された育児」を行っている（表11-1）。こうして、祖父母の育児援助を受けながらも、その世代差が普段の育児の悩みにつながることが多くなったのである。

4.2　育児理念の変化：「早期」教育に走る母親たち

早期教育も、母親たちが育児に関するWeChatグループのなかで、ほとんど毎日話題にするほど重要な内容の一つである。

楽　　：「うちの幼稚園では、もう有料の早期教育クラスが始まったよ。2歳
　　　　の子はそろそろ英語を始めたた方がいいのかな？」
菲　　：「2歳の子はろくに話もできないのに、(英語を勉強する)必要ないわよ」
……
小孔雀：「でもWeChat授業の有名な先生たちは、早めに英語を勉強したほう
　　　　がいいって。言葉の発達時期を過ぎたら難しくなるって」
小孔雀：「家庭の英語の環境が重要らしいよ。だけどパパもわたしも英語がで
　　　　きないし…」
mico：「2歳で英語を始めるのは、全然早くない、むしろ遅いんじゃないか
　　　　な？」

　　　　　　　　　　　　　　　　　　　　……（日付：2017年5月9日）

早期教育の是非についての母親の対応は、積極派、躊躇派、冷静派と三つに分けられる。しかし、早期教育を否定する母親は見られなかった。子どもの英

第 11 章　WeChat 育児グループを通してみる新しい母親像

語教育のために、自ら英語を勉強するという母親も少なくない。

　そこで、「子どもがスタート時点で負けないように」という有名なフレーズのもとで、早期教育に走っている母親たちは単に教育業界の扇動に煽られているだけだという説明は不充分だと考えられる。

　この WeChat グループの母親たちは、ほぼ 1980-1990 年代生まれであり、自分自身も強い愛情と教育を注ぐような母親に育てられてきたので、自分が母親になった時には、早期教育に走っているというよりも、自分が育てられてきた「近代家族」の理念を受け継いでいるだけで、この世代の母親にとっては、ごく自然な考えと行動パターンだと言えるのではないかと考えられる。その一方、現在の母親は、自分の幼少期に比べても、さらに精緻な子育てを行っていることが分かる。第 1 章で述べた 7 歳神話（小学生神話）のように、1980 年代から 2000 年代までの子育ての特徴は、過去の「満腹型」から「健康型」へ、「放任型」から「知識や技能型」へと移り変わっている。

233

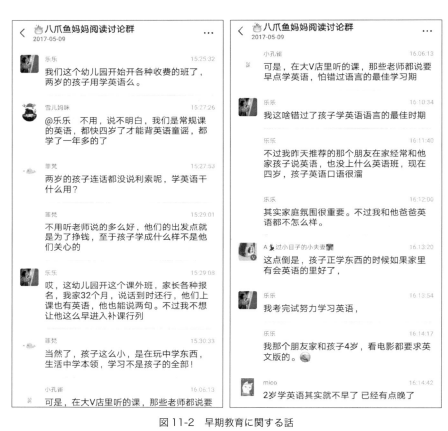

図 11-2　早期教育に関する話

出典：WeChat の対話資料

　しかし、現在は 7 歳まで祖父祖母の世話になるのでなく、もっと早い段階から子どもの知育教育が始まっているようである。また、一人っ子世代の幼少期のように、祖父祖母に任せきりなのではなく、育児に関する内容は分節化されている[13]。例えば、食事のメニュー、レシピは母親中心で、食材の購入、食事づくりは祖父母、家政婦などに任せたりしている。または、どの塾に、どのようなコースを選択するのかは、母親中心で決めるが、子どもを抱いて塾に通わせるのは、祖父祖母、家政婦などの役割である。

第 11 章　WeChat 育児グループを通してみる新しい母親像

　宮坂靖子 (2014) の研究結果を借りて説明すると、日本の「専業母」規範では、母親としての無償ケアに高い道徳的価値を置くゆえ、子どもの食事作り、抱っこなど身体的なケアは母親が遂行すべきことである。しかし、中国では「専業母」は実際に育児を行うより、誰が、どのように、どういう育児内容を行うのをアレンジメントする者となっている。筆者が観察したWeChat グループでも、どのような「早期」教育を行えばよいかに関する話題が多い中、日常生活に関する会話では、母親はフルタイムの仕事を終えて祖父母の作った食事を食べ終わると、子どもと一緒に絵本を読んだり、遊んだりする様子がよく伺える。このような筆者の観察結果はある程度、宮坂靖子の考えを傍証していると言えよう。

4.3「良き母」のジレンマ

　「子どもの気持ちを理解できる母親になろう」、それはこの育児グループの共通意識になっており、近年育児雑誌やメディアなどの育児スローガンでもある。しかし、中国では 70 ％の女性はフルタイムの仕事についているため、育児と仕事の両立に悩まされることが多い。

菲　　：「また『紅、黄、藍』[14] に事件があった？この幼稚園の管理は問題ありね！」

菲　　：「みんな公立に行く？うちは公立の幼稚園にいきたいけど、遠いの」

SWEET：「やはり教師が大事、私立でも公立でもよい先生に恵まれたらそれはラッキーよね」

COCO：「教育はやっぱり家庭に限るよね……」

COCO：「教育って、やはり親しだいよね」

菲　　：「半日だけなら幼稚園もいいかも。残り半日は子どもと一緒に遊んだり、もっと新鮮なことに触れて、勉強できる」

SWEET：「それは無理。仕事がないならいいけど」

COCO：「専業ママなら、ゆっくり子どもに付き添えるよ」

SWEET：「そうだけど、経済的な余裕がないから。3 歳まで頑張って家で育児

235

をしたけど……もう幼稚園に入れちゃったわ」（日付：2017年3月19日）

　このように、『紅、黄、藍』という幼稚園の事件は、このWeChat育児グループの母親達の責任感に拍車をかけたようである。COCOが「教育は親しだいだ」と言ったように、母親こそが子どもの教育の責任者という信念が垣間見える。
　また子どものために、「専業ママ」になるか、キャリアウーマンを継続するのかについてもポピュラーな話題の一つである。

双：「昨日の夜、母親と話したんだけど、やっぱり今の仕事を辞める訳にはいかなないわ。何日か前には母が子供の世話で疲れてる様子を見て、あと何年かしたら仕事を辞めて育児に専念しようと思ったけど、母親は私が仕事を辞めると聞いてショックを受けたみたい。（農村出身の）母親はせっかく私たち三人姉妹を大学卒業まで育てたのに、仕事を辞めたらその苦労が水の泡だって…」
海「＠双　まぁ私もただの大卒だけど、母親は（私が仕事を辞めて専業ママになることに）ずいぶん悲しんでいた」
双：「私も大卒だけど、うちは農村出身で、両親は昔ずいぶん苦労したから、母親は、ただの主婦になるなら、別に苦労して大学まで行かせなくてもよかった！なんて……」（日付：2017年2月1日）

第 11 章　WeChat 育児グループを通してみる新しい母親像

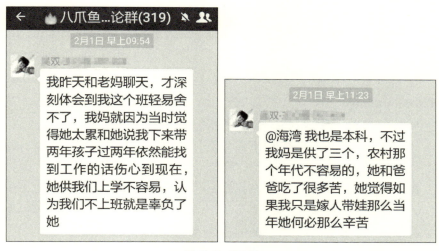

図 11-3　双の話

出典：WeChat の対話資料

　「専業ママ」になるか、キャリアウーマンを継続するか。どのように母親の役割を果たすか、また母性愛の表現方法については、世代間に大きなギャップがある。一つ屋根の下で 1950-1960 年代に生まれた祖母と、1980-1990 年代に生まれた若い母親たちの育児に関する考えは大きく異なり、「母親」としての規範は世代間で衝突している（表 11-1）。こうした様子は、まさに急速に変化している中国の社会では、「圧縮された近代（compressed modernity）」[15]の問題が育児に対する見方の面で表出したものとみるべきであろう。

　海と双は、1980 以後生まれた若い母親として、仕事を辞めて育児に専念するのは、子どもの成長に資する、責任感のある「良き母」の愛の行動であると考えている。しかし、海と双の母親たちにとっては、この選択を理解しがたく、けっして進歩した選択と思っていないようである。せっかく大学を卒業したのに、家庭に戻って育児に専念するという娘たちの行動は、1950-1960 年代に生まれ家庭から社会に進出したことでようやく自立という価値を手に入れた女

性たちにとっては、逆戻りのように見えて理解できないもののようである。海と双の母親たちは、その選択を悲しんでさえいるようだった。

　こうした考察から以下のことがわかる。まず、1980-1990年代生まれの母親たちにとっては、WeChatのグループといったネット上の育児ツールは、単に情報を収集するだけでなく、育児の悩み、夫、祖父母への不平不満も言えるような存在であり、とくに乳幼児を抱えて社会と繋がりにくい母親にとっては、大切な助け舟となっている。

　また、母親たちは、子どもの健康のためにWeChatのグループを通して情報を仕入れるだけでなく、漢方医学を勉強するグループなども作り、「科学的な育児」ができる「科学的な母親」になろうと努力している。

　さらに、現在の母親たちが、子どもの気持ちを優先し、その段階の成長にあった接し方をしようとする姿は、非常に印象的である。「子どもの側に立って、子どもの気持ちを大事にして」、「子どもの気持ちの分かる母親」になろうと努力することが、1980-1990年代生まれの母親の顕著な特徴である。

　もう一つは、世代間の育児理念、母親規範が異なっていることである。海と双という若い母親たちと彼女らの母親の、専業ママの選択に対する思いは、育児に関する世代間のギャップを現わしている。1950-1960年代に生まれた女性は、一人っ子政策により生まれた「小皇帝」に、時間も金銭も惜しまないようになったが、仕事も育児も両立できるという社会的な条件に恵まれたため、安全な地域で放任的な育児も行えた。しかし、1980-1990年代に生まれた女性は、2010年代に母親になると、時代の育児理念が変わり、子どもがいかに優秀になれるかは母親しだいとか、「スタート時点から勝ち組」などの共通意識によって圧迫され緊張を強いられている。その上、安全な地域社会も消え、0-3才の公的な育児機関も消え、密着して子どもを育てなければならないようになったため、子どものために、仕事を辞めて専業ママになるという選択をする女性も増加しつつある。

第 11 章　WeChat 育児グループを通してみる新しい母親像

まとめ

　以上の育児に関する WeChat のグループの会話の分析を通して、新中国が建設されたばかりの 1950 年代の育児に比べて、近年都市部の育児は三つの変貌を遂げている。第一に、育児パターンの変化である。1950 年代の放任的で「放し飼い」のような子育て方から、「エリート化」、「精緻化された育児」になっている。第二に、育児理念の変化である。1950 年代から 1980 年代までは子どもが健康に成長することに焦点を当てていたが、今は早い段階から子どもの IQ、EQ を伸ばすことに注目するようになった。とくに、「子どもがスタート時点で負けないように」というフレーズが社会の共通認識になる中で、科学育児と育児消費が巧みに結びついて、「3 歳児神話」と育児消費文化が構築されてきた。こうした社会風潮の中で、親たちは高い「早教」を受けさせたり、育児関連商品を購入したりすることを通じて自分の子どもが落ちこぼれになっていないという安心感を得るようになっている。第三に、母親に対する期待の変化である。かつて「母性愛は本能だ」と言われており、また 1950-1980 年代には「仕事を優先する母親」が当たり前だった。しかし、今の中国都市部では、「良き母」たらんとすればいろいろな勉強をして、子どもに良質な養育環境を与えなければならず、「科学的な育児」を行いたいならなら、まず「科学的な母親」にならなければならないと母親に期待しているのである。このように、育児に焦点を当てると、今の中国の都市家庭は、「近代家族」の母親、つまり子どもの養育に専念する母親をモデルにしていることがわかる。しかし、社会の福祉制度はまだ近代家族にあうように整備されていないため、公の領域でも、私の領域でも、家庭と女性に大きな期待と重い負担をかけているのである。

　以上のように、育児を歴史の軸に取り入れてみると、育児理念、育児方式、母親規範が変化していることが浮き彫りになってくる。また、中国の都市家庭では、子どもの数が激減しているが、育児に関する責任、負担が決して減っておらず、育児理念の変化によってむしろ重くなったといえる。

　さらに言えば、1949 年に新中国が成立してから、今日に至るまで、母親規

239

範は相当程度変化してきている。1950年代には、母親たちは子どもを無関係の他人に預けて何年間も子どもに会わず仕事を優先していた。そうした母親は、その時代においては、けっして珍しいことではなかった。皆が懸命に働いており、それが国のためでも、家のためでも、生活のためでもあったから、子どもの面倒を充分に見ない母親でも、当時の母親としての規範に反していなかったし、何よりもまず現在のような母親としての規範がまだ形成されていなかった。

しかしながら、60年あまり、二世代という時が経った今、「母性愛は崇高である」という社会意識、母親としての規範が一般化されており、母親が子どもを愛することが非常に価値のあるものとなっている。こうして、愛情で結ばれた「近代家族」は、中国の市場経済の発展に伴い、また一人っ子世代の誕生と成長に相まって、中国都市部で普遍化しつつある。そして中国の都市家庭では、子どもを中心に生活を計画している母親が一般的になっている。とくに、精緻化された育児パターン、濃密な親子関係が社会の主流となっている今、子どもが落ちこぼれにならないために、母親は子どものマネジャーのように、「科学的な育児」を行っているのである。

註（第11章）

[1] WeChat、中国語では「微信」と呼称。Tencent（騰訊）が2011年に作語した、文字や音声、写真や動画、グループチャットなどでコミュニケーション通知など基本機能が出来る無料メッセージアプリである。ユーザー数は中国国内約7億、世界で12億以上という世界でも最大規模の人気アプリとなっている。中国人の日常メッセージはほとんどWeChatで行われており、スマートフォン・PCともに利用可能。登録ユーザーは男女比で1.8：1、年齢層は18〜25歳が約45%、26-35歳が約40%と2年令層で8割以上を占めている。
WeChat公式サイト：http://www.WeChat.com/ja/download.html

[2] この時の家族は、前近代社会の生産力に見合った伝統家族である。欧米家族社会学では、伝統家族を制度家族（institutionl family）ともネーミングされるが、生計のため、家族継承のため、結婚するという近代家族と違った特徴を持っている。

[3] 年老いたら子どもに扶養してもらうという意味だが、児は男児を指しており、女児を意味しない。

[4] 国の人口構成で、子供と老人が少なく、生産年齢人口が多い状態を指す。豊富な労働力で高度の経済成長が可能である。多産多死社会から少産少子社会へ変わる過程で現れる人口現象である。『大辞泉』による解釈。

第 11 章　WeChat 育児グループを通してみる新しい母親像

[5] 佟新 , 人口社会学［M］. 北京：北京大学出版社、2000.

[6] 落合恵美子、『21 世紀の家族へ　家族の戦後体制の見かた・超えかた』第三版、有斐閣、2014 年：60-62 頁。

[7] 同上、65-67 頁。

[8] 左際平、蒋永萍、「社会転型中城鎮妇女的工作和家庭」、当代中国出版社、2009：23-25；
佟新、杭苏红、「学龄前儿童抚育模式的転型与工作着的母亲」『中华女子学院学报』、2011：74-79；杨菊华、李路路，「代际互动与家庭凝聚力」『社会学研究』2009（3 期）：26-53；
唐灿、陈午晴，「中国城市家庭的亲属关系——基于五城市家庭结构与家庭关系调查」『社会学研究』2012(2)：92-103 などの研究を参考。

[9] 马春华等，「中国城市家庭変迁的趋势和最新発现」『社会学研究』2011（2 期）2011：182-216；
杨善华，「中国当代城市家庭変迁与家庭凝聚力」『北京大学学报』2011（2 期）2011：150-158；
肖索未，「"严母慈祖"：儿童抚育中的代际合作与权力关系」『社会学研究』2014（11 期）：148-171。などを参考。

[10] 肖索未，前掲論文；沈奕斐，『个体家庭：iFamily: 中国城市家庭现代化进程中的个体、家庭与国家』．上海三联书店、2013；淘艳兰，「流行育儿杂志中的母职再现」『妇女研究论丛』2015（3 期）：81-83. などを参考。

[11] 胡湛、彭希哲，「家庭変迁背景下的中国家庭政策」、『人口研究』2012,(2)：4-9；唐灿、张建主编，『家庭问题与政府责任』社会科学文献出版社、2013 年などを参考。

[12] 『原生家庭』は、日本語の定位家族に当たるが、近年中国社会において流行語になっているくらい、自分の生まれ育った『原生家庭』でどのように愛され、教育してもらったことは、普段の世間話になっている。こうした変化からも、情緒性を重視する「近代家族」が中国の都市家族に大衆化しつつある象徴でもあろう。

[13] 宮坂靖子、「家族の情緒化と『専業母』規範—専業主婦規範の日中比較—」『社会学評論』2014 (4)：589-603 頁。
　　宮坂は日中の専業母を比較して、育児や家事などのケア行為に、ある部分を母親に、ある部分を他人にという分節化された行為が、日中の「専業母」規範に異なっていることを明らかにした。例えば、日本ではケアが「愛の労働」と受け止め、子どもに関するすべてを母親すべきという規範が存在しているのに対して、中国では育児のある部分を他の人に任せてもよいという違いがある。

[14] 中国の有名な私立幼稚園であり、全国に多くのチェーン店がある。

[15] 韓国の社会学者チャン・キョンスプ(張景燮、Kyung- Sup Chang)は「圧縮された近代(compressed modernity)」という概念を用いて、アジア社会は欧米と異なる近代社会の道を歩んでいることを説明している。つまり、欧米諸国では長期間かかって進展した近代化の過程が短期間に「圧縮」されるため、欧米諸国では異なる段階に起きたことが同時に起きるという複雑な事態が生じており、結果からみるアジア社会は欧米諸国とは異なる道筋をたどることにもなる．同じ変化を遅く経験するだけの「遅れた近代」にはならないというところは、非常に今の中国都市部家族の変化を説明できる。

241

終章　総括と展望

　以上の各章でみてきたように、中国都市部における一人っ子世代の生育環境と社会化は、従来の研究において問題視されてきたように子どもの数、家族構成、親の生活史のみに収斂するものではなかった。現地調査を通して、都市部の子どもは定位家族のほかに、家族・親族ネットワークにおいても社会化をうけていることが明らかになった。さらに、家事手伝い、身辺自立には甘いが、勉強・学歴には厳格な親の教育方針が確認できた。こうしたしつけの特徴は、教育に高い価値をおく中国人の価値観によって要請されたものであった。そしてそれに続く「序列構造」とそこから生み出された「二重の競争原理」および都市部を優先する教育制度によって、都市家族を学歴競争に巻き込み、とりわけ学歴取得を子どもにとって回避できない役割としてみなすようになったのである。

　また、中国都市部の育児を歴史的時間の軸に置き、それを相対化すると、育児、親子関係、親の愛情表現などは、それぞれの時代や地域において、異なっているものであり、その変化は子どもの数の激減のみが原因であるわけではないことが明らかになった。1930年代、1950年代、1980年代、2010年代という中国の近代以後の代表的な時期から育児場面を取り上げて、育児の変化を検証すると、この100年足らずの間に、育児は放任的で「放し飼い」のような育児から、「知識や技能型」に変化して、さらに精緻された「科学育児」と急速に変化していることがわかる。こうした変化は子どもの人数より、社会全体の発展による「近代家族」の大衆化と大いに関連している。

　さらに、在日中国人家族の育児調査を通して、同じ中国人家族であっても、ビザ、経済事情、国際結婚などにより、0-3歳の乳幼児を親のそばに置いて育てるか、親族を呼んで一緒に日本で育児するか、あるいは親と離れて中国の親族に預けて育ててもらうのかと、いくつかのパターンに分かれていることがわ

終章　総括と展望

かった。

　以上のように、本研究は、中国都市部の育児形態、親子関係、子どものしつけの内容にスポットをあて考察した結果、先行研究から析出した孤独で、わがままな「小皇帝」像は、中国都市部の子どもの平均像ではない、ということを明らかにした。また、中国都市部の育児に関するWechatのグループの参与観察、在日中国人家族の育児調査を通して、変化している育児は、「近代家族」の大衆化、またアジア地域の「圧縮された近代」によるものであり、子どもの人数の減少のみに起因するものではないことを明らかにした。

　ここで最後に当初の視点に立ち戻って、本研究において明らかになったことを要約して述べておきたい。

　第1章では、まず、育児や母性愛は不変のものだろうかについての疑問を提示して、中国の近代以後のいくつかの育児場面から、育児の歴史的変遷と多様性について検討した。具体的には、育児を歴史的時間の軸に置き、社会の経済水準、社会の生産力、国家政策などによって、育児パターン、母親規範に変化をもたらしていることを考察した。中国の育児は、どのように「満腹型」から「健康型」へ、「放任型」から「知識や技術型」へ、さらに「エリート型」、「精緻された育児」に変わってきたのかを明らかにした。また、こうした変化のなかで、母親規範も相当程度に変遷してきた様子を見てきた。子どもを家族でない他人に預けてもらって、子どもに何年間も会えずに仕事を第一にする「働く母親」、子どもによい生活、よい教育のために自分のことを後にする「一人っ子世代の母親」、さらに子どもを中心に、子どもが「スタート時点から勝ち組」になるために、「科学的な育児」を行う「科学的なママ」は、それぞれの時代の母親規範に沿った子育てを行っていた。

　第2章では、まず、「多子多福」、「重男軽女」など伝統中国の生育観を紹介した。また、こうした生育観をもつ家族は、1949年以後の紆余曲折の中国人口政策の影響を受けて、どのような対応したかを明らかにした。

　第3章では、これまでの一人っ子に関する先行研究をレビューして、その

243

問題点を提示した上、本研究の課題と考察の視点について検討した。主に、一人っ子と非一人っ子との比較に基づく従来の研究は、「きょうだいの有無＝生育環境の良し悪し」という図式に捉われてきた。そのため、子どもの社会化はその社会の文化や価値規範に規制されているという事実への配慮が欠如していた。それに対して、本研究では、子どもの社会化を、文化、社会制度の産物として考察する理論的な分析枠組を構築し、さらに、同世代の国際比較という横軸と、親世代との比較という縦軸をもって、子どもを考察する方法を提示した。さらに、先行研究から見い出した「孤独」、「溺愛」、「受難」の「小皇帝」像への問い直しを三つの課題として提示した。

　そこで、**第4章では**、日本と中国の子どもの生育環境の比較を行い、現地調査を通して、中国では、親族ネットワークが都市家族の近くにあり、子どもの日常生活に大いに関わっていることを明らかにした。中国の都市家族、親族との相互協力、相互援助という親密な関係が、今日まで継続されているのは、文化的要因のほかに、1949年以後の国家政策などの社会的要因にもよると論じた。さらに、人口抑制政策によって家族規模が縮小した結果、一人っ子家族は、子どもの多い家族より、子どもの面倒を親族ネットワークに委ねやすく、社会との交際、交流がしやすい構造となったことも明示した。そのため、一人っ子たちは単純な核家族で生活し、きわめて少ない人間関係しか持ち得ない反面、親族たちとの頻繁な交流、往来を通して、他者との相互作用を行う機会を多く得ているということが明らかとなった。

　さらに、親族ネットワークの中で蓄積した日常生活の経験は、「①核家族、少子化が進んでいる中国都市部の子どもの孤独な家庭環境を緩和する。②子どもに、私的で、循環的かつ固定的な場を与え、子どもに自分の役割への認識を、順を追って習得する穏やかな環境を提供する。③子どもに定位家族と社会の間にもう一つの居場所を与える。④親族たちとの交際、交流が、子どもにさまざまな角度から自分の家、自分の親を再確認する機会を与える」という4つの意味をもって、子どもの社会化に影響していると述べた。

244

第5章と第6章では、親、祖父母に溺愛されている「小皇帝」像について検証するために、子どもの社会化という視点から、「人間関係の能力、規範への尊重、適切な役割の体得」などいくつかの考察基準を提示した。この考察基準に基づいて、先行の国際比較調査を分析してみたが、そこからは、溺愛されてわがままで何でもやり放題の「小皇帝」像を析出することができなかった。他国に比べ、中国の子どもは成長してもきめ細かくしつけられており、とりわけ勉強面において親（大人）が厳格な態度をとるという特徴が顕著であった。その一方で、親世代との比較から、今日の親には、子どもの気持ちを理解しようとする意識の変化が見られることが確認できたが、依然として「親の言うことをよくきく」子どもを求めている。また、親世代より、「身辺自立、家事の手伝いを軽んじて、勉強を重んじる」というしつけの特徴がとりわけ顕著であることも確認できた。

　さらに、今日の中国には、子が親の意志に従うものという伝統的な親子関係と、親と子は対等の個人という近代的な親子関係が混在しているが、それは、伝統から近代への移行期にあるためであると分析した。また、勉強にウェイトをおくしつけが、近代学校制度の整備と近代職業の確立によることも指摘した。

　第7章と第8章では、「労働を軽んじて、勉強、稽古事を重んじる」という第6章の考察結果をうけ、中国都市部の学歴追求とそれが与える子どもの社会化への影響を考察した。階層を問わず、ブランド志向によって高学歴志向が顕著であったこと、子ども数、親の職業、学歴による格差がみられなかったこと、経済状況に恵まれない家庭ほど子どもの勉強に熱心的で、親族のネットワークによる子どもの勉学のための資金援助があること、という都市部の学歴追求の特徴を明らかにした。

　こうした都市家族の学歴追求は、都市部が大衆化教育段階に入ったことと関係するほか、中国社会の「序列構造」とそこから生み出された「二重の競争原理」にも関わると指摘した。今日の中国社会においても、「己」と「群」の境界線が曖昧な「序列構造」、「二重の競争原理」が依然として温存されているために、

学歴競争の成功と失敗は、単なる受験者本人の問題ではない。つまり、学歴取得は、受験者のみならず、受験者をとりまく家族、親族もその利益を共有するため、親（大人）は、学歴競争から子どもを離脱させないようにしているのである。

　このように、あらゆる階層の都市家族において、子どもの学歴取得を支援することが親の責任となり、また学歴の取得は、親（大人）の期待に応えて、子が果たすべき役割になったのである。さらに、この役割を遂行するには、勉強への専念が必要とされているがゆえに、それを妨げるようなものは、自然に子どもの日常生活から排除されるようになることから、「労働を軽んじて、勉強を重んじる」というしつけの特徴も、こうした事象の反映であろうと論じた。

　以上のように、「戸籍制度」、都市部を優先する教育制度といった社会的要因と、家（ジャー）、子どもの教育に高い価値をおくといった文化的要因に着目した研究方法は、子どもをとりまく生育環境、社会化の実態の解明の一つの有効な手がかりであった。

　第9章では、研究対象を在日中国人家族の育児にして、海外の育児文化という要素を取り入れた中国人家族が、中国本土とどのように異なる育児を行っているのかを考察した。日本人の母親に比べて、在日中国人家族の母親は、友人、また家族・親族から育児援助を得て、共に育児を行うパターンが見られた。また在留資格、家庭経済状況、国際結婚などの条件により、異なる育児パターンを選択している。具体的には、在日中国人家族では、夫婦が共に留学生の場合、子育ての「ネットワーク依存型（周辺社会参加型）」を選択し、夫婦が共働きの場合、「中間型（選択利用型）」という育児方法を行い、また国際結婚の場合、とくに妻が日本人、夫が中国人である在日中国家族が「独立型」という育児パターンを取っている傾向が見られる。さらに、中国の親族ネットワークは、娘・息子の就学・就業のために、国境を越えて育児支援したり、または乳幼児を中国本土に連れて帰り、親代わりに育児を行うという家族・親族の強さを示している一方、伝統的な家族の育児形態も見られた。

終章　総括と展望

　第10章では、「良妻賢母」、「男は外、女は内」という近代家族の特徴が、中国の市場経済の深化により、かつて社会主義の中国で構築されてきた「女性には経済的自立がなければ女性の真の自立はない」という理念が揺るがされて、育児や家庭のために主婦になる女性が増えてきたことを考察した。社会主義国家である中国では、欧米社会のような主婦化という段階を跳び越えて、「脱主婦化」という段階に突入したと言われるが、しかし、中国の3都市の主婦のインタビューを通して、激しい転換期を生きる女性は、体制改革のために失業し、やむをえず主婦になったり、育児、子どもの進学のために自ら主婦になったりすることが明らかになった。ところが、転換期を生きる中国都市部の女性は、階層と関係なく「経済的役割」と「良妻賢母的役割」に揺れているが、「経済的役割」を「良妻賢母的役割」より高い位置におくという社会風潮の下で、専業主婦になったことについて、「良き母」という新しい役割によって自己肯定を図っていることがうかがえた。

　第11章では、WeChat育児グループを通して、中国都市部の新しい母親像を考察した。2010年以後の中国では日常的なコミュニケーションの主な手段であるWeChat（ウィーチャット）の参与観察を通して、一つ屋根の下で、「伝統家族」、「近代家族」、「ポスト近代家族」の育児方式が混在していることが明らかになった。短期間に工業化、都市化などを遂げてきた中国では、「圧縮された近代」の特徴が、中国の育児事情にも現れていると言えよう。具体的には、母親に対する期待が変化して、「母性愛は本能だ」から「『良き母』たらんとすれば多くの勉強をしなければならない」ようにに変わっている。また、「近代家族」の母親像が大衆化されている中で、社会的福祉制度の遅れのために、祖父母の育児支援を活用しながらも二世代の育児理念がぶつかったり、「良き母」が育児と仕事の両立のジレンマを抱えている現状も垣間見えた。

　ところで、本論文は、一人っ子が「小皇帝」であろうかという問題意識から出発して、都市家族における育児形態と子どもの社会化を考察したものである。できるだけ多くの視角から一人っ子が本当に「小皇帝」であるかどうかを問い直

247

したため、地域分類への配慮をしなかった。しかし、巨大で複雑な中国社会の育児状況、子どもの実態をより正確に把握するには、地域の発展の度合いによるしつけ方の差異、子どものジェンダーによる育て方の相違に関する考察が必要不可欠である。本研究の今後の課題としたい。

　また、本論文は、育児と母性愛が不変のものであろうかという疑問から出発して、歴史的時間に軸を置いて、一人っ子世代が親になった現在の中国都市部の育児実態を考察した結果、「近代家族」が大衆化されている中で、育児形式や母親規範が変わったとことを見い出した。しかし、どの階層、どういう家族構成などにおいて、こうした変化がもっとも顕著であるのかについては、今後の研究で、さらに明確に分類して深くその実態を掘り続けたい。

あとがき

「あなた達のせいで、先進労働者になれなかった」。

これは、1937年生まれの母が、筆者らきょうだいが幼く、仕事と家庭の両立に悩んでいた頃によく口にした言葉である。

新しい中国は、多くの女性に仕事、そして仕事に付随する社会的価値を与えたが、家事、育児などは女性が行うべきという従来の考え方は、依然として変わらなかった。結果として、解放された女性は二重の負担を強いられていたことになる。家庭という私領域の秩序が父権社会のまま維持されていたことは、新中国の女性解放運動の問題としてよく指摘される。

しかし、家事、育児などは私領域である家庭のみに収斂できることではない。家事、育児は女性のみが担うべきことだとされれば、必然的に、女性は社会に進出しにくくなり、責任のある職位を任されにくくなる。少子高齢化という苦境からの脱出をはかるなら、女性に多くの子どもを産めと要求するだけでなく、女性が一個人として生きやすい社会づくりを目指すことが、最優先課題である。少子高齢化社会を迎え、より女性が生きやすい社会をつくるには、公私領域にわたる共同育児、男女の共同育児という制度的な保障、「育児は女性だけの責任でない」という意識の改革などが、積極的かつ建設的な手段となろう。

このように述べると、非常に堅苦しくて現実味のない話になってしまうため、ここで、1970年代に生まれた筆者が、女性という当事者として過去を振り返ってみることにする。

中国における男女平等の意識が最も徹底しているのは、教育機関であろう。筆者が学生だった頃、成績のトップクラスには男子学生と同じように女子学生もおり、むしろ女子学生はおとなしくてよく勉強することから教師たちの信頼を得やすいというのが、筆者自身の経験でもある。こうした経験は中国の都市部においては一般的であり、女性でも頑張れば良い成績を収め、それなりの成

果を得られると筆者は信じていた。

　ところが、筆者が日本に留学していた頃に経験した二つの出来事を機に、女性は男性と違った存在であり、平等とは両者を同じ物差しで測ることではないのではないかと真剣に考えるようになった。

　一つ目の出来事は、同期の女子院生二人が学会に出席できず、しかもその理由が妊娠であったことである。院生は毎年少なくとも二つの学会で発表する、という研究室の暗黙の目標が達成できなかったことに、一人の指導教官が半ば冗談で「ここは大学院であって、産院ではない」と、ため息交じりにおっしゃった。この言葉に、当時すでに結婚していた筆者は青ざめた。というのは、その時ちょうど、上述の指導教官の研究室のドアをノックして、自分が妊娠したことを報告しなければならないという夢を見たばかりだったからである。冷や汗で目が覚めて、現実でなかったことに胸をなでおろしたものの、妊娠、出産は女性にとってハンディであるとその時、漠然と思った。

　二つ目の出来事は、友人の一人が、修士論文を執筆中に妊娠したことが分かり、30歳という年齢もあいまって、学業継続のために、産むかどうかについてずいぶん悩んでいたことである。彼女は自分の男性指導教官に手紙で妊娠のこと、またその悩みを打ち明けたが、その指導教官からはすぐに「学業はいつでもできる。安心して子どもを産んで、人生の新しい節目を迎えてほしい……」と女性のライフ・イベントに非常に理解ある返事が返ってきた。その指導教官はまた、男性としてどのように育児に参加し、子育てを通していかに自分の教育理念が変わったかを語ってくれたそうだ。

　女性は男性とは異なる存在であることを、この二つの出来事から実感した。男女の違いは当然のことに見えるかもしれないが、妊娠、出産という女性の特有の時期に、女性はどのように対応するのか、この二つの出来事には大きなギャップがあることから、妊娠、出産が女性のハンディになるかどうかは、周囲の環境や理解によって大きく異なることに気付いた。二十年近い歳月がたっ

あとがき

た今でもまだ鮮明に覚えている。

次に述べたいのは、筆者が中国でおこなった就職活動の際のエピソードである。ある大学における採用面接で、関係者から「もし本学に採用されたら、研究業績を上げてもらいたいので。子どもを作ったりされては困る」と言われた。男女平等を国家政策として挙げてきた中国にこんな話があり得るのかと筆者は内心、驚いた。今考えてみても、このエピソードは計画経済から市場経済に転換して、経済利益を第一原理にしようということが発端だったのではなく、中国政府が始めた女性解放運動は「上から下へ」という特徴をもっており、その結果、中国の男女平等は「男は外、女は内」という意識の改革が行われないまま現在に至ったことが原因であると思われる。

少し深く掘り下げてみれば、中国の男女平等とは、女性にも男性と同等の仕事を持たせるという公式になっていることに気づく。一見、公領域での女性は男性と同じ労働機会を得ているように見えるが、実は、私領域で担う家事、育児などは依然として女性のやるべきことでありながら、公領域においても男性と同等に業務を担うべきという規範が形成されており、女性のジレンマはこうした状況から生じているのである。

特に、市場経済の発展に伴い、変化の激しい社会に置かれる女性は、公領域と私領域の両方において最善を尽くすべきことを求められるようになっている。仕事の質を向上させるために時間を割くと同時に、「良き母」になるために子どもに付き添う時間も必要とされる。しかし、一日24時間と限られた時間の中で、公領域と私領域の間を全力で走り続けなければならない女性たちは、職場からも家庭からも不評を買いがちである。

かつて、筆者の自宅で働いていた住み込みのベビーシッターと、女性のジレンマについて話し合ったことがある。というのは、「なぜ母親は仕事から帰ったらすぐ家事、育児などに取り組まないといけないのに、父親は仕事から帰ってのんびりしたり、本を読んだりしてもよいのか」ということについて疑問を

抱いていたからである。そのベビーシッターは、「女だから、家事や育児をするのは当たり前でしょう」と答えたため、筆者はすかさず、「じゃあ、もしあなたの子どもの担任の先生だったら、男の先生でも、女の先生でも、教えるスキルが高いことを望むでしょ？　女の先生だから、教えるのは下手でも良いと思うのかな？」と尋ねた。すると、ベビーシッターは、「そりゃ、女の先生であっても上手に教えてくれなければ困ります」と答えた。筆者はさらに、「女の先生も男の先生と同じように、本を読んだり、授業準備したりしないと、上手に教えられないよね」と述べた。ベビーシッターは、納得したようでありながら、どこか腑に落ちないという表情を浮かべていた。

　以上の会話からも明らかなように、共同育児という制度的な保障も必要であろうが、同じ女性であるベビーシッターの話から、意識の改革はより喫緊の課題であろうと痛感した。

　ベビーシッターとの会話の数日後、筆者にとって最も大きな人生の悲劇が起きた。

　いつもと同じ日曜日の朝、授業準備のために大学に出かけようとした矢先、当時2歳であった息子が37度の熱を出した。筆者は大学に行くことを躊躇したが、迷った挙句、やはり研究室へ向かった。筆者は当時、ちょうど一年間の海外派遣から戻ってきたばかりで、再び始まる授業に対する思いもあった。幼児にとって37度くらい、すぐ病院に行く必要があるような高熱ではないし、父親もベビーシッターもそばにいるのだからと考えたのだ。

　「熱が39度に上がった」という電話をうけて、急いで家に戻ったが、悪夢のような二日間の後、筆者の息子はICUで息を引き取った。

　悔やんでも悔やみきれず、あの日に戻りたいと何度も思った。しばらくの間、研究にも教育にも力が出ず、ただただ、悪い母親だったと自分を責め続けた。

　しかし、時が経った今、少し冷静になって考えると、あの日に戻れたとしても、筆者はきっと同じように授業準備で大学に行っただろうと思う。というのは、自分の意識のなかでは、女性だからこそ、男性と同じように、いや、それ

以上の努力をすべき、母親と思われないような仕事ぶりであってこそ、より良い成果を収められると考えていたからである。

　母親であっても母親と思われないように仕事に最善を尽くす。こうした考えは、特に中国の市場経済の発展とともにますます広まっているが、このような考えは往々にして女性をジレンマに突き落とし、女性自身を苦しませるだけでなく、将来的には、家族も、社会も、このいびつな考えの代償を払わざるを得なくなるのだ。

　ところで、数年前、筆者が指導する院生の一人が、大学院の三年間において、修士号の取得と同時に、結婚、出産という人生の大きなイベントを一気に終わらせた。最近、こうした女子学生は中国では珍しくなく、女性特有の出産・育児時期と大学院生の時期を計画的に重ねて、学生としての比較的自由な時間を活かして、あらかじめ今後の就職の支障を取り除くという狙いがあるようである。

　中国の転換期を生きる女性には、理想と現実のギャップを埋めるために、単なる賛否で評価しきれない、そう選択せざるを得ない部分があるに違いない。女性は男性と同じ存在である。ゆえに、女性も男性も、互いの特徴を認め、その特徴を活かせる社会制度、意識などが必要不可欠である。だが、その道のりはまだまだ遠いようである。

　本書は2008年8月に出版された『孤独な中国の小皇帝　再考』（第2章から第8章）をもとに、その後、十年の間に発表した論文を加え、新たな展開を試みたものである。

　筆者が大阪市立大学に博士学位請求論文を提出してからはや14年が経った。しかし、研究の面白さがわかってきたのはつい最近のことである。研究に苦しみ、もう止めようかと何度も思ったことがあったが、今になって、続けてきて良かったと思う。改めて、大阪市立大学大学院在学時の指導教官堀内達夫教授

をはじめ、豊田ひさき教授、細井克彦教授の懇切丁寧なご指導に心から感謝したい。また、院生仲間とかけあった激励、あたたかい言葉の数々、そうして臨んだ学会発表などは、その後の研究の糧であり財産でもある。さらに、京都大学の落合恵美子教授に深くお礼を申し上げたい。当時、国際日本文化研究センターの特別共同利用研究員として受け入れ、厳しく指導して下さり、落合教授の研究グループに入ってからさらに多くの研究の機会を得、新鮮な研究の視点から多くのヒントを得た。いつも日本語の修正依頼に快く応じてくださる哈爾浜師範大学日本人教師の成田欣司先生にも心よりお礼申し上げる。そしてまた大学時代からの友人西香織先生には、ご自身教職、育児にご多忙にもかかわらず、筆者の日本語表現の修正を引き受けて下さった。心より感謝したい。

　本書の刊行は、大阪公立大学共同出版会、とくに前理事長足立泰二博士のご理解とご協力なくしてはできなかったものである。心から感謝申し上げる。

　なお、本書の出版に当たっては、2016年度中国国家社会科学基金項目（番号16BSH056）「研究成果公開促進費」の交付を受けた。

　本書を、筆者が自身の研究に没頭し、十分にそばにいてあげられないまま夭逝した最愛の息子、普に捧げる。

　2019年　夏　中国・哈爾濱師範大学松北キャンパスにて

　　　　　　　　　　　　　　　　　　　　　著者　　鄭　　　楊

主要参考文献

(著者名のアルファベット順)

A

東洋『日本人のしつけと教育－発達の日米比較にもとづいて』東京大学出版社，1994 年

天野郁夫『教育と選抜』第一法規出版，1982 年

天野郁夫『近代日本高等教育研究』玉川大学出版部，1989 年

天野郁夫『学歴の社会史：教育と日本の近代』新潮社，1992 年

阿古智子・大澤肇・王雪萍編『変容する中華世界の教育とアイデンティティ』国際書院，2017 年

青井和夫・庄司興吉編『家族と地域の社会学』東京大学出版社，1980 年

アンダーソン，M. 著，北本正章訳『家族の構造・機能・感情』海鳴社，1988 年

Anderson,Michael, "Crowell's handbook of contemporary drama "1971 年

B

边燕杰「独生子女家庭的增长与未来老年人的家庭生活问题」『天津社会科学』1985(10)：47-52

边燕杰・约翰・罗根・卢汉龙・潘允康・关颖「『単位制』与住房商品化」『社会学研究』1996(1)：83-95

白玲「中国式全职太太的心理魔障」『中国新闻周刊』2004(37)：46-48

C

陳科文「关于独生子女合群性的初步研究」『心理学报』1985(6)：264-270

陳敬朴「如何関注農村学生的発展－中日農村教育比較研究」『改革・開放下中国における農村教育の動態－日本との比較の視点に立って－』(研究代表者・阿部洋　平成 9-11　年度科研費研究成果報告書) 福岡県立大学，1999 年

D

丁士賢「対城市一代独生子女教育問題的社会学考察」『人口研究』1989(5)：8-12

丁琳琳・冯云「现代全职太太的经济学分析」『边疆经济与文化』2005(11)：83-84

代堂平「社会性别视角下的"让妇女回家"」『长白学刊』2005(4)：79-81

杜芳琴等編『中国妇女与发展——地位 健康 就业』河南人民出版社，1993 年

ドンズロ，ジャック著，宇波彰訳『家族に介入する社会』新曜社，1991 年

E

Edward,Shorter, "The making of the modern family"Basic Books, 1975

Erikson,Erik H.,"Insight and responsibility : lectures on the ethical implications of psychoanalytic insight"1964.

エリクソン，E．H．著，田中俊宏・岩橋誠一・みさき見崎恵子・作道潤訳『近代家族の形成』昭和堂，1987 年

F

方英「市场转型与中国城市性别秩序分化」『江西社会科学』2008(1)：193-197

方英「"全职太太"与中国城市性别秩序的变化」『浙江学刊』2009(1):211-218

風笑天・郝玉章「家庭与中学独生子女社会化——对湖北省五市镇 593 名中学生的调查分析」『青年研究』1998(1):25-30

風笑天「論城市独生子女家庭的社会特徴」劉錫霖，郭康健編著『蛻変中的中国家庭』広角鏡出版社有限公司，1996 年

風笑天『社会調査中的問卷設計』天津人民出版社，2002 年

風笑天「中国独生子女研究：回顾与前瞻」『江海学刊』2002(10):90-99

フィリップ，アリエス著，杉山光信，杉山恵美子訳『「子供」の誕生：アンシァン・レジーム期の子供と家族生活』みすず書房，1980 年

福武書店教育研究所『第 3 回国際比較調査「都市社会の子どもたち」』モノグラフ小学生ナウ 12(4)，福武書店教育研究所，1992 年

福武書店教育研究所『第 4 回国際比較調査「家族の中の子どもたち」』モノグラフ・小学生ナウ 14(4)，福武書店教育研究所，1994 年

藤崎広子編『親と子交錯するライフコース』ミネルヴァ書房，2000 年

Fong, S. Peskin, H. (1969). Sex-role strain and personality adjustment of china-born students in America: A pilot study. Journal of Abnormal Psychology, 74, 563-568.

葛慧芬『文化大革命を生きた紅衛兵代　その人生，人間形成と社会変動との関係を探る』明石書店，1999 年

H

原ひろ子・我妻洋『しつけ』弘文堂，1974 年

速水融『歴史人口学と家族史』岩波書店，1997 年

速水融編著『近代移行期の人口と歴史』ミネルヴァ書房，2002

速水融編著『近代移行期の家族と歴史』ミネルヴァ書房，2002

橋爪きょう子ら「在日外国人女性の精神鑑定例 -- 異文化葛藤要因としての出産・育児」『犯罪学雑誌』2003(2):36-43

Hill, J.H.(1966).An analysis of a group of Indonesian, Thai, Pakistani, and Indian students' perception of their problems while enrolled at Indiana university. (Doctoral dissertation, Indiana University, 1966).Dissertation Abstracts International, 1966, 27, 2007A. (University Microfilms No.66-12, 657).

何炳棣著『何炳棣著作集：何炳棣思想制度史论』中华书局出版，2017 年

広田照幸『教育言説の歴史社会学』名古屋大学出版会, 2001.

広田照幸『教育には何ができないか：教育神話の解体と再生の試み』春秋社, 2003.

広田照幸『教育不信と教育依存の時代』紀伊國屋書店, 2005.

広田照幸『教育は何をなすべきか：能力・職業・市民』岩波書店, 2015.

堀尾輝久『子どもを見なおす—子ども観の歴史と現在』岩波書店，1984 年

主要参考文献

I

井上俊（ほか）編『＜家族＞の社会学』岩波書店，1996 年

K

記桂平・張力慧・万伝文「家庭結造対小学生行為特点的影響」『社会学研究』1990(3)：99-102

近世文学書誌研究会編『大倭二十四孝』勉誠社，1973 年

蒋永萍「世紀之交关于"阶段就业"，"妇女回家"的大讨论」『妇女研究论丛』2001(2)：23-28

木村田鶴子「中国における『婦女回家』論争と『段階性就業』改革・開放期における女性労働の潮流」『成蹊人文研究』2004(12)：91-128

加地伸行『家族の思想：儒教的死生観の果実』PHP 研究所，1998 年

加地伸行『儒教とは何か』中公新書，1990 年

加地伸行『孝研究：儒教基礎論』研文出版，2010 年

川島武宜『イデオロギーとしての家族制度』岩波書店，1957 年

L

李節子編『在日外国人の母子保健－日本に生きる世界の母と子ー』医学書院，1998 年

李汉林『中国单位社会 - 议论，思考和研究』上海人民出版社，2004 年

梁理文「市场经济条件下妇女的角色选择关于"妇女回家"现象的思考」『广东社会科学』2003(03)：45-49

李明欢「干得好不如嫁得好 - 关于当代女子大学生性别观的若干思考」『妇女研究论丛』2004(4)：25-30

林松乐「1981—1992 年中国职业女性角色冲突观点综述」『南方人口』1993(6)：118-192

李小江「"男女平等"：在中国社会实践中的失与得」『社会学研究』1995(1)：54-68

李小江『女性 / 性别的学术问题』山东人民出版社，2000 年

李銀河『性別問題』青島出版社，2005 年

M

マーチン，トロウ［著］，天野郁夫・喜多村和之訳『高学歴社会の大学―エリートからマスへ』東京大学出版会，1976 年

マードック，内藤莞爾監訳『社会構造』新泉社，1978 年

牧野篤『中国変動社会の教育：流動化する個人と市場主義への対応』勁草書房，2006

牧野カツコ「育児における＜不安＞について」『家庭教育研究紀要』1981(2)：41-51

牧野カツコ「乳幼児をもつ母親の生活と＜育児不安＞」『家庭教育研究紀要』1982(3)：34-56

牧野カツコ「働く母親と＜育児不安＞」『家庭教育研究紀要』1983(4)：67-76

牧野カツコ「家庭教育の国際比較調査」『日本家政学会誌』1995(4)：391-396

牧野カツコ・渡辺秀樹・舩橋惠子・中野洋恵編『国際比較にみる世界の家族と子育て』ミネルヴァ書房，2010 年

毛里和子・松戸庸子編著『陳情：中国社会の底辺から』東方書店，2012 年

村崎芙蓉子『カイワレ族の偏差値日記』鎌倉書房，1987 年

松戸庸子「現代中国家族変動研究序説」,『アジア研究』1987(33):112-144

目黒依子「主婦」森岡清美・塩原勉・本間康平編『新社会学辞典』有斐閣, 1993 年

目黒依子・渡辺秀樹『家族 講座社会学』東京大学出版社, 1999 年

目黒依子・矢澤澄子編『少子化時代のジェンダーと母親意識』新曜社, 2000 年

繆建東『家庭教育社会学』南京師範大学出版社, 1999 年

孟迎芳「想说回家不容易 " 妇女回家 " 现实吗?」『福建省社会主义学院学报』2001(03):45-49

宮崎市定『科挙』中央公論社, 1963 年

N

西村純子「性別分業意識の多元性とその規定要因」, 関東社会学,『年報社会学論集』2001(14):139-150

永瀬伸子「少子化の原因:就業環境か価値観の変化か-既婚者の就業形態選択と出産時期の選択-」,『人口問題研究』1999(2):1-18

中島直忠編『日本・中国高等教育と入試:21 世紀への課題と展望』玉川大学出版部, 2000 年

Nimkoff,M.F.,"Socialization",in Could,J.&W.L.Kolb(eds.),A Dictionary of the Social Sciences,Free Press,1964.

那瑛「『离家』与『回家』中国博士学位论文全文数据库, 2008 年

日本青少年唐研究所『日本・米国・中国 中学生の生活調査-未来予測-報告書』日本青少年研究所, 1990 年

日本青少年研究所『高校生の親孝行に関する調査 日・米・中 国際比較 親子関係の在り方 親の介護について』日本青少年研究所, 1996 年

日本青少年研究所『中学生・高校生の 21 世紀の夢に関する調査-日本・米国・中国・韓国 国際比較-』日本青少年研究所, 1999 年

日本青少年研究所『小学生・中学生・高校生の保護者による子どものしつけに関する調査』日本青少年研究所, 2001 年

日本青少年研究所『中学生の生活と意識に関する調査報告書 日本・米国・中国の 3 カ国の比較』日本青少年研究所, 2002 年

布田佳子他「国際育児相談のまとめ分析」『東京都衛生局学会誌』1995(43):940-950

新田文輝著, 藤本直訳『国際結婚と子どもたち 異文化と共存する家族』明石書店, 1992 年

O

落合恵美子『近代家族とフェミニズム』勁草書房, 1989 年

落合恵美子『近代家族の曲がり角』角川文庫, 2000 年

落合恵美子, 山根真理ら「変容するアジア諸社会における育児援助ネットワークとジェンダー-中国・タイ・シンガポール・台湾・日本-」『教育学研究』2004(4):2-17

落合恵美子・山根真理・宮坂靖子『アジアの家族とジェンダー』勁草書房, 2007 年

落合英美子編集『親密圏と公共圏の再編成-アジア近代からの問い(変容する親密圏・公共圏)』, 2011 年

主要参考文献

大塚豊『現代中国高等教育の成立』玉川大学出版部，1996 年

翁定軍編著『社会定量研究的数拠処理－原理与方法』上海大学出版社，2002 年

P

Parsons, Talcott and Robert F. Bales, "The Family:Socialization and Interaction Process"Free Press, 1956.

Parsons, T. and R F. Bales, The Family:Socialization and Interaction Process, New York: Free Press.1955.

Parish, W. L. and S. Busse , "Gender and work," W. Tang and W. L. Parish eds., In Chinese Urban Life Under Reform: The Changing Social Contract, New York: Cambridge University Press, 232-272.2000

潘允康『在亜社会会中沈思』中国婦人出版社，1988 年（加筆・修正の上，園田茂人他訳『変貌する中国の家族』，岩波書店，1994 年

Porter, R.D（1962）. A personal study of 1,105 foreign graduate students at the University of Washington（Doctoral Dissertation, University of Washington, 1962）. Dissertation Abstracts.1963, 24, 164（University Microfilm. No. 63-4, 437）.

潘允康・柳明編，『当代中国家庭大変動』，広東人民出版社，1994 年

潘允康・阮丹青「中国城市的家庭网」『浙江学刊』1995(3)：66-71

潘崇麟・楊善華『当代中国都市家庭研究』，中国社会科学出版社，1995 年

S

斎藤秋男『中国現代教育史：中国革命の教育構造』田畑書店，1973 年

白佐俊憲『一人っ子の心理と育児・保育―少子時代の教育方針―』中西出版，1999 年

清水嘉子「在日韓国・中国・ブラジル人の母親の育児ストレス－日本の母親との比較から」『母性衛生』2002(4)：530-540

鈴木未来「改革開放以後の中国における家族問題」，『立命館産業社会論集』1999(2)：73-93

鈴木未来「現代中国における『格差』の特徴と家族生活への影響」，『立命館産業社会論集』2000(3)：71-87

孫雲暁・卜衛『培養独生子女的健康人格』中国青少年研究中心少年児童研究所，1999 年

蘇頌興「上海独生子女的社会適応問題」『上海社会科学院学術季刊』1997(2)：141-149

沈奕斐『个体家庭：iFamily: 中国城市家庭现代化进程中的个体、家庭与国家』. 上海三联书店，2013 年

孙艳艳「0-3 岁儿童早期发展家庭政策与公共服务探索」『社会科学』2015(10 期)：65-72

神田道子・女子教育問題研究会編『女子学生の職業意識』，勁草書房，2000 年

柴野昌山『現代社会の青少年：自立への挑戦と援助』学文社 , 1980 年

清水由文・菰渕緑編『変容する世界の家族』ナカニシヤ出版，1999 年

瀬地山角『ジェンダーとセクシュアリティで見る東アジア』勁草書房，2017 年

ステイシー, J. 著，秋山洋子訳『フェミニズムは中国をどう見るか』勁草書房，1990 年

259

T

田中重人「高学歴化と性別分業 -- 女性のフルタイム継続就業に対する学校教育の効果」『社会学評論』
1997(2)：130-142

田島俊雄「中国の人口センサスと戸籍問題」『一橋論叢』1984(2)：115-130

Tamara K. Hareven, et al., "Family and population in nineteenth-century America"1978.

唐灿『转型社会中的家庭与性别研究：理论与经验』内蒙古大学出版社，2010 年

陶艳兰「流行育儿杂志中的母职再现」『妇女研究论丛』2015(3) :75-85

筑波優子他「在日外国人母親への母子保健に関する実態調査」『日本公衆衛生雑誌』1996(42)：545-555

竹内洋『競争の社会学：学歴と昇進』世界思想社，1981 年

W

若林敬子『ドキュメント中国の人口管理』亜紀書房,1992 年

若林敬子『中国人口超大国のゆくえ』岩波書店,1994 年

若林敬子『現代中国の人口問題と社会変動』新曜社,1996 年

和田秀樹『受験勉強は子どもを救う：最新の医学が解き明かす「勉強」の効用』河出書房新社，
1996 年

王青富「都市女人, 你想做"全职太太"吗」『现代交际』2002(6) :86-88

王天夫・頼揚恩・李博柏「城市性别收入差異及其演变：1995-2003」『社会学研究』2008(2)：23-53

吴小英「家庭政策背后的主义之争」『妇女研究论丛』2015(2)：17-25

X

徐安琪「城市家庭社会网络的现状和变迁」『上海社会科学院学术季刊』1995(2)：77-85

徐安琪「家庭结构与代际关系研究—以上海为例的实证分析」『江苏社会科学』2001(2) :150-154

徐哲宁「我国关于儿童早期发展的政策（1980-2008）- 从"家庭支持"到"支持家庭"」『年青年研究』
2009(4)：47-59

Y

山村賢明『家庭教育』放送大学教育振興会,1985 年

山村賢明『家庭と学校：日本的関係と機能』放送大学教育振興会,1993 年

杨善华「中国当代城市家庭变迁与家庭凝聚力」『北京大学学报』2011(2)：150-158

趙忠心『家庭教育学』人民教育出版社，1994 年

郑杨「娜拉为何回了家？—谈发达国家中的"专职太太"」『社会学家茶座』2008(4)：139-146

郑杨「社会变迁中的育儿模式变化与"母职"重构」『贵州社会科学』2019(7)：87-95

張傑『清代科挙家族』社会文献出版社，2001 年

赵美玉「抗战前"妇女回家"论兴起的原因」『哈尔滨学院学报』2004(2) :19-21

臧健「妇女职业角色冲突的历史回顾 - 关于"妇女回家"的三次论争」『北京党史』1994(2) :33-38

阎云翔『中国社会的个体化』上海译文出版社，2016 年

阎云翔著，龚小夏译『私人生活的变革（一个中国村庄里的爱情家庭与亲密关系 1949-1999）』上海人
民出版社,2017 年

鄭　楊
(てい　よう)
Zheng Yang

【著者略歴】

中国哈爾浜師範大学東方言語学院准教授。PhD（大阪市立大学大学院文学研究科）。専攻：教育社会学，家族社会学，ジェンダー。

主な著作：『孤独な中国の小皇帝　再考―都市家族の育児環境と社会化』（大阪公立大学共同出版会，2008），「市場経済の転換期を生きる中国女性の性別規範」（落合恵美子・赤枝香奈子編、『アジア女性と親密性の労働』京都大学学術出版会、2012年），「中国都市部の親族ネットワークと国家の政策」（『家族社会学研究』14(2)，2004年），「社会変遷中育児模式変化与母職的重構」（『貴州社会科学』第355巻(7)，2019年）。

主な訳書：『21世紀日本家庭，何去何従』（山東人民出版社，2010年），『「婚活」時代』（山東人民出版社，2010年）

OMUPの由来

大阪公立大学共同出版会（略称OMUP）は新たな千年紀のスタートととも に大阪南部に位置する5公立大学、すなわち大阪市立大学、大阪府立大学、大阪女子大学、大阪府立看護大学ならびに大阪府立看護大学医療技術短期大学部を構成する教授を中心に設立された学術出版会である。なお府立関係の大学は2005年4月に統合され、本出版会も大阪市立、大阪府立両大学から構成されることになった。また、2006年からは特定非営利活動法人（NPO）として活動している。

Osaka Municipal Universities Press (OMUP) was established in new millennium as an association for academic publications by professors of five municipal universities, namely Osaka City University, Osaka Prefecture University, Osaka Women's University, Osaka Prefectural College of Nursing and Osaka Prefectural College of Health Sciences that all located in southern part of Osaka. Above prefectural Universities united into OPU on April in 2005. Therefore OMUP is consisted of two Universities, OCU and OPU. OMUP was renovated to be a non-profit organization in Japan since 2006.

転換期を生きる中国都市家族の育児と女性たち

2019年8月29日　初版第1刷発行

　　　著　者　　鄭　　楊（てい　よう、Zheng Yang）
　　　発行者　　八木　孝司
　　　発行所　　大阪公立大学共同出版会（OMUP）
　　　　　　　　〒599-8531　大阪府堺市中区学園町1－1
　　　　　　　　大阪府立大学内
　　　　　　　　TEL　072(251)6533
　　　　　　　　FAX　072(251)6533
　　　印刷所　　株式会社　国際印刷出版研究所

Ⓒ 2019 by Zheng Yang, Printed in Japan